KB115093

내 인 생
저만치에
죽 음 이

내 인생 저만치에 죽음이

발행일	2017년 4월 24일

지은이	건양대학교 웰다잉 융합연구회		
펴낸이	손 형 국		
펴낸곳	(주)북랩		
편집인	선일영	편집	이종무, 권유선, 송재병, 최예은
디자인	이현수, 이정아, 김민하, 한수희	제작	박기성, 황동현, 구성우
마케팅	김회란, 박진관		
출판등록	2004. 12. 1(제2012-000051호)		
주소	서울시 금천구 가산디지털 1로 168, 우림라이온스밸리 B동 B113, 114호		
홈페이지	www.book.co.kr		
전화번호	(02)2026-5777	팩스	(02)2026-5747

ISBN	979-11-5987-517-5 03330 (종이책)	979-11-5987-518-2 05330 (전자책)

이 도서의 국립중앙도서관 출판예정도서목록(CIP)은 서지정보유통지원시스템 홈페이지(http://seoji.nl.go.kr)와 국가자료공동목록시스템(http://www.nl.go.kr/kolisnet)에서 이용하실 수 있습니다. (CIP제어번호: CIP2017009776)

내 인 생
저만치에
죽 음 이

경희대학교 웰다잉 융합연구회 지음

건강한 사회를 위한 웰다잉

북랩 book Lab

이 저서는 2014년 정부(교육부)의 재원으로 한국연구재단의 지원을 받아
수행된 연구입니다(NRF-2014S1A5B6035107).

'죽음이란 무엇인가?'

이 질문은 누구나 필연적으로 부딪쳐야 하는 문제임에도, 그저 두렵고 피하고 싶은 화두이다. 경쟁 속에서 살아가는 우리의 고단한 인생에서, 그 반대편에 있는 죽음 또한 우리가 풀어나가야 할 만만치 않은 삶의 과제 중 하나다.

다시, '죽음이란 무엇인가?'라는 질문으로 돌아가자.

'죽음' 연구를 시작하면서 가장 먼저 대두되는 화두 역시 죽음의 실체에 대한 의문이다. 그러나 '죽음'은 인간이 경험할 수 없는 불가지의 영역인 까닭에 현세에서 육체가 사라진다는 사실에는 모두가 동의하지만, 죽음에 대한 인식에는 저마다 분명한 차이가 있다. 다만 죽음이 현세에서 육체가 소멸함으로써 인연을 맺었던 모든 것들과의 작별이라는 사실은 분명하다.

그렇다면 인간은 감당하기 어려운 두려움과 괴로움에서 벗어나고자 종교에 빠져들었을까? 우리는 두려움과 공포의 대상인 죽음을 과연 어떻게 극복할 수 있을까?

100세 시대가 열렸다고 하지만, 실상 100세를 살 수 있는 사람은 흔치 않다. 그런데도 물질만능 시대를 살고 있는 현대인들은 영원히 죽지 않을 것처럼 욕망의 노예가 되어 살고 있다. 인간은 욕망이 결코 채워질 수 없다는 사실을 망각한 채 죽음을 향해 달려가고 있다. 우리 모두는 죽을 것이며, 죽을 때 빈손으로 돌아간다. 죽음에 대해 인식하는 것은 세속적 욕망에 사로잡힌 우리의 삶의 태도를 변화시킬 수 있는 가장 강력한 수단이다. 빈손으로 와서 빈손으로 돌아가는 우리들은 물질의 많고 적음과 무관하게 인생에서 잃는 것보다 얻는 것이 더 많다는 사실을 기쁘게 자각할 필요가 있다.

그렇다면 무엇을 바랄 것인가? 죽음에 대한 강력한 인식은 결국 '어떻게 살 것인가?'라는 문제로 귀결된다.

건양대학교 '웰다잉 융합연구회'는 지난해, 『지혜로운 삶을 위한 웰다잉』(구름서재)이라는 연구서를 출간했다. 죽음의 실체를 규명하고 죽음의 공포를 극복하기 위한 성찰과 지혜를 한데 모은 책이다. 어떤 일이든지 대상을 깊이 있게 조사하고 그 이치와 진리를 밝히다 보면 그것을 자신의 문제로 생각하며 깊이 관여하게 된다. 웰다잉 융합연구회 소속 연구자들 역시 연구과정을 통해 자연스럽게 자신의 죽음에 대한 진지한 성찰에 이르는 경험을 했다.

이 책에서 연구자들은 3인칭의 죽음이 아닌 1인칭의 죽음에 대해 깊이 인식하며 삶과 죽음에 대해 모색하였고 그 자취를 에세이 형식으로 자유롭게 풀어냈다. 그 결과는 학술 에세이부터 개인의 경험에 이르기까지 다양하다. '삶과 죽음에 대한 인문학적 성찰', '죽음의 최전선에서 바라보는 생생한 죽음 이야기', '문화·문학·미술·영화 등 예술작품에서 배우는 죽음', '이별 준비' 및 우리보다 앞서 죽음교육을 하고 있는 '선진국 견학문' 등이 죽음이라는 문제에 천착하여 얻은 결과물이다.

우리는 '웰빙(Well-being)'과 '웰다잉(Well-dying)'에 관한 생각의 파편과 흔적들이 독자들의 정서에 맞닿아 공감을 얻을 수 있기를 기대해 본다. '어떻게 살 것인가?', '어떻게 죽을 것인가?'라는 문제에 대한 정답은 없다. 다만 우리가 그 답을 찾는 과정에서 삶을 반성하고 회의할 때 '웰빙'과 '웰다잉'의 길에 이를 수 있을 것이다.

　누구나 무거운 짐을 지고 가는 인생길에서 보람 있는 삶과 아름다운 마무리를 위해 고민하는 모든 분들에게 이 책이 작은 힘이 되기를 기대해 본다.

2017년 4월

건양대학교 '웰다잉 융합연구회'
연구책임자 김광환

    이 책은 건양대학교 '웰다잉 융합연구회' 소속 연구자들이 죽음을 연구하는 과정에서 '웰빙'과 '웰다잉'에 대한 저마다의 생각과 경험을 에세이 형식으로 자유롭게 풀어낸 결과물이다.

    각 장의 주요 내용은 다음과 같다.

    1장은 삶과 죽음에 대해 묻고 답하는 연구자들의 진지한 인문학적 성찰을 담고 있다. 1장에서는 연구자들이 죽음의 실체를 파악하기 위해 종교적 질문은 물론 개인적인 성찰과 워드 클라우드 분석, 죽음의 문턱에 다가간 사람의 글 등을 통해 '죽음이란 무엇인가?'라는 질문의 답을 찾고자 한다. 죽음은 인간이 경험할 수 없는 불가지의 영역이며 피할 수 없는 한계 상황이지만, 죽음을 이해하고 극복하려는 노력은 인류가 존속하는 한 계속될 것이다.

    2장에서는 의료현장에서 일하고 있는 의사와 간호사들이 죽음의 최전선에서 경험한 생생한 죽음 이야기를 전하고 있다. 죽음은 누구나 홀로 맞을 수밖에 없는 마지막 순간이지만, 치열한 생존경쟁 속에서 살아가는 자본주의 사회의 피폐해진 인간관계 때문에 더욱더 개인의 문제가 되고 있다. 홀로 죽음을 맞는 사람의 마지막은 그야말로 고독하고 외롭다. 호스피스 돌봄 서비스가 완전한 대안이 될 수는 없겠지만 하루속히 제도가 정착되어 사회 구성원들이 인간의 존엄성을 잃지 않은 채 죽음을 맞이하기를 바라는 바이다.

3장에서는 문화·문학·미술·영화 속에 나타난 다양한 형태의 죽음을 통해 죽음의 양상을 들여다보고 죽음에 대해 성찰할 수 있는 기회를 주고 있다. 어느 사회든 죽음과 관련된 문화가 있고, 예술에 있어서도 죽음은 삶의 어느 영역 못지않은 중요한 관심 주제다. 몽테뉴의 에세이, 톨스토이의 소설, 뭉크의 그림, 영화 속에 나타나 있는 죽음의 다양한 양상을 통해 삶과 죽음은 분리된 것이 아니라 우리의 삶 깊은 곳에 내재되어 있는 것임을 알 수 있다. 또한 이들 작품들이 주고 있는 메시지를 통해 우리는 '어떻게 살아야 하는가?'에 대해 성찰할 수 있는 기회를 얻게 된다.

4장에서는 누구에게나 다가올 세상과의 영원한 작별인 죽음을 준비하면서, '어떻게 이별을 준비해야 하는가?'라는 문제에 대한 고민이 담겨 있다. 우리의 삶이 젊음에서 죽음으로 곧바로 이행하는 것이 아니라 죽음 앞에는 필연적으로 노년기가 존재한다. 연구자들은 노인들이 죽지 못해 사는 삶이 아니라, 기쁘고 지혜롭게 살도록 하기 위해서는 이들에게 따뜻한 정을 베풀고, 생명을 사랑하며 존중하는 공동체가 만들어져야 함을 역설한다. 또한 저마다의 이별 경험, '노후에 어떤 삶을 살아야 할 것인가'의 문제, 늘어나는 고독사, 다가오는 고령화 사회에 대한 대책 등을 생각하면서 연구자들은 현재의 시간 속에서 행복한 삶을 살아갈 때 행복한 죽음에 이를 수 있다는 결론에 도달한다.

마지막 장에서는 우리보다 앞서 죽음교육을 실시하고 있는 프랑스, 미국, 캐나다 등을 방문한 견문기와 새로 입법된 웰다잉 관련 법안 및 '자본주의 사회에서의 죽음'이라는 주제로 열렸던 토론의 결과물을 수록했다. 견학을 통해 연구자들은 삶 가운데 죽음이 공존하고, 죽은 자를 존중하는 사회일수록 산 사람의 인권에 대해서도 더 큰 배려가 있다는 생각을 하게 되었다. 이러한 깨달음은 앞으로 죽음교육의 방향을 세우는 데 큰 지침이 될 것이다. 마지막에 수록된 '자본주의 사회에서의 죽음'을 주제로 한 토론문에서는 우리 사회에서 일어나는 다양한 죽음의 양상과 사회적 문제를 들여다보고 그 해결방안을 모색하고 있다.

이 책은 '웰다잉 융합연구회' 소속 연구자들이 웰빙과 웰다잉에 이르고자 하는 과정에서 나온 성찰의 결과물이다. 다시 말하지만 '어떻게 살 것인가?', '어떻게 죽을 것인가?'에 대한 분명한 답은 없다. 다만 그 답을 찾는 과정에서 살아온 삶을 반성하고 성찰할 때 웰빙과 웰다잉의 길도 열릴 것이다.

목차

1

삶과 죽음을 묻고 답하다:
삶과 죽음에 대한 인문학적 성찰

죽음과 종교의 역할

모든 인간은 죽는다. 죽음은 자연의 이치에 따른 일상적인 사건이지만, 타인의 죽음뿐만 아니라 자신의 죽음 앞에 선 사람들에게는 공포감과 두려움을 준다. 왜냐하면 인간은 죽음 이후의 세계에 대해 알지 못하고, 죽으면 죽은 자와 산 자가 더 이상 사회적 관계를 유지할 수 없고, 서로 만날 수 없다는 죽음의 불가역적 특성을 두려워하기 때문이다.

또한 사람들은 타인이 죽음에 이르는 과정을 지켜보면서 죽음이 사람들에게 많은 고통과 슬픔을 준다는 것을 알기 때문이다. 그래서 인간들은 죽음이 주는 두려움, 공포, 고통 그리고 슬픔에서 벗어나기 위해 영원한 생명을 추구해 왔다.

종교는 사람들에게 죽음 이후의 세계를 이야기함으로써 죽음의 문제를 극복하는 방법을 제시해주고 있다. 사람이 죽음의 문제를 극복하기 위해 종교를 만들었는지, 아니면 먼저 있었던 종교를 사람이 믿음으로써 죽음 문제를 해결하려고 했는지는 알 수 없다. 중요한 사실은 현대 사회에서도 여전히 종교는 사람들에게 죽음 문제를 극복하는 방안을 말해주고 있다는 점이다. 의학과 과학기술이 발전했다고는 하지만 아직까지 죽음 문제는 해결하지 못하고 있다.

물론 종교가 제시하고 있는 죽음의 극복 방안은 과학적인 설명과는 거리가 있다. 그럼에도 불구하고 종교는 여전히 죽음 이후의 세계에 대해서 말한다. 사람이 죽으면 천국에, 극락에 갈 수 있다고.

지난 2014년도 종교인구 통계자료에 의하면, 한국인의 50%가 종교를 갖고 있다. 2명 중 1명은 종교인이다. 사람들이 종교를 믿는 이유는 다양하다. 절대자의 힘을 통해 신체적으로 건강하고, 어려운 일이 발생하지 않도록, 그리고 복을 받기 위해서다. 현대과학과 의학이 발전했다고 해도 아직은 자신에게 발생할 미래의 불행한 일을 사전에 방지할 수는 없다. 그리고 좋은 일만 일어나게 할 수도 없다.

유한한 존재로서 인간은 미래에 대한 두려움과 평안한 삶을 살아가기 위해 종교를 믿는다. 그리고 설령 불행한 일이 일어났다고 해도 이것을 극복할 수 있는 마음과 정신적인 위로를 갖기 위해 종교를 믿는다. 우리는 이것을 종교의 기능이라고 한다.

종교가 인간 개인의 삶에 긍정적인 영향을 줄 수 있는 기능적인 측면이 있는 것은 분명하지만, 보다 근본적인 것은 삶과 죽음에 대한 해석과 의미를 제공한다는 점이다. 그리고 종교는 죽음에 대한 공포와 두려움을 극복하게 한다. 세상의 모든 종교는 인간의 죽음이 끝이 아니라 죽음 이후의 세계가 있다고 분명히 말하고 있기 때문이다.

퀴블러 로스(Elisabeth Kubler-Ross)는 죽음을 앞둔 환자들에 대한 임상 연구를 통해 환자들이 죽음에 이르기까지 다음과 같은 심리적인 5단계를 거친다고 주장했다. 그녀에 따르면, 환자들은 처음에 자신이 암에 걸렸다는 사실, 죽을 수도 있다는 사실을 '부정'하고 자신이 왜 이러한 상황에 처하게 되었는지에 대해 '분노'를 표현한다. 그럼에도 불구하고 자신의 상황이 나아지지 않으면 절대자나 그 밖의 대상에게 삶의 연장과 죽음에서 벗어날 수만 있다면 어떠한 일도 하겠다는 '타협'의 과정을 거친다. 하지만 이러한 타협이 아무런 효과가 나타나지 않으면 심리적으로 '우울'해지고 결국 죽음을 '수용'하게 된다. 모든 사람들이 이러한 5

단계를 거치는 것은 아니며, 일부 단계는 생략할 수도 있고, 나중의 단계가 먼저 나타나기도 한다.

알폰스 데켄(Alfons Deeken)은 퀴블러 로스의 5단계 다음에 기대와 희망을 덧붙였다. 즉, 단순한 수용을 넘어 사후세계에 대한 또는 죽음 이후에 대한 기대와 희망을 보이는 사람들이 있다는 것이다. 이러한 적극적인 수용은 죽음이 끝이 아니라고 인식하는 사람일수록 높게 나타난다.

종교의 사후세계와 관련해서 순교자에 주목해 보자. 한국에서 불교가 전래되고 공인되기까지는 순교의 과정이 있었다. 신라에서 불교가 공인되는 데에는 이차돈의 순교가 있었다. 조선시대에 기독교가 수용되는 과정에서도 수많은 선교사, 신부, 목사, 신자들의 순교가 있었다. 이들은 자신의 종교적 신앙을 포기하면 살 수도 있었지만, 죽음을 선택하였다. 자신의 선택에 의해 죽임을 당한 것이다.

순교자들의 죽음은 철학적·도덕적·윤리적 신념과 소신에 의한 것일 수도 있지만, 근본적인 배경은 이들에게 죽음 이후의 세계에 대한 확신과 믿음이 있었기 때문이다. 사후세계에 대해 과학적으로 설명할 수 없지만, 순교자들은 죽음 이후의 세계에 대한 자신만의 확신이 있었을 것이다.

현대사회에서도 종교는 과학과 의학이 못하고 있는 죽음의 문제를 해결해준다. 종교를 제외한 모든 분야는 죽음이 끝이므로 수용하라고 한다. 모든 살아있는 생물이 그러하듯이 인간도 죽음을 회피하고 벗어날 수 없다는 사실을 인정하고 죽음을 강제적으로 받아들이라는 것이다. 그러나 종교는 그러한 수용에 자발적인 동기를 부여한다. 죽음은 끝이 아니라, 또 다른 세계로의 출발이기 때문에 기꺼이 받아들일 수 있는 것이다.

모든 종교는 그 종교를 믿는 사람들에게 그 종교가 추구하는 삶을 살아야 한다고 한다. 기독교는 신자들에게 기독교인으로서의 삶을 살아갈 것을 요구한다. 기독교인으로서의 삶을 살아야만 그들이 원하는 죽음 이후의 세계인 천국에 들어갈 수 있다. 그렇지 않으면 천국에 들어가지 못한다. 바로 이 지점에서 죽음은 삶과 연결된다. 결국 삶을 어떻게 살았느냐에 의해 죽음 이후의 세계가 결정되기 때문이다. 불교도 마찬가지다. 불교도로서의 삶을 실천해야 사후 극락세계에 들 수 있는 것이다.

사람에 대한 평가는 보통 그가 죽은 다음에 진행된다. 왜 그럴까? 죽음은 마침표가 되기 때문이다. 죽음이 없으면 사람은 진행 중이기 때문에 평가하기 어렵다. 이런 면에서 죽음은 한 사람에 대한 평가를 하게 하는 측면이 있다.

스티브 잡스는 스탠퍼드대학교 연설에서 종교인들도 죽음을 두려워하고 죽음을 피하고 싶어 한다고 말했다. 그는 자신이 만난 어떤 종교인들도 지금 당장 죽어서 천국으로 가고 싶어 하지 않는다고 말해 졸업식장에 참여한 사람들로부터 웃음을 자아냈다.

죽음은 평범한 사건이지만 피할 수 있다면 피하는 것이 좋고, 벗어날 수만 있다면 벗어나야 할 사건이다. 하지만 누구도 피할 수 없는 죽음은 남은 자가 죽은 사람에 대한 평가를 내리는 사건이 될 수 있고, 이것은 산 자에게 어떻게 살 것인가에 대한 물음과 성찰을 하게 한다. 죽음이라는 유한함이 주는 교훈으로 우리는 삶을 풍성하게 할 수 있다.

워드 클라우드 분석을 통해 본 죽음의 의미

이무식

네이버 사전에서 '워드 클라우드(word cloud)'라는 단어를 찾으면, "문서의 키워드, 개념 등을 직관적으로 파악할 수 있도록 핵심 단어를 시각적으로 돋보이게 하는 기법이다. 예를 들면 많이 언급될수록 단어를 크게 표현해 한눈에 들어올 수 있게 하는 기법 등이 있다. 주로 방대한 양의 정보를 다루는 빅 데이터(big data)를 분석할 때 데이터의 특징을 도출하기 위해 활용한다."라고 기술되어 있다.

분석하는 원칙과 과정은 인터넷 또는 페이스북, 트위터, 각종 언론매체 등을 대상으로 특정 주제와 관련된 단어의 사용빈도를 분석하여 이를 시각적으로 나타내는 것이다. 통계분석 프로그램을 활용하여 시각화하는 프로그램을 적용하는 데는 전문적인 통계프로그램이 필요하다.

한글 프로그램이 찾기가 어려워 미국 프로그램을 활용하여 죽음, 즉 'death', 'dying' 등으로 나타내 보았다. 그 결과는 오른쪽의 그림과 같다(그림 1). 이는 죽음의 의미가 어떻게 사용되고 있고, 어떠한 개념으로 흔히 사용되는지를 개략적으로 살펴보기 위한 시도였다. 전문적인 분석이 아니니 편하게 함께 즐기면 좋을 것 같다.

죽음(death)의 글자를 중심으로 두 번째 크기로 표시된 단어는 삶(life)과 사람(people)이었고, 세 번째 크기는 노령화 또는 늙어감(aging), 뇌(brain), 원인(causes), 많은(many), 의료·의학(medical) 등이었다. 그리

그림 1 죽음(dealth)의 워드 클라우드 분석 결과

고 다음 순의 크기 글자는 활동(activity), 인간(human), 생물체·유기체(organism), 의식(consciousness), 국가(country) 등이었으며, 그다음 순으로 문화(cultures), 발달(development), 다름(different), 신체(body), 사망(mortality), 과정(process), 질병(disease), 세계(world), 생물학(biological), 정의(definition), 기술(technology) 등이었다. 그 외에도 부검(autopsy), 적응(adaptation), 고려해야 하는(considerable), 검사(examination), 나이(age), 되어가다(become), 보다(see), 가끔(sometimes), 장례(burial), 시간(time), 생애(lifespan), 잃음(loss), 순간(moment), 주위(around), 조건·상태(conditions), 인체냉동보존술(cryonics) 등의 단어가 있었다.

별도로 'Social Metrics'를 활용하여 탐색어 맵과 여론분석을 시도해 보았다(2016년 9월 29일 기준). 이는 한글로, 즉 우리나라의 현황을 반영하는 데 한계가 있는 듯하여 추가적인 분석을 해본 것이다. 결과는 아래와 같이 시사적인 사건(백남기 씨 사망사건)에 따라 매우 큰 변화를 보였다. 연관어 분석에서 부정적인 단어도 많았지만 아름답다, 사랑, 좋다 등의 긍정적인 단어들이 순위를 차지하여(그림 2), 점차 한국사회도 죽음에 대해 긍정적으로 평가하는 변화를 보인다고 할 수 있겠다.

탐색어 맵과 연관어 분석은 단어의 사용 빈도순에 따른 다양한 의미와 내용을 유추할 수 있는 상상력을 불러일으킨다. 죽음 글자 다음으

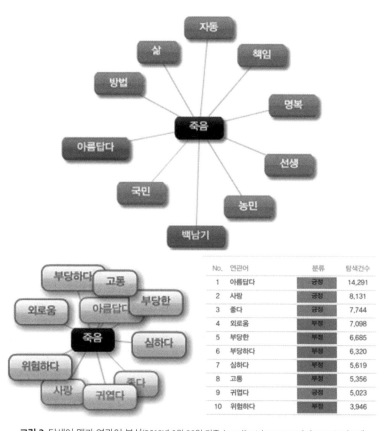

No.	연관어	분류	탐색건수
1	아름답다	긍정	14,291
2	사랑	긍정	8,131
3	좋다	긍정	7,744
4	외로움	부정	7,098
5	부당한	부정	6,685
6	부당하다	부정	6,320
7	심하다	부정	5,619
8	고통	부정	5,356
9	귀엽다	긍정	5,023
10	위험하다	부정	3,946

그림 2 탐색어 맵과 연관어 분석(2016년 9월 29일 기준, http://insight.some.co.kr/campaign.html)

로 가장 큰 글자는 삶과 사람으로, 사람의 삶과 가장 가깝게 연결되어 있음을 의미하는 결과로 생각된다.

죽음 다음으로 늙어감의 원인으로서 뇌, 의학적인 기타 원인들이 많이 제시되고 있음을 알 수 있다. 많은 원인 중에서도 의학적 문제에 대한 언급이 많은 것을 의미하는 것이며, 자연적인 노화와 관련된 것, 즉 생로병사를 말하는 것이 아닐까 생각된다.

다음으로는 매우 구체화되고 내용이 다양해지는데 인간, 생물체, 활동과 의식, 국가 등이다. 아마도 인간을 포함한 생물체 현상 및 의식과 관련되어 있고, 나라별 죽음의 의미가 다를 가능성에 대한 결과가 아닐까 생각된다.

인간, 생물체, 활동과 의식, 국가 다음 순서의 단어는 문화, 발달, 다음, 신체, 사망, 과정, 질병, 세계, 생물학, 정의, 기술 등이다. 문화, 세계 등은 앞서 설명한 국가와 더불어 문화적, 세계, 다름 등이 일맥상통하는 결과가 아닌가 생각된다. 즉, 죽음의 개념은 민족, 국가, 문화, 종교 등에 따라 그 개념과 가치가 다름을 말하는 것이 아닐까 생각된다.

그 외 단어들은 질병과 사망, 과정, 생물학적, 정의와 기술 등인데 이들 또한 죽음과 관련된 과정적인 내용과 정의를 보다 구체화하는 내용으로 판단된다. 그다음 순의 단어들은 다소 특이한데 검사와 부검, 장례 등 죽음과 직접적인 관련이 있고, 되어가다, 보다, 가슴, 시간, 잃음, 생애 등은 결국 장래에 다가올 죽음의 내용을 시사한다고 할 수 있겠다. 한 가지 독특한 것은 인체냉동보존술로, 이는 인간이 죽음에 대한 두려움과 도전을 의미한다고 할 수 있겠다.

요약하자면 죽음은 피할 수 없는 인간의 숙명으로 자연스러운 것이며, 문화적 환경에 따라 생로병사의 개념이 서로 다르다. 생물학적, 의학적, 문화적 판단과 현실적인 임상적, 생사학적 측면과 보다 직접적인 죽음의 과정과 죽음 이후의 과정 등에 대한 이해와 노력이 죽음학의 핵심과제이자 성취해야 할 구체적인 내용이 아닐까 생각된다. 마지막에 언급된 인체냉동보존술의 의미는 인간의 죽음에 대한 끝없는 도전, 보다 구체적으로, 생물학적 접근에 대한 도전을 의미하는 것으로 생각되는데 인간에 대한 일원론적 접근과 이원론적 접근(신체와 정신을 분리하여 접근한 것)으로 보다 생물학적 접근을 우선시함의 가치가 서로 상충되는 논점으로 이해할 수 있을 것 같다.

장수시대의 비극

김문준

장수는 인간의 오복 중 하나다. 특히 우리나라는 부모가 오래 사는 것을 축하하는 회갑연, 고희연, 산수연, 희수연 등 나이에 따른 장수 잔치가 발달해 있다. 그러나 오늘날 빠르게 수명이 늘어나고 노년기가 길어지면서 많은 사람에게 장수가 복된 것만은 아닌 일이 되고 있다. 과거 60세 넘는 이들이 드물어 환갑을 크게 축하하던 시대가 아니라 이제는 환갑이 되어도 장년처럼 건강하고 경로당에서도 젊은이로 취급되는 시대가 되었다. 그러니 준비 없이 노년기를 맞이하게 되면 장수가 축복이 아니라 재앙이 될 수 있다.

과거의 노인들은 전통사회의 대가족에 둘러싸인 가운데 존중받으며 신체적·육체적 안정 속에서 살았다. 그러나 오늘날 그러한 노년기를 보내는 노인들이 갈수록 줄어들고 있다. 경제 선진국일수록 과거에는 생각지 못했던 많은 노년기 문제들이 드러나고 있으며, 그러한 이유를 여러 측면에서 생각해 볼 수 있다.

한국보다 앞서 초고령화 사회를 맞고 있는 일본사회의 비극이 고스란히 우리나라에서도 재현되는 조짐이 보인다. 노인 빈곤, 독거노인 증가, 이로 인한 노인 자살과 고독사 증가 등 탈출구 없는 고통을 겪고 있는 노인이 해마다 증가하고 있다. 고독사 문제는 최근 우리나라에서도 빈번하게 보도를 통해 알려지고 있다. 복잡하게 얽힌 인간관계의 그물망 속에서 살아갈 듯한 현대인이 삶의 마지막 순간 홀로 죽음을 맞이하게 되는 고독사는 왜 발생하게 되는 걸까?

첫째, 노인의 빈곤 문제다. 오늘날 노인들의 노년기가 길어지고 있다. 이들 중 가난한 상태로 오랜 기간을 살아가야 하는 노인들이 많다. 몸은 건강하지만 경제적인 생활이 어려워서 일자리를 원하는 노인이 많아지고 있다. 일을 할 수 있는 노인은 그나마 행복하다. 몸의 상태도 좋지 않고 학력 또한 낮아서 일자리를 가질 수 없는 가난한 노인들은 그야말로 죽지 못해 살아가는 형편에 처한다. 평균 수명 60대 후반이었던 시기에 장년기를 보냈던 대부분의 사람들은 자신들의 노년기가 이처럼 80세가 넘어서까지 지속될 것이라고 예상하지 못했을 것이다. 그런데 경제적 어려움에 대해 많은 노인의 경우, 본인은 물론 가족과 국가의 대비책이 별로 없다.

둘째, 노인의 건강 쇠약 문제다. 오늘날 노인들은 대단히 건강해졌다. 그러나 건강하게 지내는 연령대가 다소 연장된 것뿐이다. 결국 나이가 들면서 쇠약한 상태가 찾아온다. 의료기술의 발달이 과거에는 그냥 죽음에 이르렀을 수많은 질병에서 벗어나게 하고 있지만, 역설적으로 건강하지 못하게 보내는 노년기가 오히려 길어졌다. 건강하게 오래 살다가 갑자기 편안한 죽음을 맞게 되는 것이 아니다. 질병이나 노환 치료가 생명을 연장시키는 긍정적인 측면뿐만 아니라, 불편한 노년기를 연장시키고 고통스러운 투병 기간과 죽음을 맞는 과정이 길어지는 부정적인 측면에도 주목해야 한다.

셋째, 노인의 고독이다. 과거 농업사회에서는 대가족이 모여 살았다. 또한 모두 서로를 잘 아는 사람들이 마을을 이루고 고락을 함께 나누며 살았다. 그곳은 젊음과 늙음이 함께하는 공간이었다. 그러나 요즘 가족은 핵가족화되고, 사회는 젊은이들의 공간과 늙은이들의 공간이 분리되어 있다. 젊은이와 늙은이가 함께 어울리고 즐기는 공간이 사라지고 함께 누리는 문화가 사라지고 없다. 따라서 노년기가 길어지면서 노인들이 봉착하는 가장 큰 고통은 배우자, 친구, 친지들이 사망한 후 남겨진 자의 슬픔이 증폭된다는 점이다.

넷째, 노인들의 지도력이 약화되었다. 과거 농업사회에서는 노인들이 가지고 있었던 생활의 지혜가 소중한 자산이었다. 빠르게 변화하는 정보화 사회의 요즘 노인들은 젊은이들에게 전수해 줄 사회적 자산을 갖추기 어려워 가족과 사회에서 그다지 존중받지 못한다. 오히려 노인이 젊은이들의 생각이나 생활방식에 맞추어 나가지 않으면 가정과 사회에서 낙오자나 천덕꾸러기가 된다. 노인의 존재감이 적어진 것이다.

고독사 등의 노인문제를 해결하기 위해서는 어떻게 해야 할까? 국가적으로 노인의 생명 유지와 안전 보호를 고려하여 사회안전망과 서비스 체제를 더욱 치밀하게 짜야 하고, 자존감을 높일 수 있는 다양한 사회적 노력이 필요하며 노인들의 일자리 창출이 이루어져야 한다. 노인들에게 사회 기여의 기회를 더욱 많이 만들어 제공해야 하고, 청소년을 포함한 젊은이들과 노인들의 만남의 기회를 만들어 갈 수 있는 다양한 사회프로그램을 시행해야 한다.

우연한 기회에 노인 요양시설과 요양병원을 둘러보면 그다지 행복한 얼굴을 만나지 못한다. 무심한 표정, 생기 없는 응시, 움직임이 거의 없는 느릿느릿한 닫힌 공간 속에서 죽음을 기다리는 노인들만 눈에 들어온다.

얼마 전 평소에 존경하던 분의 부음을 받고 문상을 다녀왔다. 그는 성공적인 인생을 살았다. 어릴 때부터 성실하게 공부했고, 직업이나 사회생활에 성실하게 임하여 많은 사람들에게 존경받았다. 가정도 평안하고 다복한 편이었다. 자녀들도 사회에 적응을 잘하여 정부와 대기업의 요직, 외국에서 대학교수로 활동하고 있다. 그러나 그는 너무 오래 살았다. 부인이 먼저 치매를 앓다가 7년 전 세상을 떠났으며 자녀들은 모두 타지에서 살았다. 그러니 가족이 모두 모이기 어렵고, 일 년에 한두 번 보는 정도가 가족 만남의 전부였다. 한 달에 한두 번 자식들과 손자들한테 오는 전화가 사랑하는 사람과 맞닿는 소통의 전부였다. 90세가 넘으니 형제들은 이미 모두 고인이 되었고, 친구들도 하나둘 세상을 떠나 5년 이상 그들과의 만남 없이 혼자서 살았다. 하루에 한 번씩 들르는 생활도우미가 그가 만나는 유일한 사람이었다. 사망하기 석 달 전부터 병원에 입원해 있다가 그의 죽음 소식을 듣고 자녀들이 즉시 달려왔지만, 그가 이미 병원에서 쓸쓸히 혼자서 죽음을 맞이한 이후였다.

사람의 죽음은 고독한 일이다. 죽음은 고독과 함께 온다. 죽음은 결국 혼자 당하는 개인적 사건이다. 그렇다고 해도 오늘날 우리 사회의 노인들이 고독한 죽음을 맞는다는 사실을 간과해서는 안 된다. 오늘날 노인들은 수년간 너무 고독하게 살다가 쓸쓸하게 죽음을 맞는다. 더군다나 경제적으로 어려운 노인들은 자녀들에게 자신의 상태를 제대로 알리지도 않으며 자녀들은 거의 부모와 살기 어렵다.

노인이 되면 고독과 친해져야 할 것이다. 새로운 미래와 희망을 위한 고독이 아니라도 세상과 삶에 대한 통찰과 성찰의 시간이 필요하다. 고통과 고독을 삶의 과정에서 일어나는 의미 있는 사건으로 승화시켜야 한다. 고통과 고독이 없는 인생은 자기기만, 사회적 가면으로 얼룩진 인생을 살아갈 가능성이 많다. 진정한 자아를 만나지도 못하고 타인과의 깊은 유대감이나 친밀감을 느끼지 못하고 살아갈 수 있다. 죽음을 앞두고 단지 침통해하거나 우울해하지 말고 새로운 인생과 관점의 국면을 만들어가는 지혜가 필요하다. 노인이 되어서 고통과 고독을 피하려고 진통제나 약물에 의존한다면 자신의 명료한 의식을 둔감하게 할 것이며, 그것은 인생의 좋은 기회를 놓치는 것이다.

그렇다고 국가나 사회가 노인의 고독을 방치해서는 안 된다. 고독은 사람을 성장시키는 약이기도 하지만, 병이 되어 사람을 병들게 하기도 한다. 고독이라는 병은 사람을 우울이나 무력감에 빠지게 하여 인생을 비관하고 위축되게 만든다. 그러니 고독한 인생과 죽음이 많아진다는 사실은 그만큼 우리 사회가 건강하지 못하다는 증표이고 문명에 역행하는 일이다.

죽음은 자연 현상이다. 사람은 누구나 노화하고 죽는다. 지금까지 내가 살아온 날은 내가 태어난 이후 살아온 시간이지만, 죽음을 시점으로 보면 죽는 날이 가까워져 오는 것이다. 다만 아무도 자신이 죽는 날을 알 수 없다. 내가 태어난 날을 선택할 수 없듯이 죽는 날도 선택할 수 없다. 생사는 인간 스스로 선택할 문제가 아니며, 자기 생사의 시점은 자신이 선택할 것이 아니다.

그러나 오늘날 적지 않은 사람들이 죽는 날을 선택하려고 한다. 자연적인 임종 시간을 기다리지 않고 죽는 날을 연장하거나 죽는 날을 선택하려고 한다. 예전에는 무조건 각종 의료장비로 둘러싸여 죽음을 연장하려고 했다. 그것이 잘하는 일이라고도 생각했다. 개인으로도 좋은 일이고 가족들도 당연히 그래야 하는 줄 알았다. 이러한 상황이 20여 년간 지속되면서 사람들은 삶의 질의 관점에서 첨단 의료장비에 맡긴 생명연장을 다시금 생각하게 되었다. 사회적으로도 손해고 가족으로서도 별로 좋을 것이 없고 개인으로서도 긍정적인 일이 아니라는 사실을 인식하기에 이르렀다. 자기 스스로 죽음을 선택하는 안락사 허용을 주장하는 사람들은 개인이 누릴 삶의 질과 죽음의 권리를 내세워 고통스럽게 생명연장 장비에 의존하여 사는 것보다는 존엄하게 죽는 편이 보다 낫다고 주장한다.

자발적인 안락사에 찬성하는 논리로, 안락사 찬성론자들은 크게 세 가지 논거를 든다.

첫째는 공개의 필요성이다. 사실상, 병원에서 다수의 의사들이 죽어가는 환자를 편안하게 해주려는 의도로 모르핀 같은 약물을 투여한다. 일부 의사가 자신의 삶을 끝내 달라는 환자의 요청을 들어주기도 한다는 익명의 조사 결과도 있다. 이러한 의료진의 행위는 법을 위배하는 의료행위이므로 은폐되고 있다. 따라서 우리나라의 현행법이 생명의 존엄성이라는 측면만 중시하여, 고통스러워하는 환자의 입장에서 요청하는 온정적 의료 관행에 비해 지나치게 보수적이므로 안락사를 공개적으로 허용하는 개선이 필요하다는 주장이다.

둘째는 불가피성이다. 회복 가능성이 없는 중증 말기환자가 통증으로 큰 고통을 겪고 있으며, 죽고 나서야 그러한 고통을 벗어날 수 있다면, 법이 죽음을 허용하지 않음으로써 그들이 계속 고통을 겪게 하는 것은 잔인한 일이라는 것이다. 이러한 죽음으로 고통을 중지해 달라는 요구는 인간으로서 동정심 측면에서 강력한 공감을 발휘한다.

셋째는 권리의 개념으로 자율성이다. 개인의 자율성, 즉 무엇이 나에게 최선인지 스스로 결정할 권리는 개인의 문제이며, 공공정책에서도 개인의 자율성을 중시해야 한다는 주장이다. 자신의 문제는 자신이 결정해야 한다는 것이다.

현재 네덜란드, 미국, 캐나다, 스위스 등과 같이 의료·복지 선진국에서 말기환자가 자신의 죽음을 합법적으로 요청하고, 의료진이 환자가 편안히 죽도록 돕는 안락사를 법적으로 허용하고 있는 추세다. 고령화가 빠르게 진행되고 있는 우리 사회에서도 머지않은 미래에 이러한 논의가 논쟁이 될 듯하다.

죽음을 맞이하는 동물들의 자세에서 배우다

최문기

호메로스에 나오는 티토노스의 이야기를 아는가? 새벽의 여신 에오스는 트로이아의 왕자인 티토노스를 영원히 사랑하고 싶은 마음에 그를 납치해 제우스에게 불멸의 생명을 줄 것을 간청했다. 제우스는 그녀의 소원을 들어주었지만 티토노스는 죽지 않을 뿐 나날이 늙어간다. 불사의 생명과 함께 젊음을 함께 달라고 하는 것을 에오스가 깜빡 잊었던 것이다. 오랜 세월 티토노스는 한없이 늙어 갔고 끔찍하고 혐오스러운 노년기에 완전히 짓눌려 "제발 이 영생을 거둬 가 달라!"라고 간청했다. 그가 날이면 날마다 힘없이 흐느끼며, 죽을 능력을 가지고 있는 행복한 사람들과 그보다 더 행복한 죽은 자의 무덤을 내려다보고 있자, 결국 에오스는 그를 매미로 변하게 한다.

티토노스의 이야기를 통해 우리는 인류가 정말로 원했던 것이 죽음을 피해 갈 수 있는 능력이었는지 생각하게 된다. 그의 이야기에서 삶의 저 밑바닥은 죽음보다 훨씬 불행하다는 사실을 짐작하게 한다. 어쩌면, 죽음을 정면으로 받아들이는 것이 삶의 가치를 더욱 높이는 것이 아닐까?

삶은 우주의 모든 생명체들이 가진 본능적인 현상이고, 그 본능에 따라 인간은 수천 년의 역사를 통해 영원한 생명을 얻고자 싸워 왔다. 삶이라는 단어 자체가 죽음을 거부하거나 이겨낸다는 의미를 함축하고 있듯이 우리는 늘 죽음과 맞서 개인적·사회적인 차원에서, 더 나아가 역사적인 차원에서 죽음과 맞서고 있다. 살아있어야 무엇인가를 만나고, 문제를 해결하고, 새로운 의미를 만들고, 나아갈 수 있다. 우리는 그것으로 인해 기뻐하고 슬퍼하며, 소위 살아있음을 느낀다.

반대로 죽음은 우리가 경험할 수 없는 어떤 것이며, 경험하더라도 돌아올 수 없는 일방향의 것이고 그 길은 어둡고, 두렵고, 강제적이다. 인간의 상상력은 그 어두운 미지의 세계를 온갖 신화, 종교, 문학 등으로 표현하지만 그것은 상상일 뿐 죽음은 우리 앞에 놓인 영원한 미지의 세계다. 인간은 특유의 상상력으로 죽음의 공포를 가중시키고, 때론 죽음에 대한 공포로 죽음 그 자체보다 더한 고통으로 삶을 연명하기도 한다. 에오스의 티토노스에 대한 죽음의 공포가 그의 삶을 죽음보다 비참하게 만든 것처럼 말이다. 인간에게 죽음의 공포는 많은 부분 상징적인 것이며, 심리적인 것이다. 우리의 일상 언어와 문화 속에 깊이 뿌리내린 그 공포의 상징이 인간의 심리와 결탁하여 죽음을 연기할 수 있는지는 모르지만, 인간 삶의 목적인 삶의 의미는 잃고 만다. 그렇다면, 달리 동물들이 죽음을 맞이하는 모습은 어떠할까?

동물이나 벌레 심지어는 세균, 박테리아까지도 그들의 삶, 혹은 생존을 함부로 버리는 생명체는 없다. 삶의 여정을 마친 동물의 죽음은 그저 하나의 자연스러운 과정이다. 하루살이는 그 이름 때문에 하루만 살다가 생을 마감하는 불쌍한 곤충으로 알려져 있다. 생의 대부분을 유충으로 살다가 변태를 하여 성체가 되면 단 하루의 짧은 삶으로 생을 마친다. 하루살이는 입도 소화관도 없이 단 하루의 난교 파티를 끝내고 밤이슬과 함께 사라진다. 우리에게 잘 알려진 사마귀의 동족 포식 이야기도 있다. 모든 사마귀가 그런 것은 아니지만 사마귀의 암컷은 짝짓기 후 수컷을 잡아먹는다. 한 연구에 의하면 암컷에게 잡아먹힌 수

컷은 자손 번성에 확실하게 기여한다고 한다.

물고기 중에서도 가시고기라는 이름의 물고기는 죽음과 관련된 잘 알려진 생명체다. 가시고기 수컷은 둥지를 만드는 순간부터 약 15일간을 아무것도 먹지 않고 오직 새끼를 위해 혼신의 힘을 다해 알을 지키고 죽는다. 그리고 죽어서까지 자신의 몸을 새끼들의 먹이로 줌으로써 종족보존의 사명을 완수하는 헌신적인 생애를 보낸다. 일부러 뱀에게 잡혀 죽음을 맞이하는 두꺼비의 사연도 있다. 죽어서 뱀의 뱃속에 독을 퍼뜨려 다시 뱀을 죽이는데 이런 죽음의 목적은 두꺼비 뱃속의 알들이 뱀을 먹이로 하여 태어나게 하기 위해서이다. 수백 킬로미터를 거슬러 올라 알을 낳고 며칠 안에 죽는 연어는 어떤가? 동물들이 자신의 죽음에 대한 걱정으로 시간을 낭비하지 않는 것은 분명해 보인다.

이들 동물과 달리 인간은 죽음에 대한 심리적인 공포로 죽음을 미루고 생명을 연장하지만, 원하는 삶을 살지는 못한다. 의료기술이 한 사람의 생명을 1년간 연장했다면 정말 건강하게 삶을 즐길 수 있는 시간은 진정 얼마나 될까? 인간이 원하는 본질적인 것은 죽음을 피해 가는 것이 아니라 행복하고 충만한 삶을 사는 것이 아닐까? 어리석게도 인간은 삶을 추구하기 위한 하나의 방안으로 죽지 않는 삶을 살고자 한다는 것이다. 하지만 행복한 삶, 웰빙, 충만한 삶과 죽지 않는 삶은 별개의 문제다. 행복이라는 관점에서도 마찬가지다. 사람들은 불행하지 않기 위해서 자신의 부족한 면들을 채우려 한다. 하지만 불행하지 않은 삶의 성공은 말 그대로 불행하지 않는 것, 즉 평균적인 삶이다. 흔히 사람들은 불행하지 않기 위해서 남들보다 부족하지 않은 평균 정도의 돈을 벌어야 하고, 남들에게 뒤지지 않는 평균 정도의 직업을 가져야 한다고 생각한다. 하지만 그런 삶은 무료하고 그냥 견뎌야 하는 삶이다. 부족한 면을 채우는 것은 결국 자신이 잘해서 채우는 것보다는 능력이 떨어지는 부분을 노력으로 채우는 것이다. 실제로 행복한 사람들은 불행하지 않기 위해 살지 않는다. 많은 부족한 면이 있지만 그것보다는 행복을 직접적으로 추구하는 선택을 한다. 자신이 잘하고 재미있는 일에 몰입하기 때문에 감사한 마음으로 삶을 추구한다. 아이들이 노는 모습을 보라. 시간을 때우거나 남의 시선 때문에 하는 놀이와 정말 재미있고 내적 동기로 가득한 놀이를 할 때를 비교해 보라. 행복한 삶은 삶그 자체에서 행복을 찾는 것이지, 죽음을 피하는 것에서 찾을 수 있는 것이 아니다. 오히려 죽음과 불행에 대한 공포와 두려움이 삶을 더욱 불행하게 만드는 것이다. 내일 죽더라도 겸허히 받아들이고 오늘의 행복, 삶의 목표와 의미를 추구하는 것이 죽음의 공포를 넘어선 좋은 죽음, 그것이 바로 웰다잉이 될 수 있다.

죽음이라는 눈부신 발명품

최문기

우주에 관심이 많은 아이가 가끔 "왜 별들이 죽어요?" 하고 내게 묻는다. 사실 별들이 생성되어 소멸까지의 시간은 인간이 태어나 살다 죽는 시간으로 이야기하기에는 너무도 광대한 시간이다. 나는 "모든 것은 시작이 있으면 끝이 있단다."라고 답한다. 하지만 가만히 생각해 보면 이것 또한 범우주적인 진리인지는 잘 모르겠다. 우주 또한 태어나고 죽는 것일까? 빅뱅 이전은 어떤 모습일까? 확실히 이런 물음은 우리의 지적 수준을 넘어선다. 영생을 누리고자 하는 인간의 시간이란 우주의 시간에 비하면 너무도 짧은 순간이지 않을까?

죽음의 문제는 단순하지 않다. 일반적으로 시작이 있으면 끝도 당연히 존재하겠지만, 죽음이란 이런 사건의 시작과 끝을 의미하는 범우주적인 원리와는 다른 의미를 가지는 것이 아닐까? 물론 대부분의 생명체가 태어나서 죽는다는 것을 우리는 절대적 진리로 받아들인다. 하지만 인간의 자아 중심적 사고에서 조금만 벗어나면 자연은 우리의 생각보다 더욱 다채로운 모습으로 다가온다.

예를 들어, 녹조류 같은 세균을 생각해 보자. 2016년 여름은 잊지 못할 폭염으로 낙동강의 대부분이 녹조류로 뒤덮여 많은 동식물이 폐사하였다. 하나의 개체가 세포분열을 통해 수억 개가 되고 또 수십억 개가 된 뒤 98%의 세균이 죽었다고 생각해 보자. 이 세균은 죽은 것인가? 인간의 경우는 좀 다르지만 그래도 좀 더 쉽게 인간에 비유한다면,

위험할 때를 대비해 자신을 복제해 두었는데, 둘 중 하나가 죽었다면 나는 죽은 것인가? 인간은 영생을 바라지만 사실 지구상에는 이런 영생을 얻은 생물들이 수없이 많다. 지구의 대부분의 생명체를 차지하는 박테리아나 세균들이 바로 그 주인공이다.

녹조류 같은 세균들은 자신을 쉽게 복제하는 단세포 분열 방식으로 살아왔다. 더운 수온에서 자신을 복제하여 급속하게 늘었다가도 환경의 변화에 따라 순식간에 자신을 계획적으로 제거하여 개체수를 조절한다. 한 개체로 보면 죽음과 소멸이지만 모두 같은 개체라는 측면에서 하나라도 살아남으면 생존한 것으로 볼 수 있다. 이런 방식으로 녹조류는 30억 년을 살아올 수 있었던 것이다. 우리가 흔히 영화에서 보는 뱀파이어는 몇 년을 살아서 불멸의 생을 가졌다고 말하는 것인가? 천년? 그러나 이들 세균에 비한다면 하루살이 같은 존재가 아닐까?

죽음이란 우주의 근본원리라기보다는 하나의 생존 전략이라는 생각이 든다. 이런 전략을 쓰지 않는 생명체도 존재한다. 실제로 강장동물인 히드라 같은 생물은 생물학적으로 노화되지 않는다. 단위별 세포는 죽지만 새로운 세포로 대체되어 이론적으론 영원히 살 수 있다. 그렇다면 보다 복잡한 다세포 구조를 가진 인간은 왜 영구적인 삶을 살기 위한 생물학적 기제를 가지지 못했을까? 그것은 못해서라기보다는 안 해서다. 한 인간에게는 슬프겠지만 죽음이라는 빛나는 진화론적 발명품을 가지고 있기 때문이다.

변화무쌍한 자연 속에서 환경의 변화와 다양한 미래를 예측하는 것은 항상 어렵다. 환경의 변화는 때때로 한 종의 멸종을 의미하기 때문에, 개체의 연속성을 보장하기 위해서는 다양한 진화적 전략을 사용해야 한다. 흔히 개체의 수를 늘리는 방법, 개체의 다양성을 확보하여 변화된 환경에 적어도 몇 퍼센트라도 살아남게 하는 방법, 진화적으로 더 나아가 개체들이 환경의 변화에 적응할 수 있는 지능이나 유연성을 확보하는 방법 등 다양한 전략을 사용할 수 있다. 인간은 환경 적응을 위한 학습 능력을 진화시켰다. 오늘날 인간은 환경의 변화에 유연하게 적응하기 위해 성인이 되기까지 무려 20년이라는 학습 기간을 투자하는 전략을 채택하였다. 하지만 학습을 통한 개인의 적응력이 아무리 뛰어나다고 해도 한계가 있다.

예를 들면 사냥할 먹이가 줄어들어 농사를 짓는다든지, 도구를 만든다든지 하는 환경의 변화나 문제는 두뇌를 통해 해결할 수 있겠지만, 에이즈 같은 것들은 여전히 해결하기 어려운 과제다. 이런 문제들에 대한 대비책으로 인간은 다양성까지 확보해야 한다. 에이즈가 갑자기 창궐해서 전 인류가 다 죽는 일이 없도록 인구의 몇 퍼센트 정도는 에이즈에 저항할 수 있는 능력을 보관하고 있다가 살아남아 인류를 다시 유지해야 한다. 다양성이라는 측면에서 오늘의 쓸데없는 능력이 내일은 자연선택의 1순위가 될 수 있다. 이런 의미에서 사회는 늘 그 시대의 약자들을 보호하고 동반자로 같이 가야 한다. 왜냐하면 내일 그 약자들의 능력이 가장 필요한 능력일 수 있는 것이다. 내일 일을 누가 알겠는가? 이러한 방식은 불확실한 미래에 살아남을 수 있는 가장 확률이 높은 통계학적인 대응이라 하겠다.

지구의 많은 생명체들은 생식을 통해 종의 다양성을 확보하고 죽음을 통해 그 시대 환경에 맞는 유전적 기질들을 업데이트하면서 때론 개체의 수를 조절한다. 이런 방법으로 환경에 가장 적합한 개체들을 새로이 탄생시킨다. 실제로 수억 년을 살아온 박테리아 같은 원시 생물보다는 다세포 고등생물로 갈수록 죽음의 가치는 더욱 커진다. 결국 죽음은 천적이 없는 지구의 가장 강력한 생물인 인간이 선택한 진화의 발명품 같은 것이다.

그 끝이 어디일지 모르지만, 인간의 사고력이 지구의 역사와 우주를 논할 수 있는 능력까지 이르렀다. 의학의 발달은 인간의 유전적 결함을 채워주고 생명을 연장하며 영생을 누릴 수 있을 것처럼 달려 나가고 있다. 신의 능력에 도전하는 인간들이 있어서 죽음이 너무도 불합리하고 어처구니없게 느껴질지도 모르겠다. 하지만 아직 고작 100세 시대도 못 연 인간이 자연의 모든 원칙을 지배하고 영생을 얻으려 한다는 것 또한 허황한 일이다. 쉬운 예로 인간 수명이 40에서 60, 70세로 늘어나면서 우리는 퇴행성 질환인 흔히 치매라고 알려진 알츠하이머라는 복병을 만난다. 인류는 70세까지 살아보지 못했기 때문에 치매를 조절할 수 있는 유전적 대응에 이르지 못하고 자연선택에 의해 거르는 과정 또한 거치지 못했다. 그리고 인류는 아직 이 문제를 해결하지 못하고 있다. 인류의 평균 수명이 100세가 되면 또 그에 따른 여러 가지 문제들이 나올 것이다. 수명이 늘어날 때마다 우리는 그에 해당하는 대가를 치러야 한다.

영생은 있을 수 없으며 있어서도 안 된다. 인간의 의식과 영적 능력은 선조들의 죽음으로 인해 가능했던 것이며, 진화의 목적은 영생이 아니라 끊임없는 자연과의 상호작용에 있다. '나'라는 인간의 정체성은 자신의 시대에 주어진 환경과 제한된 인간의 심적, 물적 자원으로 문제를 해결해 나가는 그 상호작용의 과정 속에서 만들어진다. 인간이 자연에 대응하는 수많은 능력들을 가지고 있다고 한들 자연의 무상함을 이길 수는 없다.

아름다운 삶의 마무리

김명숙

보통명사로서의 죽음이 아닌, '나의 죽음'에 대해 관심을 가지게 된 계기는 헬렌 니어링이 쓴 『아름다운 삶, 사랑 그리고 마무리』를 읽으면서였다. 나는 자기 신념대로 전쟁 반대를 주장하여 대학교수 자리에서 물러난 강직한 학자 스콧과 한때 크리슈나무르티의 연인이었던 헬렌의 만남과 사랑, 이들이 20여 살의 나이차를 극복하고 부부가 되어 버몬트 시골에서 함께 돌집을 짓고 채식을 하며 실천하는 자연주의적 삶에 깊이 매료되었다. 그 무렵, 나 또한 도심의 고층 아파트를 벗어나 과수원으로 둘러싸인 산자락에 집을 짓고 텃밭을 일구며 살아갈 계획을 세우고 있던 때여서 자급자족하는 이들의 삶에 더욱 끌렸다.

스콧은 95세까지 육체노동, 명상과 요가 등으로 건강한 삶을 산다. 이후 활력이 차츰 떨어져 먼 데 강연을 못 가게 되고, 스콧은 100세 되는 해에 아내 헬렌의 도움을 받아 세상을 떠난다.

스콧은 100세 생일 한 달 전 어느 날,

"나는 더 이상 먹지 않으려고 합니다."

라고 선언하고 다시는 딱딱한 음식을 먹지 않는다. 그런 후 그는 여전히 정신이 말짱한 채로 몸의 수분이 빠져나가면서 평온하고 조용하게 서서히 삶에서 떨어져 나간다. 적게 소유하고 풍부하게 존재한 삶을 산 스콧은 헐떡이거나 경련을 일으키거나 떨지도 않은 채, 다만 생명의 숨을 멀리 보내는 아름답고 편안한 임종을 맞는다. "단식에 의한 죽음은 자살과 같은 난폭한 형식이 아니다. 그 죽음은 느리고 품위 있는 에너지의 고갈이고, 평화롭게 떠나가는 방법이다."라고 한, 스콧 자신의 의지대로 떠난 죽음이었다. 이 모습은 내게 더없이 아름다운 삶의 마무리로 다가왔다.

오래전, 우리 할머니께서도 곡기를 끊은 지 20여 일만에 세상을 떠나셨다. 스스로 음식물을 거부하고 더러 물만 드시다가 마침내 당신이 온 곳으로 돌아가셨다. 그 무렵, 할머니께서 아무것도 드시지 않은 채 누워 계신다는 소식을 듣고 가족 친지들이 수시로 방문하여 할머니의 손을 잡고 마지막 이야기를 나누었다. 마침내 할머니께서는 눈을 감으셨고, 가족들은 저마다 할머니와의 추억을 가슴에 담은 채 할머니를 저 세상으로 보내드렸다.

실상 스콧이나 내 할머니의 죽음은 새삼스럽거나 특이한 일이 아니다. 수십 년 전만 해도 우리 주변에는 늙어 살 만큼 살다 자신의 집에서 자연스럽게 죽음을 맞는 사람들이 많았다. 오늘날에도 번잡한 도시에서 벗어나 자연의 순리에 따라 일생을 살아온 사람들의 죽음은 여전히 전통적 죽음의 모습과 그다지 동떨어져 있지 않을 것이다. 이러한 죽음에는 온갖 첨단 의료 기구에 둘러싸인 채 죽는 고통과 억압을 찾아볼 수 없다. 그 죽음은 영원한 잠에 빠지는 것과 같은 평온한 마무리이며 자연으로 돌아가는 생명의 흐름 속에 있다. 현대인의 죽음 환경의 문제는 산업화와 핵가족화 등에 많은 부분 기인한다. 첨단 의료기술의 발달로 기계적이고, 돌봐줄 가족이 없는 탓에 점점 더 비인도적인 방향으로 치달리고 있는 형편이다. 인간의 존엄은 죽는 과정에서도 지켜져야 그 삶이 온전하게 마무리된다. 죽음의 과정에서 존엄을 잃지 않기를 우리 모두는 소망한다. 그렇다면 어떻게 존엄을 잃지 않는 죽음을 맞을 수 있을까?

우리가 일상생활 속에서 '죽음을 향해 나아가는 존재'라는 생명의 본래 의의를 인정할 수 있다면, 개별 실존의 궁극적 관점에 의거하여 단순하고 평범한 생활 속에서도 영적 혹은 종교적 안식처를 찾을 수 있을 것 같다. 그리고 그에 따라 스스로의 신념과 삶과 죽음에 대한 태도를 건립할 수 있다면, 삶과 죽음 사이의 경계를 무너뜨릴 수 있지 않을까? "매일매일이 좋은 날이다."라든가, "평상심이 바로 도(道)다."라고 말할 수 있는 경지는 죽음이 두렵다고 말할 것도 없는 경지에 이르렀음을 뜻한다. "Good morning!"을 직역하여 흔히 쓰는 "좋은 아침!"이라는 인사말처럼 일상에서 수월하게 감정을 조절하며 좋은 아침, 좋은 하루를 보내기 위해서는 부정적인 감정을 조절하면서 긍정적인 감정을 갖는 것이 중요하다.

행복 연구자인 조지 베일런트는 "인생의 상대성과 복잡성에 대한 이해가 깊어지면 미성숙한 신앙이 성숙한 신뢰로 변환되고, 엄격한 종교적 신앙이 영적 공감으로 변환된다."고 말한다. 청년기에서 중·장년기로 그리고 노년기로 나아가면서 행복의 조건도 변화한다. 노년기의 행복은 젊은 날의 사회적 행복이나 출세 등 자기실현에 있지 않고 정서적·영적 안녕 및 자녀들의 안녕에 달려 있다. 따라서 건강하고 성공적인 노후를 보내기 위해서는 정서적·영적 안녕과 미래세대의 안녕을 위해서 어떠한 삶을 살아야 하는지에 대한 통찰이 필요하다.

100세 시대를 앞두고 제2의 인생이 전개된다는 긍정적인 해석에도 불구하고, 노년기에 들어서면 인생의 허무함이 밀려들게 마련이다. 삶의 내리막길에서 몸의 활력과 순발력 또한 떨어진다. 그러나 인간에게 늙음과 죽음은 피해 갈 수 없는 과제다. 피해갈 수 없다면 맞부딪쳐서 주어진 과제를 지혜롭게 해결해 나갈 방안을 모색해야 한다.

공자는 "50세에 하늘의 이치를 깨달아 인생의 참다운 삶이 어디에 있는지"를 알았으며, "60세에 모든 것을 이해"하고, "70세에 뜻대로 하여도 허물이 없었다."라고 하였다. 인생의 가치는 젊음과 건강에만 있는 것이 아니라 생의 내리막 단계인 늙음과 죽음에도 있는 것이다. 은퇴 후에는 아무래도 나와 내 가족의 안위를 위해 정신없이 살았던 때보다 여유가 생긴다. 남은 생 동안 그동안 미처 돌아보지 못했던 주변 사람들을 살피고 사회적 대의를 위해 보낸다면 인간적 성숙과 더불어 삶의 가치와 보람을 찾을 수 있을 듯하다.

스콧과 같이 존엄하게 삶의 마무리를 할 수 있으려면 자기 가치감이 높아야 한다. 자존감과 자기배려를 긍정적으로 지속하는 능력과 인생이 영원한 것을 남기거나 의미와 목적을 가질 수 있다고 생각할 수 있는 능력이 필요하다. 그리고 자신의 죽음이 타인에게 가져올 부담 또는 문제를 앞서 스스로 깔끔하게 해결해야 한다.

죽어서 이 세상에서 없어진다고 생각하면 죽음이 싫은 대상이지만, 즐거운 고향으로 가는 설레는 길로 받아들이면 죽음은 거룩한 축복일 수 있다. 죽음을 맞이할 때 거룩한 졸업식을 한다고 생각하고 싶다. 가족과 보고 싶은 사람들을 불러 그간 못다 한 이야기를 홀가분하게 나눈다. 그리고 떠난 뒤에 정리할 일을 맡을 사람에게 부탁의 말을 한다. 죽는 자리에서, 그동안 얼마를 벌었는지 전 재산이 얼마나 되는지에 의미를 부여하는 사람은 없을 것이다. 얼마나 바르게 살았는지 얼마나 주위 사람들을 사랑했는지를 스스로 돌아보며, 나와의 이별을 슬퍼하는 가족, 지인에 둘러싸여 따뜻한 정을 느끼며 눈 감으면 더없이 좋을 것이다. 누구나 삶의 매 단계에서 특별한 기쁨, 행복을 누리다가 다음 단계로 이행하기 때문에 젊음을 부러워할 이유도, 현재 자신의 나이가 주는 기쁨 이상을 바랄 이유도 없다. 죽음도 마찬가지로 때가 되면 맞이하는 삶의 한 단계일 뿐이다. 삶의 모든 단계에서 자연스러운 기쁨을 누렸다면, 영원히 사는 지루함에 처하지 않고 '이제 그만 갔으면 좋겠다.'는 생각이 자연스럽게 생기는 때가 오리라 믿는다. 그때 침착하고 확신에 찬 모습으로 존엄하게 마지막 순간을 맞을 수 있기를 소망해 본다.

생의 마지막 순간,
마주하게 되는 것들은 과연 무엇일까?

김명숙

『생의 마지막 순간, 마주하게 되는 것들』을 읽고

유사 이래 모든 철학과 종교는 죽음을 기억하라고 말한다. 불교에서는 "명상이 가장 높은 경지에 이를 때는 바로 죽음에 대해 생각할 때다."라고 하고, 부처의 생애는 버림으로써 보다 큰 것을 얻는 삶의 진수를 보여준다. 중세 수도원의 '메멘토 모리(memento mori)', 즉 '죽음을 기억하라.'는 메시지에는 살아있음에 감사하고 언제든 죽을 수 있으니 색다른 즐거움으로 삶을 채우라는 뜻으로 해석된다.

누구나 피할 수 없는 죽음에 대해 떠올리고 그 뜻을 묻는 것은 우리가 "왜 살아야 하는가."라는 실존적 의문에 대한 답을 추구하는 이성을 지닌 존재이기 때문이다. 죽음의 문제는 삶의 문제와 관련될 수밖에 없고, 이러한 질문은 분명 삶에 유익하다. 그러나 일상의 삶에 매몰되다 보면 죽음은 아주 멀리 있는 것 같고, 더욱이 '먹고 사느라 바빠 죽을 시간도 없을 듯한 형편이거나 혹은 그야말로 잘 나가는 삶'을 살고 있다면, 죽음은 자신과는 동떨어진 딴 세상의 이야기로 생각된다.

그렇게 삶을 돌아볼 여유 없이 정신없이 살다가 생의 마지막 순간, 우리가 마주하게 되는 것들은 과연 무엇일까? 더 이상 시간을 되돌려 후회해 봤자 어떻게도 만회할 수 없는 순간에 우리는 무엇을 후회하게 될까? 그런 후회가 없는 삶을 살려면, 지금 어떻게 살아야 할까?

『생의 마지막 순간, 마주하게 되는 것들』이라는 제목의 책을 발견했을 때, 나는 이러한 의문에 대한 답을 찾을 수 있을 것 같아 무척 기뻤다. 그리고 흥분된 마음을 가라앉히며 그 답을 향해 책을 읽어 나갔다.

저자 기 코르노는 융 심리분석에 기초한 심리치유자로서 여러 대중매체에 출연하고, 캐나다뿐 아니라 유럽 등지로 불려 다니며 자신의 평판에 취해 있던 중, 림프종 4기를 선고받는다. 죽음의 벽 앞에서 그의 삶은 한순간에 무너진다. 그는 죽음이라는 무시무시한 현실 앞에 세상의 '학문'이라는 게 얼마나 부질없으며, 그 어떤 조언이나 그 누구의 위로도 아무런 소용이 없다는 것을 절실히 깨닫는다. 저자는 몇 번이나 집필을 그만두려고도 했으나 자신의 경험으로 독자들에게 도움을 주기 위해 이 책을 썼다고 밝힌다. 자신의 사실적인 투병 이야기가 위기에 빠진 사람들에게 한 줄기 빛이 되어 길을 알려줄 수 있으리라는 믿음에서다. 나는 코르노라는 이 매력적인 인물이 암을 진단받고 질병을 이겨내고 회복되기까지 삶을 대하는 관점이 어떻게 달라졌는지 추적해 들어갔다.

자신의 병의 원인을 추적하는 과정에서 코르노는 스스로에 대한 다양한 분석을 해나간다.

첫째, "병이 들고 나면 내가 맡은 역할을 나 자신과 동일시했음"을 깨닫게 된다. 우리는 사회적 정체성이 곧 나 자신이라고 생각하게 되지만, 병이 들고 나면 사회적 역할이 곧 '나'가 아님을 깨닫는다. 내가 무엇을 하느냐가 '나'는 아니다. 언젠가 읽었던 불교 관련 글에서, "누가 어떤 형태의 삶을 살고 있든 그것은 단지 '역할'에 불과할 뿐 자신의 참모습과는 아무 상관이 없다."는 말이 떠올랐다. 직업이나 직위는 모두 우리를 얽매는 족쇄일 뿐이라는 것이다, 우리가 아무것도 아니고, 아무것도 가지고 있지 않다는 것이 진리이자 실상이다. 머리로 생각하는 것을 내려 놓을 때 기적이 일어난다는 것이다. 코르노에게 닥친 질병 역시 근원적 자신 자신과의 만남을 주선하는 초대장으로 작용한다.

둘째, "자신이 가진 창조적 충동과 이상을 존중하며 살아가고 있는지 가 특히 중요한 문제"임을 깨닫는다. 과학의 발달로 예전에 비해 현대인 의 삶이 편리하고 안락해졌음에도 불구하고 행복감은 더 높아지지 않 고 있다. 왜일까? 그것은 대부분의 사람들이 자신의 창조성과는 무관 한 일을 하면서 살고 있기 때문이리라. 개인이 지닌 창조성이 아주 특 출 나서 그것으로 생계를 해결할 수 있다면 모르지만, 대개 사람들이 지닌 그만그만하고 특출 나지 않은 창조성은 억눌린 채 하기 싫은 일을 하면서 살아간다. 진정으로 자신이 추구해야 할 것은 자신의 창조성 을 발휘하고 사는 것이다. 먹고 사느라고 자신의 창조성과는 무관한 삶 을 사는 것은 정말로 괴로운 일이다. 우리는 우리 자신의 능력을 발휘 하기 위해서, 그리고 우리의 본질적인 모습으로 세상을 변화시키고 창 조하는 데 일조하기 위해서 태어났다. 융은 "우리가 지닌 개별적 본질, 즉 우리 안에 존재하면서 사랑이나 창조적인 활동을 통해 표출되는 타 고난 충동을 표현하거나 드러내지 않으면 병이 난다."고 했다. 코르노 는 병의 분석과 함께 시련이 자기가 몰랐던 능력을 스스로 발휘되는 기 회임을 인식하며, 가능한 모든 수단을 동원하여 몸과 함께 마음의 치료 에 매달린다.

암 치료로 인해 삭발을 하고 나서 알아보는 사람 없는 무명인으로 전 락한 코르노는 그동안 여성의 존재가, 어쩌면 자신이 살아가는 아주 중 요한 이유였을지 모른다는 깨달음에 이른다. 그리고 이성에게 매력적 으로 보이고 싶은 욕구가 만들어내는 일종의 노예 상태에서 벗어날 수 있게 된다. 암을 경험하지 않았다면 자신이 그 욕구에 얼마나 속박되어 있었는지 결코 깨닫지 못했을 것이라는 깨달음이었다. 차츰 인정받고 싶은 욕구와 대중에 대한 의무감에서도 해방되면서, 그는 내면의 진정성에 대해 생각하게 되고, 남들에게 보이는 이미지에 대한 걱정에서 벗어나 스스로를 되찾게 된다. 병은 이처럼 겉모습에 대한 집착을 벗어던지게 해준다. 모든 것은 이미 스스로의 손에 쥐어져 있으며, 더 이상 아무것도 욕심을 부릴 수 없는 시간이 주는 축복을 알게 된다.

일과 관련해서, 그동안 코르노는 자신의 일이 너무나 좋아서 따로 휴가를 갈 필요가 없다고 여기고 있었다. 나 역시 내가 하는 일은 덕업일치가 가능한 일이므로, 오히려 일을 안 하면 스트레스를 받을 것 같다는 생각이었다. 그러나 역시 잠시 일에서 벗어나 여행을 한다든지, 자유로워지면 즐겁고 행복한 것은 분명하다. 투병을 하면서 코르노는 일에서 완전히 벗어난 것이 몸에 아주 좋은 약이 됨을 경험한다. 의무를 다하지 않아도, 전투를 치르지 않아도, 존재할 수 있음을 깨닫게 된다. 정말 일에 묶이지 않으면 그토록 인생이 빛과 공기와 물과 우정만으로도 충만해지고, 모든 것을 음미할 여유가 생길까? 인생의 순간순간을 음미하면서 세상이 정해 놓은 시간 같은 것을 초월하게 될까? 코르노의 경험은 우리가 일에서 벗어났을 때, 인생이라는 크고 본질적인 흐름 위에 자신을 올려놓고, 아무런 사명도 임무도 없이 존재하는 순수한 기쁨으로 평안과 치유에 이르게 된다고 밝히고 있다.

코르노처럼 죽음이라는 선고를 받고 치유만이 살길이라면, 당연히 세상의 일이라는 게 아무런 의미가 없을 것이다. 그리고 이전에 중요하다고 생각했던 것들이 죽음 앞에서 별다른 의미를 갖지 못하리라는 생각이 든다. 세상에 존재하여 맑은 공기와 밝은 햇살을 누리는 자체가 정말로 기쁨이고 환희일 것이다. 그러나 언제 죽을 거라는 죽음을 선고 받지 않은 우리 대다수의 사람들에게 일은 삶의 의미이기도 하다. 최근 98세의 철학자 김형석 선생의 글이 SNS에서 떠돌다 내게도 전달되었 다. 그 글에서 선생은 일이 있어야 오래 건강하게 살 수 있다고 밝히고 있다. 코르노의 '일'과 김형석 선생의 '일'에 대한 개념에 또 다른 논의가 필요하지만, 여기서 더 이상은 언급하지 않기로 한다.

코르노는 진정한 치유는 육체와 영혼과 정신 사이의 관계와 연관이 있으며, 그 관계가 근본적인 조화를 통해 회복된다는 신념을 지닌 사 람이었다. 따라서 수술, 화학요법 등의 신체적 치료와 병행하여 마음과 의식으로 질병을 치유하고자 온 힘을 기울인다. 이를테면, 우리가 단지 육체의 차원에서만 존재하는 것은 아니므로, 건강한 모습을 떠올리는 심상은 세포들의 작용에 방향을 정해준다. 세포들이 균형을 향해 가도 록 만드는 것이다. 코르노는 내면훈련을 하면서 자신이 스스로를 위해 무언가를 할 수 있다는 확신에 이른다. 잠자고 있는 힘을 깨우는 길을 찾아낸 것이다.

그는 명상을 하면서, 명상 수행 지도자 에릭 바레와의 만남을 통해 큰 깨달음을 얻는다. 바레가 코르노에게 해준 이야기는 내게도 큰 감동 으로 다가왔다.

"그렇게 무엇인가를 손에 쥐려는 심리가 근심과 불행의 근본적인 원 인인데, 사람들은 아무런 정체성이 없는 상태를 용납하지 못해." 미래 가 조금 더 행복하고 조금 더 흥미로운 무엇인가를 가져다줄 거라는 기대감에서 벗어나야 한다는 이야기다. 그런 미래는 존재하지 않고, 존 재하는 건 현재의 순간, 현재에 대한 느낌뿐이다. 행복하게 살아가는 비결은 상황과 일체가 되는 대신 그 상황을 즐기는 데 있다.

"행동을 하되 아무것도 손에 쥐려고 하지 않으면 살아가는 기쁨을 느끼는 데 필요한 거리가 생겨." 아무것도 바라지 않으면, 그 즉시 자유로워질 수 있다는 뜻이다. 미래에 대한 기대감이 빚어내는 무서운 짐에서 벗어나기 때문이다.

"무엇보다 우리 자신의 변화, 인생의 변화 자체를 기쁘게 음미해야 해. 우리 존재의 가장 깊숙한 곳에 자리한 생명력을 느낄 때, 바로 그때 우리는 행복해지고 사랑으로 충만해질 수 있어." 의식적으로 존재하고 있어야 존재하는 기쁨을 맛볼 가능성이 생긴다. 또한 의식적으로 존재하는 게 건강에도 좋고 평온함도 얻을 수 있다. 인생이 창조적으로 변화해 갈 때 치유에 이를 수 있다는 이야기다.

그렇다면 코르노가 생의 마지막 순간, 마주하게 된 것들은 무엇이었을까? 코르노가 죽음의 문턱까지 간 덕분에 얻은 한 가지는 바로 '초연함'이었다. 순간이 영원으로 통하는 문이 될 수 있는 이유는 영원에 대한 느낌은 현재의 순간에만, 끊임없이 새로워지는 현재하는 순간에만 존재할 수 있기 때문이다. 잃을 것도 없고 얻을 것도 없다. 우리에게 주어진 것은 현재 순간뿐으로, 과거나 미래에 집착해야 아무 소용이 없다는 깨달음이었다. 그는 이제 그게 무엇이든 영원히 갖겠다고 애쓰지 않는다. 모든 것은 결국 사라지기 때문이다. 코르노처럼 죽음의 문턱까지 가보지는 않았어도, 앞선 이들의 경험을 통해서 그리고 나이를 더하면서 절실하게 깨달아야 하는 지침이다. 그래야 인생의 남은 시간을 더 알차고 품위 있게 살 수 있다. 자신의 가치관이나 창조력에 부합하는 일을 하면서, 자기 자신에게 그리고 행복이라는 덤을 주는 인생에 충실한 것, 그게 우리가 얻을 수 있는 유일한 이득이다. 바로 저자가 삶의 절실함과 죽음이라는 절박한 상황에서 깨달은 내용이었다. 이런 훌륭한 깨달음을 단지 소파에 편하게 앉아서 읽는 것만으로도 공유하게 되다니! 함께 해서 너무도 행복한 시간이었다.

인생과 우정, 시, 흐르는 시간을 음미하는 게 어떤 목표를 달성하는 것만큼이나 중요한 일임을 다시 한 번 깊이 인식한다. 우리는 자신이 어떤 존재인지 알지 못한 채 불안을 달래려고 타인에게서 인정과 위로를 구걸한다. 중요한 건 우리 내면의 소리에 대응하는 무언가를 찾아내는 것, 우리 자신이 마음속에 깊이 느끼고 있는 무언가를 발견하는 것이다. 곧 자기답게 사는 것. 더하여 깨달은 바를 행동으로 옮기는 것이다! 나는 책을 덮으며 나 자신의 인생을 스스로 정의해 갈 용기가 있는지 되물어본다.

2

죽음의 최전선에서:
의료현장에서의 죽음

내면의 소리를 듣다

심문숙

나는 이 글에서 의료현장에서 일했던 경험 혹은 현장에서 일하고 있는 동료들의 경험담을 통해 삶의 마지막에 도달한 사람들의 생생한 이야기를 전하고자 한다.

거동이 불편해 누군가에게 자신의 삶을 의존해야만 하는 상황에 이르게 된 여든을 넘긴 할머니인 독거노인 방문대상자를 경험한 적이 있다. 그녀는 대장암을 진단받았지만 병원에 입원할 상황이 안 되어 보건소 방문간호만 받으며 살아가고 있는 형편으로, 어떤 것도 스스로 하기 힘든 지경이 되었다. 힘이 다 빠져서 기운도 없고, 혼자 밥 먹기도 힘들고, 키우는 고양이랑 같이 살날도 2~3개월이면 많이 산다고 생각하고 있었다. 죽음에 대해 생각해 본 적 있느냐는 물음에 단호하게 없다고 말하며 목숨은 하늘에 달려 있다고 했다.

자원봉사자가 매일 두고 가는 도시락으로 식사를 해결하는 자신의 처지에 죽음의 의미를 이야기하는 것은 할머니에게는 큰 의미가 없다는 의중을 드러낸 것이라고 생각되었다. 할머니는 찬합에 든 팥죽을 손으로 쭉 끌어당겼고, 매일 그래 왔던 것처럼 그냥 먹어야 하는 것쯤으로 여겼다.

유대 속담 중에 부모가 자식에게 음식을 먹일 때는 둘 다 모두 웃는다고 한다. 하지만 자식이 부모에게 음식을 먹일 때는 둘 다 운다고 하는데, 할머니는 음식을 먹으며 딸이 갖다 준 음식으로 생각했다. 밥을 먹으며 눈시울을 적시고 울기도 했다. 그런 할머니를 보며 방문간호사는 딸에게 자주 이런 말을 전했다고 한다.

"지금 당신의 어머님은 사랑받을 자격이 없는 건지도 몰라요. 당신의 어머니가 누구여서가 아니라 우리들의 어머니이기 때문에 당신의 어머니를 돌볼 수 있는 거예요. 그러니 어머니 계실 때 얼굴을 살피고, 돌아가시기 전에는 어머니의 마음을 알아주었으면 좋겠어요."

하지만 할머니의 딸에게서는 바빠서 살펴드릴 시간이 없다는 답변만을 들을 수 있었다. 마음속으로 서글픈 생각이 들었다.

할머니는 병원에 입원했을 때를 떠올리며, "병원은 다시는 가고 싶지 않다. 그렇게 정신없는 곳에서 늙고 병든 몸으로 자신을 돌보는 사람들에게 의존한 채 살아간다는 것이 무슨 소용이 있으며 얼마나 무기력한 일인가."라고 말했다. 할머니는 병원에서 일하는 사람들이 원래 좋은 사람일지 몰라도 환자들을 많이 상대하고 과도한 업무에 시달리다 보니 환자들에게 신경도 덜 쓰고 부담스러운 짐으로 여기는 것 같다고 말했다. 그때를 생각하면 지금 아무것도 내 힘으로 할 수 없을지언정 여기 내 집, 내 방이 제일 낫다고 연거푸 반복해 얘기하셨다. 할머니의 말에 수긍이 갔다. 자식들도 마찬가지라는 생각이 들었다. 자식의 입장에서 보면, 부족한 일손과 과다업무로 시달리는 상황에서 부모의 필요한 요구를 처리하다 보면 이내 소진되고 황폐해지기 마련이다.

간호사나 간병인 입장에서 보면, 잠시도 눈을 뗄 수 없고 하나하나 손이 가야 하는 환자를 돌보는 것도 모자라 오랜만에 방문한 보호자들의 쏟아지는 요구에 일일이 대응하는 일도 쉽지 않은 일임이 분명하다. 그럼에도 불구하고 우리의 어머니 아버지라고 생각하면 조금 더 힘을 내어 할 수 있지 않을까 생각해 본다.

인생을 사는 것과 단지 생명만 유지하는 것은 엄연히 다르다. 할머니에게는 삶의 질도 중요했다. 장시간의 투병생활과 고립감으로 인해 할머니의 일상의 삶에서 오는 소소한 기쁨과 즐거움을 주는 일들이 하나씩 사라지고 있었다. 즐거움의 중요한 요소인 음식을 더 이상 먹을 수 없게 되어가고 있었다. 집 앞 골짜기로 산책 나가는 일도 더 이상은 불가능했다. 할머니를 휠체어에 태우고 내리는 일은 돌보는 모든 사람에게 크나큰 과제가 되었다.

할머니가 새로운 벗을 사귈 수 있을까? 구부정한 몸이 끈으로 묶인 채 휠체어에 앉아 초점 없는 눈으로 방문 밖을 응시하며 기저귀에 소변을 보는 할머니의 모습을 상상해 보았다. 한 사람의 삶이 얼마나 더 망가져야 인간으로서의 존재가 의미 없다고 할 수 있을까? 할머니는 더 이상 혼자 설 수 없고, 누군가에게 자신의 삶을 의존하게 된 것이다. 이렇게라도 사는 것이 그래도 삶을 사는 것이라는 생각이 들기도 했다.

고통의 무게를 가늠하다 보니 여러 생각이 꼬리에 꼬리를 물고 이어졌다. 고통뿐인 인생에도 삶을 가치 있게 만들어주는 기쁜 순간들이 있을까? 살아오면서 가장 좋았던 순간은 언제였을까? 왜 힘들고 홀로 설 수 없을 때가 되어서야 그런 생각을 하게 되는 걸까?

할머니는 10년 전 대장암 진단을 받기 전 폐렴이 심해져서 요양시설에 가게 되었다. 처음에는 새로운 친구들을 사귀고 활기차게 생활하는 등 새로운 환경에 적응하는 할머니를 보며 가족들은 마음을 놓았다고 했다. 할머니는 오후가 되면 함께 정원을 산책하면서 꽃들의 색에서 경이로움을 발견하고 사람들의 미소와 다정한 손길에서 위안을 찾았다. 하지만 할머니의 건강이 악화되면서, 언제 끝날지 모르는 고된 간병과 점점 부담스럽게 다가오는 경제적인 문제로 갈등이 시작되었다. 그리고 할머니를 보살피는 힘겨운 일에서 벗어나고 싶어 하는 가족의 솔직한 내면의 모습이 드러나면서 딸들은 죄책감을 느꼈다고 했다.

할머니의 딸은 딸대로 오히려 부모님의 부모 노릇을 해야 하는 자식들의 복잡한 감정적이며 현실적인 문제들을 이야기한다. 딸은 나이 든 부모를 돌보는 고통과 외로움에서 조금이라도 벗어날 수 있기를 기대했을지도 모른다.

세상에는 나이 든 부모를 돌본 경험이 있는 사람들과 그렇지 않은 사람들, 이렇게 두 종류의 사람들이 있다. 누군가를 돌보는 것은 인생을 바꾸고 인생이 무엇인지 알게 해주는 일이다. 그 일을 시작할 때만 해도, 얼마나 다양한 감정과 얼마나 격렬한 감정을 경험하게 될지 알지 못하지만 후에는 알게 된다. 누군가를 돌보는 것은 즐거움이고 동시에 부담이다. 사람들은 자신의 주어진 상황에 따라서 이 두 가지 감정을 조금 경험하기도 하고 많이 경험하기도 한다.

나이 든 어머니를 돌보면서 어머니를 파란 잔디밭으로 때로는 질척거리는 진흙땅으로 안내하는, 그러면서 밀려드는 죄책감에 짓눌리고 고통에 시달리는 딸들. 할머니는 그럼에도 사랑하는 딸의 목소리를 최고로 여긴다. 때로는 부모를 돌보는 문제로 고민하는 다른 사람들에게 그들 모녀간의 대화는 위로와 공감을 주기도 한다. 고통과 무기력과 외로움을 조금이라도 덜 수 있게 해준다.

하루하루가 고단하고 힘에 부칠 때, 할머니는 가장 가까운 혈육인 딸을 떠올린다. 의지할 수 있는 유일한 희망이기 때문이다. 그렇게 아픈 상황에서 의료인보다 가족을 제일 먼저 떠올리는 이유는 무엇일까? 가족이기 때문이다.

또 다른 예를 살펴보자. 폐암 4기 진단을 받은 한 직장인 남성은 곧바로 항암치료와 방사선 치료에 들어갔으나, 이후 암이 척추로 전이되어 큰 수술을 받았다. 퇴원을 하고 집에서 지내다 갑자기 주저앉은 뒤로는 거동하지 못하게 되면서 병원을 다시 찾았고, 주치의는 더는 치료가 어렵다는 말을 가족들에게 전했다. 가족들의 논의 끝에 성당 수녀님의 권유대로 이 남성은 호스피스 병동에 들어갔고, 가족들은 시간이 날 때마다 환자를 찾아 함께 기도를 드리며 마음의 짐을 덜어주었다. 자원봉사자와 간호사, 사회복지사, 신부님과 수녀님 같은 성직자들의 따뜻한 배려가 큰 도움이 되었고 가족들도 환자가 무엇을 원하는지를 이해하게 되었다고 했다. 가족들은 환자가 고향으로 돌아간다는 마음으로 편안하게 갔다고 얘기했다.

죽음을 앞둔 환자는 오히려 마음의 평화를 찾고, 자신의 죽음을 받아들이고, 주변에 대한 관심도 차츰 잃어간다. 혼자 있고 싶어 하고, 바깥세상의 소식들에 대해 궁금해 하지 않는다. 더 이상 아무 말도 할 필요가 없음을, 굳이 말하지 않아도 그가 혼자 남겨지지 않는다는 사실을 일깨워줄 수도 있을 것이다. 환자에게 힘주어 손을 한번 잡는 것, 사람들의 얼굴을 바라보는 것, 그리고 다시 베개에 머리를 기대고 눕는 것만으로도 그 어떤 말보다도 많은 의미를 전할 수 있다는 사실을 일깨워줄 수도 있을 것이다.

말기암 환자를 돌보는 일은 쉽지 않은 일이다. 갑작스러운 이별을 겪어본 사람은 삶에 대한 소중한 무게를 안다. 중환자실에서 근무하는 간호사들은 많은 말기암 환자들을 떠나보낸다. 입원한 환자 가족들은 거동이 힘든 암환자를 집에서 돌보는 게 쉬운 일이 아니라는 것을 알고 있다. 환자들이 마지막까지 가족과 함께 있기를 바라는 것과는 별개로 의료적 처치와 관리가 필요한 부분이 있으므로, 환자의 마지막을 함께 하는 것에 큰 부담감을 갖게 되는 것도 외면할 수 없는 현실이다.

눈이 많이 내리던 어느 날, 암 병동에 한 가족이 방문했다. 집안의 가장인 환자를 만나기 위해서였다. 그 환자는 몸이 고통스럽더라도 자기 정신으로 살겠다는 의지로 남은 약을 모두 버리고 정신력으로 하루하루를 버텨나간 대단한 사람이었다. 몇 년 전만 해도 호스피스가 지금처럼 알려지지 않았고 어디 마땅한 시설도 없었던 터라 대학에 있을 때 친하게 지낸 지인이 있어 가끔씩 찾아가 수액주사를 맞는 정도였다. 그러던 어느 날 혈관이 좁아졌는지 주사 놓을 혈관을 못 찾고 주삿바늘이 안 들어가는 상태가 되었다. 그 지인이 환자 가족에게 마지막을 준비해야 할 것 같다며 조용히 알려주었고, 부산에서 아버지를 보러 딸이 올라왔는데 환자는 딸을 한눈에 못 알아보고는 자신의 머리를 긁적이기만 했다. 지금이야 답답하거나 궁금한 점이 있으면 호스피스 전문병원이나 전문시설들에 가서 의사나 간호사에게 물어보면 되지만, 그때만 해도 뭘 어떻게 해야 할지 몰라 막막해했다고 한다.

죽음은 영원한 이별이다. 누군가를 떠나보내는 일은 누군가에겐 영영 혼자 남아 버려지는 일이기도 하다. 그래서 살아남은 자는 슬프다.

"마지막에 심정지가 와도 청력은 두 시간까지 살아있다는 말이 있어요. 바로 자리를 뜨지 않고 고인의 곁을 지키며 마지막 안부를 전하는 데는 이런 이유가 있죠. 그래서 가까운 가족 중에 누가 외국에 나가 있거나 바로 올 수 없는 여의치 않은 상황이면 전화로라도 연결해서 마지막 인사를 드리게 해요. 가족이 도착할 때까지 계속 귀엣말을 하고 있기도 하고요."

폐암 4기 진단을 받은 아버지를 45일 만에 떠나보낸 가족은 다시 그때로 시간을 돌릴 수 있었으면 하고 생각한다. 아버지에게 병세를 알리고 항암치료를 받도록 설득해야 할까? 아니면, 알리지 않고 평소대로 지내게 하는 편이 나을까? 사람의 앞일은 알 수가 없다. 너무 일찍 가족을 떠나보낸 것 같아 마음이 아프다가도, 임종 전전날까지 평소처럼 식사를 하며 편안하게 지내신 걸 떠올리면 위로가 되기도 했다고 말한다. 가족들은 영정사진을 보면서 우리 곁에 없는 아버지를 기억하며 더 이상 함께할 수는 없지만 모두의 마음속에서 언제까지나 함께할 거라고 믿고 있었다. 가족들은 아버지를 떠올릴 때마다 눈물을 글썽이며 아버지와의 추억을 떠올리고, 마지막까지 원하셨던 것은 무엇이었을까를 생각하게 되었고 이것은 가족들에게 그리움으로 자리 잡게 되리라 생각한다.

병원에서 근무하다 보면 죽음을 맞이하는 사람들의 자세는 사람마다 사뭇 다른 모습들이었다. 나도 생의 마지막 상황이 오면 도움이 필요하고 다른 사람들에게 도움을 요청하게 될까? 그리고 누구나 그렇듯이 떠나보내는 가족 앞에서 못다 한 이야기를 하고 더 잘해주지 못함에 대해 후회하게 될까? 도와달라는 말도 하지 못하는 상황에서 혼자 삶을 마무리하고 떠나가 버린 가족을 떠난 후에 너무 늦게 그리워하게 되는 것은 아닐까 생각해 본다. 그런 후회가 남지 않도록 아름다운 마무리를 위해 준비하고, 살아있는 동안 더 많이 사랑하리라 다짐해 본다.

환자의 마지막 순간을 지켜보다

심문숙

이 글은 호스피스 병동에서 아름다운 마무리를 위해 준비를 하던 환자들에 대한 기억이다.

간암 말기로 호스피스 병동에 입원한 한 환자는 간암 진단 후 항암 치료를 해왔으나, 그해 암이 뼈로 전이되었고 결국에는 간이식 수술까지 받았다. 중환자실에 오기 1년 전에는 척추로 암이 전이되어 방사선 치료를 14번이나 받은 경력이 있으며 이후 자택에서 관리하다 상태가 안 좋아져 호스피스병원 중환자실로 오게 된 경우였다.

대부분은 임종을 앞두고 의미 있는 사람들과의 갈등을 회복하거나 혹은 회복하지도 못한 채 돌아가시는데 이 분은 가족과의 화목한 관계가 얼마나 중요한지를 새삼 보여준 환자였다. 평소 가족이 가장 중요한 인생의 지지대였던 듯 임종을 앞두고 어떻게 인생을 아름답게 마무리할 수 있는지 그리고 그 중심에 가족이 얼마나 힘이 되는지를 보여주었다. 이 환자는 미국에서 거주하던 중 암의 발병을 알게 되었고, 미국에서 더 이상의 치료가 불가능하다는 판정을 받고 모든 것을 정리하고 한국으로 돌아왔다. 하지만 치료 진행과 병세 진척이 내내 어려운 상태로 이어져 환자뿐 아니라 가족의 고통도 극심했다.

환자가 처음 왔을 때 양팔에 극심한 통증과 저림을 호소했고 암이 6번, 7번 경추에 전이되어 가슴 밑으로는 감각이 없는 상태였다. 양쪽

손목과 팔은 움직일 수 있었지만 자연스럽지 않았고 양다리도 감각이 없어 스스로는 움직일 수 없었다. 이미 집에서 극심한 통증으로 고생했기 때문에 입원 후에도 통증에 대한 두려움을 자주 드러냈다.

병동에 올 당시 환자는 이미 예민해질 대로 예민해진 상태였으며 게다가 무척 꼼꼼한 성격이어서 무엇이든 자신이 다 알아야만 했다. 어느 것 하나라도 마음에 들지 않으면 불만을 토해냈고 의사나 간호사 등 의료진 누구에게도 까칠하게 대했다. 호스피스 병동에 오는 이들에게서 대부분 관찰되고 경험할 수 있는 모습이기도 하다.

이 환자는 자신의 병에 대해 어느 정도는 파악하고 있었지만 질병치료와 의료진의 처치에 대한 이해도는 낮은 편이었다. 하루 종일 눕거나 앉아 있어야 했고 나중에는 휠체어도 타지 못하는 상태가 되었다. 의료진을 대할 때나 가족들을 대할 때 불안정한 심리를 나타내는 부분도 있었지만 다행히 희망적인 부분도 있었다. 병원 앞 입구에 오랜 세월 버티고 서 있는 오래된 나무에 달린 열매들의 풍성한 모습에서 무언가 충만한 힘이 느껴지기라도 하면, 힘겨운 삶을 견디는 애처로운 자신의 현실에 빛이 보이고 실낱같은 희망이 보이는 느낌이 들었다는 것이다.

필자가 알고 있던 화원을 하던 사람은 자신이 좋아하는 음식을 마음껏 먹은 후 죽음을 맞이했다. 병원 입원 후 이제 마지막이라는 생각에 자신이 좋아하는 음식이라도 한번 먹어보고 죽고 싶다고 했지만 먹을 수 있는 건 많이 없었다. 입원해 있는 동안 자주 외출을 허락해 줄 것을 회진 때마다 요청했다. 죽기 전에 나가서 맛있는 것을 먹고 싶다는 것이었다. 전에 좋아하지 않았던 것도 간혹 먹고 싶다고 하였다. 그는 호스피스 암환자, 골수암환자였고 언제나 죽을 때가 오면 자신은 집에서 죽고 싶다고 생각해 왔다. 항상 우리에게 호스피스 병원에 입원해 있지만 상태가 안 좋아져서 마지막 순간이 오면 자신의 집에 가서 죽어야 한다고 얘기했다. 여명이 얼마 남지 않은 말기암 환자들의 생각도 크게 다르지 않다. 그들은 마지막 시간을 가족과 함께 집에서 보내고 싶어 한다. 실제로 집에서 돌봄을 받고 임종한 경우 '죽음의 질'에 대한 여러 지표가 병원보다 좋게 나왔다는 연구 결과도 많다. 하지만 현실은 다르다. 핵가족 시대에 간병할 가족이 곁에 없는 경우가 많다. 그럴 땐 집이 아닌 시설을 찾아야 한다. 통증이나 증상 조절을 위해 호스피스 병동을 찾기도 하고, 임종을 처음 겪는 가족을 걱정해 병동 생활을 선호하기도 한다.

호스피스 상담에서 많이 나오는 질문은 "이렇게 아파하는 환자를 집으로 모셔도 돼요? 정말로 집에서 증상 조절이 돼요?"라는 것이다. 결론부터 얘기하면 가능하다. 통증과 증상 조절은 보호자 교육으로 해결이 되고 있고, 실제로 퇴원한 환자들을 봐도 재입원을 꺼릴 정도로 안정적인 경우가 많다. 하지만 가정 호스피스는 호스피스 병동과 긴밀하게 연결되어 있어서 환자 상태가 갑자기 나빠지거나, 증상 완화를 위한 시술이 필요한 경우 발 빠른 입원 조치가 필요하다. 이런 서비스의 연속성을 위해서는 환자의 정보 공유가 무엇보다 중요하다. 환자는 병원에서 적절한 처치를 받은 후 다시 집으로 돌아가 안정을 취하게 되는데, 이러한 안정성이 지속적으로 유지될 수 있도록 노력해야 한다. 호스피스 전문병원과 연속적인 연결고리를 갖는 것이 중요하다고 할 수 있다.

호스피스 대상자 중에서 호스피스 병동을 수시로 입·퇴원하는 이들도 많다. 한 할머니는 복부에 돌처럼 딱딱하게 굳은 암덩어리 때문에 많이 아파했고, 변비와 장 마비로 인한 오심, 구토 조절을 위해 세 차례나 입원과 퇴원을 반복했다. 지속적인 오심과 구토를 겪으면서 자신의 임종이 머지않았음을 직감하기도 하였다. 병원에서는 임종이 가까워지면 전신 부종과 천명을 예방하기 위해서 수액 양을 줄이게 되는데, 그럴 때는 귀밑에 붙이는 멀미약이 도움이 되기도 한다. 증상 조절을 해가면서 퇴원했다가 안 좋아지면 다시 입원을 하여 열악한 컨디션과 남아 있는 잠재적 건강을 지켜낼 수 있도록 관리한다.

남은 삶을 예측하기 어려운 말기 만성질환자들은 주로 요양원이나 요양병원을 선택하게 된다. 당연히 이런 사람들도 앞으로는 호스피스의 대상이 되어야 하는 과제를 안고 있다. 하지만 우리나라 현실에서는 말기암 환자 호스피스에 대한 제도를 체계적으로 갖춘 후에, 모든 말기 환자로 확대하는 게 바람직하다고 생각된다. 앞으로 제도가 개선되고 호스피스 서비스에 대한 인프라가 좀 더 구축된다면, 호스피스에 대한 인식도 변화할 거라고 생각되고 이용률도 또한 증가하게 될 것이다.

호스피스 병동에 입원해 있는 환자 보호자들은 가족의 죽음을 병원에 맡기는 현실은 고통스러운 일이라고 말한다. 가족이면서도 환자를 보살필 수 없어 호스피스 병동에 맡기는 것이 그들이 선택할 수 있는 차선책이 될 수밖에 없는 무력감의 표현이라고 생각한다. 그 말에 공감이 되는 것은 죽음이 예견되었을 때 우리가 어디에서 어떻게 마지막을 보내고 싶은가와 관련이 있기 때문이다.

가족이 있는 집에서 보내고 싶을지, 마지막에 대한 두려움으로 의료진이 있는 병원에서 보내기를 바랄지 모두 희망하는 바가 다를 것이다. 또한 내가 삶의 마지막에 어떻게 보내고 싶은가와는 별개로 가족들에 의해 호스피스 병동을 선택하게 되는 경우에 직면할 수도 있기 때문이다.

그렇다면 마지막 순간까지 나의 판단이 유효하고 가족들에 의해 마지막 거처가 결정되는 상황에 처하지 않으려면, 평소에 건강관리를 잘하고 잘 살아야 한다. 우리 몸에는 여러 가지 질병과 질병의 원인들이 항상 함께하고 있다. 일상생활에서 면역력을 제대로 유지하고 바른 생활을 하면 이것들이 자라지 못하고 억제된 상태로 머물러 있다가 노령에 이르면 면역력이 떨어진다. 삶의 긴장이 풀리면 병의 원인이 커져서 발병이 되고, 짧은 시간 앓다가 죽는 것이 웰다잉이다.

어려운 병에 걸리면 떠나기 전 긴 시간을 고생한다. 당뇨와 치매는 오랜 기간 환자뿐만 아니라 가족들에게도 고통을 줄 수 있다. 그래서 질병은 웰다잉에서 거리가 멀다. 질병이 오지 않도록 건강을 관리해야 하는 이유다. 젊은 시절에 오는 암은 안타깝지만, 나이 먹은 후 오는 암은 그냥 받아들이기도 한다. 몇몇 환자들은 호스피스 병동에 가서 조금 입원해 있다가 떠나면 된다고도 생각한다. 유명한 신부님과 스님들이 떠날 때, 암이 발병해 있는 경우를 우리는 많이 봐 왔다. 이들은 평소 건강관리를 잘한 사람들이다. 태어나서 죽기 전까지 미병(未病)으로 있다가 마지막에 발병하여 죽는 것을 좋은 죽음의 전형이라고도 할 수 있으나, 인명은 재천이라 죽고 사는 건 하늘에 달렸으니, 죽음은 당겨지지도 않고 미루어지지도 않는다. 모두 적기에 떠나는 것이리라 생각된다. 그렇기 때문에 더욱 살아있을 때 건강을 잘 관리해야 웰다잉에 이를 수 있다.

통증이 매우 심했던 한 결장암 환자는 진통제로 하루하루를 보내고 있었는데, 그 기간이 고통스러운 통증만큼이나 길게 이어졌다. 그러던 중 환자가 죽음을 맞게 되었고, 가족들은 슬픔과 화를 가누지 못하고 의료진에게 격한 원망을 쏟아내기도 했다.

환자도 너무 고통스러워했고, 마지막 인사도 제대로 나누지 못하고 부모를 떠나보낸 자식들 심정도 안타깝기 그지없었다. 의료진의 끊임없는 치료 노력과 환자에게 지속된 통증과는 별개로 가족들은 갑작스러운 이별을 맞게 된 것이다. 가족들은 전혀 평온한 죽음이 아니라고 생각했다. 가족들에게는 받아들이기 힘든 갑작스러운 이별이기 때문이었다.

시작이 있으면 끝이 있는 법이다. 누구나 이 사실을 알고 있다. 가족들에게는 갑작스러운 죽음일 수 있지만, 다른 한편으로는 평안한 죽음이 될 수 있다. 누구나 끝이 있다는 것을 알지만, 그 끝에 있을지도 모르는 어떤 안녕감이 내 손에서 자꾸 멀어지는 데 따른 두려움, 그 행복을 곁에 있는 가족들과 다시는 함께하지 못한다는 슬픔을 우리는 마지막 죽음에서 지우고 싶어 한다. 긴 질병기간과 지속된 진통에서도 호스피스 병동에서 맞이하는 죽음이 그나마 가족에게 죽음을 준비를 할 수 있는 시간을 주는 것은 아닌지 생각해본다.

일반 병동에서 마약성 진통제의 사용은 까다롭다. 의사의 처방이 있어야 하고, 그에 따른 절차를 거치는 데 시간이 걸린다. 하지만 호스피스 병동에서는 환자의 통증에 적극적으로 대처한다. 통증은 환자가 느끼는 삶의 질과 큰 연관이 있기 때문이다. 호스피스 병동에서는 암성 진통제를 더 적극적으로 써서 통증을 조절하고 끝까지 증상 조절과 치료를 한다. 하지만 그러한 과정에도 불구하고 갑작스러운 죽음으로 가족과 이별을 맞이하게 되는 상황을 경험한다. 의사가 환자나 보호자를 대상으로 통증 교육을 하는 데는 이유가 있다. 암 환자의 통증은 단순히 신체의 통증에 그치지 않는다. 전신 피로감, 식욕 저하, 수면 부족으로 이어져 삶의 질이 크게 떨어진다. 그래서 의료인뿐만 아니라 가족들의 지지가 있다면 진통제 투여는 많은 도움이 되고, 통증이 훨씬 경감된다. 호스피스 병동에서 통증 관리 원칙에 따라 치료를 하면 90% 이상이 좋아질 수 있고, 변비나 구토 같은 부작용도 최소화하면서 환자의 몸 상태를 좋게 유지할 수 있다. 환자를 위한 모든 노력이 집중되는 순간이기도 하다. 바로 의료진과 가족들이 간절한 마음으로 환자가 평온함을 유지한 채 떠나기를 마지막까지 지켜보게 되는 순간이기도 하다.

의사로서 병원에서 마주하는 죽음

이무식

의과대학 교육과정에 생사학 또는 사생학(生死學 또는 死生學, thana-tology), 죽음학에 대한 정규 교과목은 거의 없다. 단지 심리학, 임상심리학, 정신건강의학, 말기 암환자 관리(혈액종양학) 등에서 극히 일부 시간을 할애하여 죽음에 대한 심리나 죽음의 과정 등을 소개하고 있을 뿐이다. 최근 들어 일부 대학에서 실험적인 수준의 임상 생사학이 도입되고 있다. 이 글은 의과대학생의 학부과정과 졸업 후 의사가 되어 임상현장에 접하는 삶과 죽음의 대한 경험과 배움에 대한 소고(小考)로 임상 생사학의 필요성에 대해 제안한 글이다.

1. 처음 주검을 마주하며

의과대학을 입학하고 2년의 예과과정을 마치면 본과 1학년으로 진급하여 본격적인 의학과목을 수학하게 된다. 그 첫 번째 관문이 해부학 수업이다. 사실 그 수업은 본과 진입 전년도부터 시작되는데, 이름하여 골학(osteology)이다. 통상 본과 1학년 진입하기 전 겨울학기 동안 인체의 가장 기본이 되는 건축물, 즉 뼈에 대해 공부하는 것이다. 해부학 교실에 보관되어 있는 인체의 실제 뼈를 가지고 공부한다. 의대생이 되어 사실상 죽은 사람의 인체를 처음 접하는 것이다. 수많은 뼈의 이름과 부위별 이름을 모두 외워야 하니 엄청난 일을 겪게 되는 것인데 정작 사람의 죽음을 생각할 겨를이 없다. 한마디로 인체의 정교함과 복잡한 구조에 대한 경이로움과 조물주와 이를 마스터한 선배들에 대한 존경심이 생긴다. 단순히 뼈의 부위와 구조만 익히는 것이 아니고 뼈를 중심으로 인체의 모든 장기, 신경계, 혈관 등 복잡한 구조물, 생리, 병리 등을 이해해야만 하는 것이기 때문이다.

본격적인 수업은 3월 개학을 하면서 시작된다. 요즘은 그렇지 않지만 과거에는 해부학 실습실이 거의 대부분 의과대학에서 외지고 음침한 곳에 있었다. 아무래도 인체조직을 고정한 포르말린수의 냄새가 강하고 의과대학 특성상 가장 저학년의 실습공간이 최하층에 배치되기 때문이다. 시간이 지나 진급하게 되면 한 층씩 올라간다.

그러한 음침한 곳에서의 해부학 실습은 많은 것을 생각하게 한다. 처음 주검을 대할 때의 기억은 아마도 평생 가지 않을까 싶다. 필자는 기독교 계열 의과대학을 졸업하였기 때문에 모든 학업의 과정이 기독교식으로 진행되었다. 해부학 실습 첫 시간은 목사님의 주관으로 사람과 은혜 그리고 감사의 마음을 담아 진행되었다. 많은 분들이 본인의 시신을 기증한 것이었기 때문에 그러한 마음은 두고두고 마음에 오래 남는다.

실습은 조별로 이루어지는데 5~6명이 한 조였다. 조별로 배당된 시체는 각기 사망 연령이나 성별 등이 모두 다르다. 이후 실습을 위한 세척과 면도를 시작으로 사체를 처음 만졌을 때 그 차가운 느낌은 살아있는 생명과는 전혀 다름을 알게 된다. 포르말린수의 따가운 냄새와 더불어 시체를 마주하는 두려움과 충격은 몇 주간 계속되다가 점차 익숙해진다. 이후 피부절개와 부위별 해부로 들어가게 되며, 1~2달은 그 야말로 제정신이 아니었던 것 같다. 해부학 공부의 양은 살인적이지만 늘 죽음에 대한 고민과 대화, 논의가 있었다. 이때 심약한 친구들은 학업을 포기하기도 하는데, 의과대학을 포기하게 되는 가장 많은 계기가 해부학 때문이기도 하다. 학업과정도 어렵지만 인생에 대한, 인간의 삶에 대한 근본적인 회의와 고민이 깊어진 결과의 경우도 많았다. 다수의 친구들은 종교를 찾기도 하며, 이후 점차 익숙해진다. 모든 조직은 완전하게 해부되어 최후에는 뼈만 남게 된다. 장기와 조직의 단면을 모두 공부해야 하기 때문이다. 두개골을 절개하여 적출한 뇌는 별도의 신경해부학 수업으로 이어진다. 뇌와 텅 빈 두개골을 보면서 영혼에 대한 여러 가지 생각을 하게 한다.

아무래도 의사들이 건강의 결과를 많은 부분 기질적 원인에 두는 것은 이러한 학제적인 특성 때문일지 모른다. 그럼에도 불구하고 영적 존재로서의 믿음을 새롭게 갖게 되는 친구도 많았는데 인체와 영혼의 이원론적 사고를 가진 친구들은 일원론적 사고를 가진 친구들과 대립하기도 했다. 이 과제는 인간이 풀지 못하는 영원한 과제일지 모르겠다.

2. 응급실에서

의과대학 실습 과정과 수련 과정에서 가장 많은 죽음을 접하게 되는 장소는 아무래도 응급실이다. 종말기 암환자를 다루는 혈액종양내과와 방사선치료학과가 가장 많은 죽음을 경험하게 되지만 응급실은 교통사고 등 외상이나 중독, 급성질환이나 만성질환의 악화 사례 등 죽음을 앞둔 종말기 만성질환자의 방문이 줄을 이룬다. 그중에서도 특히 어린이나 젊은 사람의 교통사고 등 갑작스러운 사고나 질병으로 급사하는 경우가 가슴을 아프게 한다. 평소에 가족이나 주위 사람들과 후회 없는 관계를 가져야 함은 물론이려니와 삶에서 죽음에 대한 준비, 자신의 생각 등을 함께 나누는 것이 필요할지 모른다. 특히, 노인이라면 사랑했던 사람들에 대한 작별편지, 유서나 추도문, 죽음과 의학적 처치에 대한 사전의료의향서 등의 작성에도 적극적으로 관심을 가져야 한다.

응급실에서 급격한 사망의 과정을 겪는 환자의 당황하고 두려움에 찬 눈빛은 삶에 대한 의지를 다시 한 번 생각해 보게 하고, 살아있는 가족의 슬픔과 아픔을 이해하기에 충분한 기회가 된다. 사실 응급실은 삶의 현장이자 인생의 축소판과 같다. 다양한 질병과 외상 등의 형태와 더불어 죽어가는 환자의 가족과의 관계, 지금까지 살아온 사회적 관계 등을 유추해 볼 수 있으며, 어떻게 살아야 하는지를 명확히 보여준다.

자살자와 자살시도자는 본인의 후회도 있지만 가족의 회한이 더 크다. 특히 부모의 가슴은 정말로 찢기는 심정이다. 자살시도는 흔히 농약 등에 의한 급성 중독자가 많다. 이들의 치료는 매우 험난한 과정을 거치게 된다. 이 치료 과정에서 많은 환자들이 뒤늦은 후회를 많이 한다.

화상으로 인한 환자도 죽음에 이르는 경우가 많다. 화상은 대부분 산업 현장에서 사고로 일어나는 경우가 많으며, 가난하고 사회적으로 취약한 노동자의 경우에 치료하는 의료진도 안타까움을 많이 느끼게 되고 사회적 불평등의 문제를 절실히 느끼게 된다.

응급실에서 죽어가는 환자에 대한 배려나 교육 훈련이 미흡한 것도 사실이다. 또한 그들의 가족과 보호자를 대하는 방법도 한계가 있어 보인다. 의학적 치료와 조치도 급하기 그지없지만 환자와 가족에 대한 심리적 대응도 경험이 많이 필요하다. 특히 요즘 의료 과오에 대한 소송으로 비화되는 예가 흔하여 환자도 가족도 의료진도 소모적이고 서로 이득이 없는 상황으로 치닫는 경우가 많아 안타까울 때가 많다. 의료 보상제도의 정착이 아쉽다. 사회적 기제의 마련이 임상적 생사학의 발전을 가져올 가능성이 매우 높다고 생각된다.

3. 의사로서 죽음을 선언하다

의사가 되면, 보다 명확히 말하자면 의사면허를 취득하게 되면 임상 현장에서 죽음의 선언에 대한 책임과 임무 및 권리를 갖게 된다. 어떻게 보면 환자의 죽음의 과정을 코디네이션하는 역할을 하게 된다. 처음 환자에 대한 사망선언 때는 어리둥절하지만 차츰 익숙해지면 사망선언 과정에 필요한 요소들, 즉 각종 사망 관련 의학적 근거를 수집하고 작성하는 데 몰입하게 된다. 따라서 환자의 측면, 죽어가는 환자에 대한 배려는 소홀하게 되는 것이 사실이다. 이후 사망진단의 작성 또한 부담스러운 일이 아닐 수 없다. 직접사인(직접 사망을 일으킨 질병, 손상, 합병증 등을 의미함)은 쉽게 진단을 내릴 수 있지만 선행사인(사망원인의 관계 중 근원적인 사인)과 중간사인(사망원인의 관계 중에서 중간에 개입된 원인) 등은 좀 더 어려운 과제임이 틀림없다. 매장 또는 화장을 하려면 반드시 사망진단서를 빠른 시간 내에 작성해주어야 하기 때문에 여러 가지로 업무가 많다. 만약 사건 또는 사고일 경우에는 행정적, 법적인 문제 때문에 더욱 복잡하다. 따라서 죽음선언, 사망선언은 의학적 내용뿐만 아니라 사회적 과정과 결부되어 있음을 절실히 알게 된다.

사망 후 과정은 영안실 업무로 이어지는데 이에 대한 한국적인 절차와 과정에 대한 이해도 필요해 보인다. 장사업의 전반적인 이해 또한 필요해 보인다. 임종과 사망 후 장례 절차와 과정에 대한 간단한 안내 또한 의료인의 임무로 보인다. 적어도 가족의 슬픔과 아픔에 대한 배려의 범위에 속하지 않을까 해서다. 법의학이 중요하긴 하지만 의과대학에서 사후 시체의 생리적, 병리적 과정만 열심히 다루는 것은 아무래도 편협한 것이 아닐까 싶다.

4. 주치의로서 수많은 환자의 임종을 맞으며

인턴 과정을 마치고 나면 전공과를 선택하여 레지던트 과정을 밟게 된다. 레지던트가 되면 입원환자를 맡는 주치의가 된다. 주치의의 책무는 실로 막중하다. 책무에 따르는 업무가 너무도 많다. 질환의 검사와 치료의 범위를 넘어서 인간적 관계와 행정, 법무적 일 등도 많다.

질환의 종류에 따라서 환자와 의사 관계는 다르다. 외과적인 경우에는 능동·피동적인 관계가 대부분이며, 만성질환의 경우에는 환자와 의사를 포함한 의료진, 가족 등의 상호 참여가 필수적인 경우가 많다. 이러저러한 과정 속에서 환자와 의사 관계는 매우 돈독한 관계로 발전하게 된다. 이를 관계(rapport) 형성이라고 한다. 이러한 관계 속에서 환자의 죽음, 즉 사망에 이르게 되는 경우, 의사는 크나큰 충격과 슬픔, 책임감을 느끼게 된다. 이러한 감정은 의료 과오를 넘어선 것이다. 그럼에도 불구하고 의료 과오나 소송에 대한 걱정으로 방어적 진료에 급급한 노력을 하지 않을 수 없다. 이러한 것들은 수련 과정에서 점차 익숙해지지만 스트레스를 해소하지 못하거나 몸과 마음이 소진되는 경우도 많다. 수련의 과정 후 전문의를 취득하여 개원하거나 병원에서 봉직할 경우에도 환자와의 만남과 이별은 결코 쉽지 않다. 대부분의 의사는 환자에 대해 형식적인 진료에만 집중하지 않는다. 의사들도 의사이기 이전에 한 집안의 아들이며 아버지로서 가족의 일원이기 때문이다. 50세를 넘긴 후배 의사가 저녁 늦은 시간, 슬픔에 찬 눈, 아니 오히려 급성 우울증에 빠진 모습으로 술 한잔을 마주하자고 할 때 더욱 이러한 생각이 깊어진다.

5. 에필로그

우리나라의 생사학은 극히 소수의 학교에서 교양과정으로 개설되어 있을 뿐이다. 그런데 우리나라와 서구의 생사학은 너무 철학적이고 가치적 접근으로 집중되어 있는 듯하다. 철학적·가치적 접근에서 나아가 임상 생사학이 삶과 죽음의 현장인 병원이나 호스피스 등에서 실제적인 삶의 질을 향상시킬 수 있는 발전된 결과를 기대해 본다.

우리나라의 호스피스 사업은 병원 중심의 사업으로만 인식되어 있고, 가정, 종교시설 등의 사업은 배제되어 있다. 오늘날 많은 사람들이 본인의 집에서 삶을 마무리하기를 원한다는 조사 결과가 있다. 2016년 1월 국회 법사위에서 통과한 '호스피스 완화의료 및 임종과정에 있는 환자의 연명의료 결정에 관한 법률안(일명 '존엄사법')'을 계기로 지역사회 중심의 다학제적 접근의 호스피스 사업이 활성화되기를 기대해 본다.

몸과 마음을 내려놓고 죽음을 받아들이다

심문숙

삶의 마지막 순간에 처한 임상현장에서 우리는 죽음이 아닌 소망을 나누기도 한다. 남은 사람은 먼저 간 사람들을 위해 긍정적인 삶을 살도록, 그리고 임종을 앞둔 가족들에게는 환자를 돌보는 일과 다른 환자 가족들의 사례를 들어 위로한다.

누구든 자신에게 다가온 죽음을 받아들이는 것은 쉽지 않으며, 자신이 미처 인식하지 못하고 준비도 되어 있지 않은 상태에서 죽음을 받아들여야 한다면, 마음속 저 밑에서부터 분노가 끓어오를 것이다. 언제고 자신에게도 끝이 온다는 것을 받아들일 마음의 준비가 필요하다. 누구에게나 자신의 죽음을 받아들이게 되는 순간이 오면 대개 자신의 이야기를 하게 된다.

전립선암이 폐로 전이된 한 환자는 당뇨와 만성불면증, 위궤양 등의 오랜 지병을 가지고 있었다. 그는 전립선암 진단 후 여덟 차례의 방사선 치료와 스무 차례의 항암치료를 받았으나 큰 호전이 없었고 급기야 방광루 시술까지 받기에 이르렀다. 갈수록 상태가 안 좋아져서 요로감염으로 인한 항생제 치료를 받았고, 하복부 통증과 돌발적인 허리 통증에도 시달렸으며 경미한 호흡 곤란과 경미한 섬망 증세를 보였다. 불면증이 심해 밤낮이 뒤바뀌어 불규칙적인 생활패턴을 보이면서, 식사를 제때 못하고 오랜 기간 누워 있게 되어 등 아래쪽에 심한 욕창까지 드러나게 되었다. 안타깝게도 긴 시간 동안 얻게 된 현재의 모습에 하나둘 증상들을 더해 나갔다. 그러나 어느 순간 환자는 통증과 불면증 사이를 오가며 이 모든 것을 다 받아들이고 있었다. 의료진의 잦은 방문과 조치에도 불구하고 호전의 기미는 보이지 않았고, 호흡부전, 심한 객담, 연하곤란 등으로 환자 상태는 점점 위독한 단계로 진입하였다. 반복된 상태 악화와 지속된 처치가 이어지는 와중에 환자의 임종 즈음이 되어서는 가족들이 와서 환자의 마지막 순간을 준비하게 되었고, 환자는 가족들이 지켜보는 가운데 그간의 통증과 불면증을 뒤로 하고 편안하게 임종했다. 병세가 계속 악화일로를 걷는 것을 환자 자신도, 가족도 고스란히 지켜보면서 무기력하게 받아들일 수밖에 없었다. 어떤 환자나 누구의 가족에게서도 보게 되는 현재 우리들의 모습이다.

노령에 접어들면 자주 죽음을 생각하게 된다. 해를 지나면서 친구들이 하나둘씩 떠나가고, 더러 병에 걸려 시달리는 걸 보면서, 깊은 밤 죽음을 불현듯 떠올리기도 한다. 죽음이라는 것은 살다가 누구나 맞이하는 것인데도 사람은 죽음이 두렵다. 언제 죽을지 모르며, 어디서 어떻게 죽을지 몰라서, 죽는 과정과 상황이 궁금하고 그 불확실함이 막연히 두려운 것이다.

살다가 짧은 시간에 쉽게 떠나는 것이 좋은 죽음이라고들 한다. 나이 들어 모든 것을 정리한 후 적당한 때에 며칠 앓다가 떠나는 사람, 아니면 직장에서 일하다가 바로 떠나는 사람들이다. 누구나 몸이 아파서 긴 시간을 병상에 누워 있기를 바라지 않는다. 이렇게 되면 본인뿐 아니라 가족이 겪는 고통이 커진다. 떠날 때는 부부가 같이 떠나는 것이 좋으나, 그렇지 못하므로 남편이 먼저 떠나는 것이 좋다고도 한다. 혼자 남아 뒷일을 꾸려 나가기가 쉽지 않기 때문이라고 한다. 하지만 어떤 죽음이든 '과연 좋은 죽음이라는 것이 있을까?'라는 생각을 하게 되면 죽음은 받아들이기에 분명 어려운 문제라고 여겨진다.

인간이 한평생을 살면서 겪는 모든 것은 자신의 기억 속에 새겨진다. 사람에 따라서 즐거운 것을 많이 경험한 사람도 있고 괴로운 것을 많이 경험한 사람도 있다. 괴로움을 겪는 사람은 그 과정에서 큰 공부를 할 것이다. 인간의 삶은 학습과정이다. 삶의 학습과정에서 죽음을 바라보게 되는 것도 삶의 과정이리라 생각된다. 어떻게 살아가야 할까? 죽음을 맞이하는 마지막 지점에 이르렀을 때 어떻게 감정을 극복하고 기분을 다스려야 할까? 어떠한 감정과 기분을 경험하게 되는 것일까? 어떻게 죽음을 받아들여야 할 것인지를 이제는 생각해 봐야 할 것이다.

평온한 죽음이란 자연스럽게 죽음을 받아들이고 평온하게 숨을 거두는 것, 육체적·정신적 고통만 따르는 무의미한 연명치료를 받지 않는 것, 마지막 순간까지 인간의 존엄함을 잃지 않는 것, 자신의 마지막 삶을 다른 사람에게 맡기지 않고 스스로 결정하는 것이리라.

우리 곁에 있던 말기 환자가 남긴 것은 죽음이 아니라 삶이다. 죽음에 관한 말은 곧 삶에 관한 말이다. 우리는 죽음에서 삶의 의미를 발견하기도 한다. 그렇다면 가까운 가족의 죽음은 내게 어떤 의미일까? 악착같이 살아있기만 하는 것이 아닌 삶다운 삶, 죽음을 품위 있게 받아들임으로 품격이 있는 삶은 무엇일까? 죽음을 통해 무엇을 배울 수 있는가?

첫째는, 나와 가족이 건강하게 살아있다는 것만으로도 고맙고 감사할 일이다. 둘째는, 더 나아가 무언가를 남기며 사는 것이다. 죽어가는 사람들은 무언가를 남기고 싶어 하고, 작은 선물을 주고 싶어 하고, 자신들의 삶이 가능한 한 영원하기를 증명하고 싶어 한다. 사람들에게 온정과 사랑을 남기고, 내가 생각하고, 말하고 싶어 했던 것, 바로 그것을 글로 남기는 것도 필요한 일이다.

우리는 주변의 가까운 사람들의 죽음을 통해 가족의 죽음을 수용하게 되기도 한다. 죽음을 받아들이는 것에도 학습 과정이 필요하다. 죽음이 앞에 다가왔을 때, 어떤 선택을 할 것인가? 죽음이 얼마 남지 않았을 때, 무엇을 하고 싶은가? 막상 언론에 소개되는 웰다잉법에 대해 들어도 막상 내가 죽음을 맞이할 때 무엇을 해야 할지 고심해 본 사람은 많지 않은 것 같다. 마지막 순간까지 존엄하고 인간답게 살다가 죽음을 맞이하고 싶다면, 이를 이루기 위해 어떻게 해야 할지에 대해 깊이 고민해 보아야 한다.

모든 것을 마음 편안히 내려놓는 순간 비로소 편안해지는 게 아닐까. 물론 죽음을 맞이한 호스피스 환자들은 삶의 마지막 순간에 자존감을 잃지 않도록 돌봄을 받을 수 있어야 한다. 살 만한 사회란 바로 죽음의 존엄이 지켜지는 사회라고 생각한다.

인생의 사계절

황혜정

사람이 태어나 성인이 되어 결혼을 하고 자녀를 출산하고 노년기에 들어 죽음을 준비하는 과정을 인생의 봄, 여름, 가을, 겨울의 흐름에 빗대어 살펴본다.

1. 봄

출생에서 결혼 전까지의 시기. 부모와 함께하는 시기로 죽는다는 것이 막연하기만 하고 또는 나와 관계없이 멀게만 느끼다가 조부모의 사망을 경험하는 시기다. 죽음에 대한 대비 없이 죽음을 경험하는 이 시기의 대상자들은 막연히 두려워하고 어찌할 바를 모른다.

요즘 대부분의 가족이 핵가족화되어 죽음을 경험하는 청소년이 많지 않다. 하지만 죽음에 대한 드라마나 영화 속 장면을 보고 간접 경험을 통해 막연히 이해한다.

사례 1) *"죽음의 신이 온다는 사실보다 확실한 것은 없고, 죽음의 신이 언제 오는가보다 불확실한 것은 없다"라는 독일 격언이 있다. 죽음, 모두가 기피하고 때로는 그 단어를 입에 담는 것조차 꺼린다. 그래서 사람들은 '죽음'이란 단어를 대체할 수많은 표현들을 만들어 낼 정도로 죽음을 기피하려 하며, 인정하고 싶어 하지 않는다. 언젠가 엄마가 나에게 '네가 생각하는 죽음의 의미란 무엇이냐?'고 물었을 때 나는 쉽사리 대답하지 못했다. 죽음에 대해 한 번도 생각해 본 적이 없었기 때문이었다. 죽음을 피할 수 없다는 것*

도 알고 있었고, 살면서 단 한 번도 그것에 대해 부정해 본 적은 없었지만 나와 내 주변의 누군가가 죽는다는 사실에 대해서는 항상 인정하지 않으려 했다. 그랬던 내가, 사랑하는 사람의 죽음을 계기로 나의 죽음에 대해 진지하게 고민하고, 준비하기 시작했다.

내 기억 속 가장 최근에 접했던 죽음은 할아버지와의 영원한 이별이었다. 유년 시절의 거의 모든 시간을 할머니, 할아버지와 보냈던 나는 그만큼 할아버지와의 추억이 많았다. 다른 모든 손녀들이 그렇듯, 누구보다도 할아버지를 사랑했다. 할아버지는 꽤 오랫동안 병원에서 입원 치료를 받으셨는데, 할아버지가 돌아가시던 날 엄마는 병동을 나서며 할아버지께 나를 데리고 올 테니 조금만 기다려 달라고 했다고 한다. 나를 데리고 오느라 우리 가족은 병원에 늦게 도착했고, 나는 할아버지의 마지막 순간에 곁에 있지 못할 수도 있다는 생각에 눈물이 멈추질 않았다. 다행히 할아버지는 우리를 기다려 주셨고, 나는 할아버지를 보며 잘못했다고, 미안하다고, 제발 죽지 말아달라고 애원했다. 할아버지의 마지막 순간, 할아버지의 입에서 나온 말은 "지수야." 내 이름이었다. 그 말을 마지막으로 할아버지는 숨을 거두셨다. 3일 동안 장례를 치렀다. 누구보다도 나를 아껴줬던 사람이 더 이상 이 세상에 존재하지 않는다는 생각에 상을 치루는 3일 내내 울음이 멈추질 않았고, 얼굴은 눈물의 소금기로 따끔거렸다. 할아버지가 돌아가셨다는 사실이 실감나지 않았다. 아니, 죽음에 대해 이해가 가지 않았다. 차갑게 식은 할아버지의 얼음장 같은 몸을 직접 만져보기도 했지만 그냥 뭐랄까, 할아버지가 어릴 적 놀던 상상 속의 친구가 된 느낌이었다.

그 이후부터 죽음에 대해 관심을 갖기 시작했다. 죽음이란 무엇이며 죽음 이후에는 어떻게 되는지 알고 싶었다. 나를 포함한 전 세계의 모든 사람이 알지 못하는, 앞으로도 알 수 없을 미지의 세계에 대한 공포감에 책도 찾아보고, 종교도 공부해 봤지만 그 어떤 것도 믿음이 가지 않았다. 그 어떤 곳에서도 내 질문에 대한 정확한 답을 얻을 수는 없었다. 유일한 방법이라고는 죽어보는 것 밖에 없었고, 그런 경험은 위험부담이 너무 컸다. 아픈 것은 싫었고 더 이상은 내가 할 수 있는 것이 없었기에, 나는 사후 세계에 대해 고민하는 것을 그만뒀다.

그래서 나는 지금의 내가 할 수 있는 일에 전념하기로 했다. 피할 수 없다면 잘 맞이해야 한다는 결론을 냈고, 한 권의 책을 읽었다. 호스피스 의사의 글이었는데, 호스피스 병동 환자들의 이야기를 엮어 놓은 책이었다. 죽음과 직면해 있는 사람들이라면 삶에 대한 정답을 갖고 있을 것 같았고, 자신과 다른 사람의 죽음에 어떤 태도를 보여야 하는지, 어떻게 받아 들여야 하는지를 알 수 있을 것 같았다.

그 책에 수록된 여러 사연과 글 중 아잔 브라흐만의 글이 가장 인상 깊었다. 그는 이렇게 말했다. '어떤 훌륭한 콘서트가 막을 내려도 나는 결코 슬픔을 느끼지 않았다. 아버지가 돌아가셨을 때의 나의 감정이 정확히 그것과 같았다. 너무나도 훌륭한 연주였다. 하지만 결국 아버지가 악기를 챙겨 집으로 돌아갈 순간이 왔다. 아버지가 영원히 내 삶을 떠났음을 알고 있었지만 나는 슬퍼하지 않았다. 울지 않았다.' 그의 글에서 나는 죽음을 받아들이는 태도에 대한 답을 얻었으며, 내가 앞으로 살아가야 할 삶에 대한 자세를 배우게 되었다.

내가 내린 결론은 이렇다. 정말 훌륭한 콘서트였다고. 나는 나의 연주에 만족한다고. 초연이었기에 많이 서툴기도 했지만, 나는 내 모든 것을 다 보여주었기 때문에 후회는 없다고. 멋졌다고, 아름다웠다고. 당신의 연주도 나의 연주처럼 만족스러웠으면 좋겠다고. 내 마지막 순간, 다른 이에게 그렇게 말해 줄 수 있기를 기도한다.

사례 2) 병원에서 종종 조부모의 죽음을 경험하는 아이들과 청소년들을 본다. 슬픔을 제대로 표현하는 특권은 어른들에게만 주어지고 이들은 그저 현재의 상황이 뭔지 잘 모르고 뒷전에 서 있다. 언제 어떻게 슬픔에 대해 반응하고 어떻게 행동해야 하는지 잘 모르고 구경꾼처럼 멀리서 죽음을 마냥 내 일이 아닌 듯 조용히 바라보고만 있는 경우가 많다.

사례 3) 가끔 뉴스를 통해 청소년들이 죽음을 현실 도피를 위한 수단으로 잘못 판단하는 경우가 보도되곤 한다. 과중한 학업으로 인해 행복을 잊고 사는 청소년들에게 삶의 중요성 및 가치 인식을 위한 체계적인 교육을 해야 한다.

사례 4) 대학을 졸업하고 막 사회 경험을 시작하면서 이성과의 만남이 미숙한 나이인 25세 여성이 사랑이라는 감정에 휩쓸려 하룻밤을 지내고 임신 소식을 접하게 된다. 새로운 생명을 받아들일 준비가 되어 있지 않은 터라 엄마가 될 자신이 없던 그녀는 유산을 하고 괴로운 나날을 보내게 된다. 더욱이 기독교 집안에서 금기시되어 왔던 유산을 경험한 그녀는 심적 고통을 어찌할 수 없어 스스로 삶을 포기하고 만다.

봄 세대는 아직 미숙하고 죽음이 무엇인지 잘 모르는 시기다. 죽음에 대한 인식 및 삶의 유한성에 대한 이해와 나아가 삶을 보람 있게 꾸려 나가기 위한 교육이 필요한 시기이기도 하다. 슬픔을 슬픔으로 받아들여 표현하고 내면에 있는 막연한 두려움을 해소하며, 나아가 다각적인 방법으로 자신을 알고 타인을 알게 하며 미래를 보람 있게 설계할 수 있어야 한다. 그래야 현실을 직시하고 발전할 수 있는 미래를 그려 나갈 수 있는 원동력을 키울 수 있다.

2. 여름

이 시기는 부모로부터 독립하고, 결혼을 하여 사회 구성원으로서 모든 일에 주축이 되어 열심히 일하는 단계다. 부모를 떠나 새로운 가족이 형성되는 시기로, 결혼을 통해 가정을 꾸리고 자녀를 가짐으로써 부모의 입장이 되어 그동안 희생하면서 지내온 부모의 심정을 이해하게 된다. 일부는 자녀를 임신하고 출산하는 과정에서 자녀의 예기치 않은 죽음을 경험하기도 한다. '세월호'와 같은 대규모 국가적 재난에 해당하는 사고사로 자녀를 잃는 가슴 아픈 경험을 가지기도 한다.

사례 1) 한 여인은 자궁이 2개인 특이한 신체 내부 기형을 가지고 있었다. 결혼 이후 많은 노력을 하였으나 결혼한 지 3년이 지나도 임신 소식이 없자 산부인과를 찾게 되었고 그때 신체적 기형이 있다는 사실을 알게 되었다. 종갓집 종부로 시집을 간 터라 집안 어르신들의 성화도 이만저만이 아니었다. 4차례의 인공수정 끝에 임신이 되었으나 두 개의 자궁 중 미성숙한 곳에서 착상이 이루어져 수정란이 채 크지도 못하고 유산을 경험하게 된다. 산모는 세상을 다 잃은 것처럼 울고 그녀의 남편 또한 눈시울을 붉히며 부둥켜안고 울었다.

그리고 1년 뒤 여인은 다시 입원을 했다. 이번엔 성숙한 맞은편 자궁에 임신이 된 상태였다. 의료진과 상의하여 성숙이 된 자궁 쪽에 인공수정을 하여 성공적으로 착상되었다. 그래도 산모가 걱정이 커서 임신 5개월 차에 입원하여 출산까지 돌봄을 받고 드디어 딸을 출산하였다. 딸을 안고 산모는 1년 전 가슴에 묻어 놓았던 아픔을 토로하며 눈물을 흘렸다.

사례 2) 병동에서 일하던 중에 어렴풋이 중학교 동창으로 기억되는 친구를 만났다. 그녀는 언니 병간호를 위해 와 있었다. 언니는 몸무게가 39kg으로 임신한 여성의 몸무게라고는 도저히 믿기지 않은 몰골을 하고 병실에 누워 있었다. S병원에 입원했었으나 병원 측에서 산모의 몸이 입덧으로 악화되어 더 이상 임신을 지속하기 어렵다며 큰 병원에 가서 유산을 하라고 하여 입원한 상태였다. 많은 산모를 봐왔지만 입덧으로 인해 산모의 생명까지 위험

한 경우는 처음이었다. 산모는 하루하루를 수액에 의존해 힘겹게 보내고 있었다. 의료진도 더 이상 버티기 힘들다는 것을 여러 번 산모와 남편에게 통보했다. 그러나 산모는 절대 포기하지 않겠다는 의지로 매일 힘들어 울면서도 임신 일을 채웠으나 너무나 약해져 있어, 정상 분만도 제왕절개도 모두 위험한 상태였다. 하지만 끝내 산모는 제왕절개를 통해 건강한 아들을 출산하였고 가족들은 모두 부둥켜안고 한참을 울었다

사례 3) 백옥 같은 피부에 큰 눈망울이 너무도 예쁜 산모가 출산을 위해 입원을 했다. 보통 산모가 출산을 위해 입원을 하면 산부인과에 온 내력을 조사하게 된다. 산모는 조용히 큰 눈망울에서 눈물을 떨어뜨리며 한참을 머뭇거렸다. 얼마 지나서 "실은 제가 처녀시절 윤간으로 임신이 되었는데 매독에 걸려 치료를 받고 유산을 한 경험이 있었어요. 그래서 결혼할 생각이 없었는데 지금의 남편이 10년을 넘게 구혼을 해서 늦은 나이에 결혼을 했고 이번이 두 번째 임신이에요." 이 사실을 남편은 알지 못한다는 내용이었다. 의료법상 비밀누설금지의 조항에 따라 모든 환자의 비밀을 지킬 의무가 있다. 다행히 사고 뒤 치료를 잘 받았던 터라, 그녀는 건강한 남아를 출산하였다.

사례 4) 선남선녀가 만나 불꽃이 튀면 그 뒤 일어날 일은 생각하지 않고 본능에 충실해 버리는 경향이 있다. 한 여성이 하얀 가루가 되어 강가에 뿌려지고 있다. 한 남자를 사랑한 대가로 여성은 생명을 잉태하였다. 하지만 결혼을 완강히 거부하는 남자의 무책임 앞에 목사 딸이었던 여성은 어찌해야 할지 모르고 스스로 생을 마감하기에 이른 것이다. 자살 시도 전에 여러 번 주위 친구들에게 "나 죽고 싶어."라는 말을 건네기는 했으나 그녀의 상황을 잘 모르는 친구들은 대수롭지 않게 생각해 버렸다. 싸늘한 주검으로 돌아온 친구의 시신을 본 뒤에야 후회하는 눈물을 하염없이 흘리고 있었다.

모든 여성은 초경을 시작으로 가임기에 접어든다. 유산과 사산의 아픔이 몸과 마음에 큰 상처를 남기지만 대수롭지 않게 생각하는 경향이 있다. 생명의 소중함과 동시에 이 생명을 잉태할 수 있는 몸의 소중함에 대해서는 백 번을 강조해도 부족할 것이다. 이를 위한 맞춤형 교육이 학교뿐 아니라 산부인과에서도 필요하다.

성에 대해 공개적으로 말하는 것을 꺼리는 폐쇄적인 전통적 성문화로 인해 가정, 학교, 사회 그 어디에서도 체계적인 성교육이 실시되지 않고 있다. 올바른 성 윤리 의식과 성 지식에서 올바른 성 행동이 비롯된다고 할 때, 성교육은 매우 중요하다. 성교육은 성에 대한 지식뿐만 아니라 성 윤리 교육이어야 하고 성 철학 교육이어야 한다. 성이 인간 생활에서 어떤 의미를 가지며, 인간의 성의 특징은 무엇이고. 성은 인간의 삶에서 어떤 가치를 가지는지 그리고 이상적인 성의 조건은 무엇이고, 도덕적 성의 조건은 무엇인지 또한 성은 사랑·결혼·생식과 어떤 관련이 있는지 등에 대해 깊이 성찰할 수 있도록 교육시켜야 한다.

3. 가을

부모의 죽음을 통해 죽음에 대해 간접 체험하는 시기. 진정한 홀로서기의 시기이면서 부모에게 다하지 못한 인간적 도리에 대해 슬퍼하는 시기이기도 하다. 또한 예기치 않은 배우자의 죽음을 맞이하기도 하면서 상대에 대한 이해의 중요성을 절실히 느끼는 시기이기도 하다. 다가올 부모와의 이별 준비를 통하면서 남은 기간 부모와의 관계를 어떻게 아름답게 마무리할지를 생각하고 실천해 나가는 것이 필요하다. 그리고 부모의 임종을 경험한 후에는 슬픔에 빠져 있기보다는 더 건강하고 행복하게 살 수 있도록 고민해야 한다.

사례 1) '불효자는 웁니다.' 한 남성이 노래방에서 노래를 부르며 눈시울을 적시고 있다. 어린 시절 아버지를 잃고 모자가 의지하며 살았지만 노름에 사업 빚에 어머니 속을 어지간히 썩었던 남성은 삶이 녹록하지 않았다. 힘든 삶은 남자를 알코올 중독에 빠지게 했고 병원에 입원해 치료를 받던 중 병원의 간호사와 결혼을 하게 된다. 뒤늦게 정신을 차린 아들이 고맙고 아들 가정에 짐이 되는 것이 싫어 어머니는 조용히 거주지를 옮겨 아무도 모르는 타지에서 정부 보조금으로 살아간다. 아들 또한 새 가정을 꾸리느라고 정신없어 그런 어머니를 찾지 않았다. 뒤늦게 수소문해 어머니를 찾았으나 이미 싸늘한 냉방에서 홀로 죽은 지 며칠이 지난 노모를 발견한다. 몇 년이 지난 지금도 남자는 술 한 잔 걸치고 노래방에 가면 불효했던 과거를 회상하고 울부짖는다.

현대 사회에서 하루하루 힘들게 살아가는 성인들은 가정을 꾸리며 사느라 키워준 부모에 대한 효를 다하지 못하는 경향이 크다. 부모들 또한 "너만 잘 살면 되지."라는 말로 자식들을 도리어 위로한다. 후회 없는 삶이 어디 있겠는가. 하지만 후회를 줄이기 위한 노력은 필요하다. 대부분의 부모들은 많은 것을 원하지 않는다. 그저 밥 한 끼 같이 먹는 것만으로도 행복을 느낀다. 주말에 부모님을 찾아뵙는 것은 어떨까.

사례 2) 방구석에 앉아 양다리 사이에 머리를 파묻고 누구의 말도 듣지 않고 밥술도 뜨지 않는 한 여인이 있다. 얼마 전 덤프트럭을 운전했던 남편을 사고로 잃고 화장터에서 화장을 하고 졸지에 한 가정의 가장이 된 여인이다. 단 한 번도 경제적인 활동을 해본 적도, 해보려고도 하지 않았던 여인은 두 아이를 남기고 먼저 간 남편이 원망스럽기만 하다. 남들은 장례식장에서 왜 눈물을 흘리지 않느냐고 타박하지만 여인은 지금 상황이 너무 기가 막혀 눈물조차 흘릴 수 없었다. 덤프트럭을 운전했던 남편은 조용한 성격에

야윈 부인이 늘 안쓰러워 경제적인 활동을 전혀 하지 못하게 했다고 한다. 삼시 세끼 밥하고 두 아이 건사하는 것만도 그녀에겐 힘겨웠다고 한다.

사례 3) 사고는 예기치 않은 곳에서 찾아온다. 부부는 하루의 농사일을 마치고 집으로 돌아가는 길이었다. 늘 그랬듯이 아내를 경운기 뒷좌석에 앉히고 가던 중 돌부리에 걸려 아내가 경운기에서 떨어졌다. 떨어지면서 아내는 돌부리에 경추가 끊어지는 사고를 당하고 만다. 당시 두 부부에게는 돌이 갓 지난 막내를 포함해 5명의 자녀를 연년생으로 두고 있었다. 이들이 처음 병원을 찾은 해는 5년 전이었다. "두식이 아빠, 바늘로 내 손을 찔러봐. 감각이 돌아온 것 같아." 남편은 바늘로 아내의 팔꿈치를 살짝 찌르면서 "손가락 아파?" 하고 물어본다. 아내가 "응, 손가락이 아파." 하자, 남편의 두 눈에서 눈물이 쏟는다. 그런 남편을 보면서 "바늘로 그러시면 안 돼요. 감염돼요." 라고 말을 건네는 의료진 또한 더 이상의 희망을 줄 수 없는 상황이었다.
5년 세월이 흘러 여인은 전신이 꼬챙이처럼 말라 이제 마지막 몇 시간을 남겨 두고 있다. 5년이라는 세월을 버틴 것조차 용해 보였다. 임종을 앞두고 서 있는 오 남매의 눈에서는 슬픔이라곤 찾아볼 수도 없었고, 5년 전 애처로워했던 남편도 그 자리엔 없었다.

사고로 인한 죽음을 경험하는 가족에게 위로를 전하기는 매우 어려운 일이다. 같은 경험을 한 소그룹 모임을 구성해 대화를 나누고 아픔을 이겨내고 헤쳐 나갈 수 있는 방안을 지역 단위로 모색해야 할 필요가 있다. 고독사의 경우는 특히 이제 가족만의 일이 아니다. 지역사회에서도 맞춤형 방문관리사업을 통해 관리는 하고 있으나 사각지대의 대상자에 대한 관리가 더 이뤄져야 한다.
이 시기엔 현대인의 삶의 고단함을 달래주고 앞으로 나아갈 길에 대한 방향을 제시해 줄 수 있는 교육과 스트레스 해소 방법 및 타인을 이해하고 받아들이는 치유의 실제, 죽음에 대한 인식의 제고가 필요하다. 교육에 따른 기대효과는 나와 가족의 죽음에 대한 준비를 통해 가족의 중요성을 인식시키는 것이다. 가족의 죽음을 잘 이겨내고 사회에 잘 적응할 수 있도록 가족의 지지가 필요하다.

4. 겨울

인생의 마지막 단계로, 정리하는 시기다. 자연사를 앞두고 있고 많은 죽음을 경험했고 죽음에 대해 수용하는 시기라고 할 수 있다. 이 시기에 홀로 남겨졌다면 고독에 대한 감정이 가장 크다. 간혹 자녀의 죽음을 앞세우는 가슴 아픈 경험을 하기도 한다. 사산이나 유산의 경우와는 달리 이미 성장한 자녀의 죽음을 경험하는 아픔은 무엇과도 비교할 수 없다. 모든 것을 내려놓고 수용하고 정리하는 단계다.

사례 1) 80~90대 어르신을 대상으로 힐링과 호스피스 강의를 하다 보면 가끔 스스로에게 반문한다.
'내가 저 어르신보다 죽음에 대해 얼마나 알까?' 하고. 유치원생이 박사님들 앞에서 한글을 설명하는 꼴이 되지 않으려고 서두에 시부모님과 친정 부모님 예를 들어가며 조심스레 시작을 한다. 그렇게 한참을 하다 보면 한쪽 구석에서 가끔 눈물을 훔치는 어르신을 발견한다.
"내가 그렇게 살았어. 내 자식을 가슴에 묻고 아무한테도 내색도 못하고 이렇게 죽지 못해 살고 있어. 남겨진 자식 키우느라 먼저 간 내 자식⋯ 아이구, 생각도 잘 못하고 살았어."라고 말을 꺼내시는 분들이 간혹 있다.

사례 2) 얼굴에 핀 죽음의 기운인 검버섯 제거시술을 하는 어르신들이 늘고 있다. 살아있는 동안 건강하고 아름다운 웰빙을 위해 모임이나 운동 등 활발한 사회활동을 하는 노인층도 증가하고 있다. 100세 시대를 맞이하여

과거에는 입에 떠올리기조차 금기되어 왔지만 이젠 '죽음'을 당당히 준비하는 이들이 늘고 있다.

한복을 곱게 차려입으신 동네 어르신들이 노인정으로 향하고 있다. 영정사진 봉사를 온 출장 사진사 앞에서 마지막 가는 모습을 예쁘게 남기고 싶어 차례를 기다리는 어르신들의 모습에 절로 숙연해지고 눈시울이 뜨거워진다. 누구나 가야 하는 종착역이지만 누구도 가본 경험을 말할 수 없기에 그들이 느끼는 두려움은 클 것 같은데도 오히려 담담해 보인다. 찾아온 영정사진을 수의와 함께 고운 보자기에 싸서 농 한 켠에 고이 보관하면서 언젠가 올 죽음을 맞이하는 의식을 조용히 행한다.

사례 3) 어르신들과 이야기를 나누고 있을 때 늘 느끼는 부분은 대부분이 남겨진 이들에 대한 걱정을 한다는 것이다. 하지만 유서는 어찌 적어야 하는지, 사전의향서는 뭔지 모르는 경우가 대부분이다. "아니 그런 것도 있었어? 진작 알려 주지." 하고들 말씀하신다.

실제로 이런 사소한 준비에 대한 정보를 잘 모르는 어르신들이 대부분이다. 노령사회를 맞아 아름다운 마무리를 위한 제대로 된 교육이 정말 필요한 시기다. 어르신들이 잘 준비해서 아름답게 마무리할 수 있도록 돕는 것 또한 우리가 해야 할 과제다.

사례 4) "엄마, 나 죽여 줘. 더 이상 너무 아파서 못 참아." 산부인과 병동에는 산모만 오는 것이 아니다. 자궁경부암, 자궁내막암, 난소암 등 부인과 질환으로 입원하는 경우도 종종 있다. 이 환자는 52세로 40살에 자궁에 10㎝ 근종이 있어 자궁을 전체 절제한 환자였다. 하지만 대부분의 여성들은 자궁 절제를 하면 자궁암은 전혀 나와 관계없는 질환으로 받아들여 산부인과를 찾지 않는 경향이 있다. 이 환자는 조금 남겨 둔 자궁경부에 암이 발생했으나 방치하여 유방 및 폐까지 전이가 된 상태여서 마지막 임종을 앞두고 있었다.

머리에 하얀 서리가 내린 노모가 허리를 펴지도 못한 채 환자의 병간호를 하고 있었다. 이미 암은 직장까지 다 전이되어 변을 보려 해도 노모가 대주는 변기에는 핏방울만 뚝뚝 떨어지고 있었다. "엄마, 나 너무 힘들어. 아파." 85세 노모는 힘없이 딸의 등을 쓰다듬으며 "그랴 그랴." 하는 말만 반복하고 있다. 결국 의료진은 환자의 고통을 덜어주기 위한 최후 수단으로 신경차단 블럭이라는 치료를 선택했고 환자는 이틀 뒤 노모의 품에 안겨 마지막 생을 마쳤다.

인생의 겨울, 삶의 마지막을 어떻게 해야 아름답게 마무리를 할 수 있을까? 제아무리 돈과 권력을 지닌 사람이라고 해도, 자신의 의지대로 생을 마칠 수 있다고 장담하기는 어렵다. 100세 시대를 맞고 있다고 해도, 건강 수명은 그에 훨씬 못 미치고 치매, 알츠하이머 등 뇌 기능 이상을 초래하는 질병에 인류는 여전히 무기력하다. 인생의 겨울을 잘 보내기 위해서는 스스로의 생계를 유지할 수 있어야 하고, 건강을 잘 관리해야 한다. 그리고 사회 공동체에 참여하여 외롭지 않게, 보람 있게 지내야 한다. 그러는 한편, 자신이 원하는 모습 그대로 사랑하는 이들과 이 세상을 떠나기 위해, 정신이 온전할 때 죽음을 준비해야 한다.

죽음이 남기는 의미

최문기

인류는 끊임없이 죽음과 싸워 왔다. 미래학자 바뱅(Babin)은 'PH1(포스트 휴먼과의 만남)'에서 과학의 최첨단 기술을 이용하여 영생을 살고자 하는 현 인류, 포스트 휴먼에 대해 말하고 있다(Babin, 2007). 그는 "죽음과 싸워온 인간이 기계에 의존해 생명을 연장한다고 할 때 그것이 진정한 행복이 될 수 있을까?"라고 반문한다.

실제로 인류는 개체의 죽음을 통해 진화해 왔고, 죽지 않는다는 것은 변화하지 않는 상상하기 힘든 삶을 의미한다. 우리가 할 수 있는 것은 죽음의 의미를 찾고 좋은 죽음을 만드는 것이다. 좋은 죽음이란 무엇을 갖추어야 할까? 막연하지만 웰다잉이 되기 위해서는 많은 조건이 갖추어져야 하리라. 죽음을 맞이하는 자의 태도와 자세에서 많은 부분이 결정 나겠지만 죽음은 단지 한 개인의 사건만으로 끝나는 것이 아니다.

나는 개인적으로 2005년에 아버지를 보내면서 많은 변화를 겪었다. 지금 기억나는 것은 인간의 생명을 다루는 병원의 기계적인 과정에 대한 분노와 당시 병원에 계신 아버지를 둘러싼 가족들의 지옥과도 같은 삶이었다. 한 사람의 죽음을, 그것도 가족 중 한 사람의 죽음을 실제로 맞이한다는 것은 무척 힘든 일이고 그 죽음을 기다리는 시간은 길어질수록 우리를 지치게 한다.

아버지는 6년의 암 투병으로 12번의 대수술을 치러야만 했다. 그 힘든 시기를 거치고 난 후 허무하게 담석중 수술이 잘못되어 간농이라는 병으로 돌아가셨다. 모든 치료를 포기한 후 초췌해진 아버지의 모습을 보면서 인간이 지녀야 하는 인간다움이란 무엇인가 하는 의문과 함께, 나는 나의 무능함에 도대체 무슨 일이 벌어지고 있는지 알지 못했다. 아버지의 죽음을 둘러싼 이 모든 것에 나는 무방비 상태였고, 이해할 수 없었으며, 무기력했다. 나는 아버지가 돌아가시고 난 뒤에도 오랫동안 이 의문을 해결하지 못했다. 그것이 내 무능함에서 오는 것인지, 의례 그렇게 진행되는 죽음의 문화에서 오는 것인지, 아니면 의미 없는 치료를 정말 의미 없는 듯이 진행하는 병원의 태도에서 오는 것인지 알 수 없었다. 더 이상의 치료를 거부하고 말없이 창가를 바라보시던 당신의 모습이 떠오른다. 더 이상 무슨 말이 필요하겠는가? 인간이 만든 모든 질서와 언어, 예(禮), 의(義) 이런 모든 거추장스러운 것들을 병실에 가둬두고 아버지는 이미 창밖 너머의 세상으로 시선을 고정하셨다. 인간적인 것의 거추장스러운 모습보다는, 마지막을 기다리는 하나의 피조물로서 자연에 복속된 모습으로 아버지는 눈을 감으셨다.

자연계에서 죽음이란 어쩌면 매우 단순한 사건일지 모른다. 하지만 인간에게 죽음이란 그 언어의 복잡함만큼 어지럽고 난해하다. 나는 인간의 죽음이 지니는 실제 의미를 찾아본 적도 경험해 본 적도 없었다. 아버지의 죽음이 첫 경험이었고, 모든 것은 내가 생각했던 것 이상으로 현실적이면서도 꿈꾸는 듯 혼란스러웠다. 지금 생각해 보면, 결국 내가 힘들어했던 것은 아버지의 죽음을 받아들이지 못했고, 그렇기 때문에 스스로 그 의미를 찾지 못했던 것이었다.

시간이 지나 2011년 10월 5일 애플의 창시자인 스티브 잡스가 세상을 떠났다는 보도를 접했다. 온갖 첨단의학의 도움으로도 그는 회복되지 않았고, 결국 그는 죽음을 받아들이기로 한 것처럼 보였다. 지금도 생각나는 그의 명연설이 있다. 그는 '죽음은 삶이 만들어낸 유일한 최고의 발명품인 것 같다. 죽음은 삶을 대신해 변화를 만들어내기 때문이다(Death is very likely the single best invention of Life. It is Life's change agent).'라는 말을 남겼다. 그는 자신이 인간사회에 남긴 수많은 업적을 이야기하는 대신 자신의 죽음 그 자체를 통해 새로운 변화의 가능성을 남은 사람들에게 열어주겠다고 했다. 자신의 죽음을 의미 있는 죽음으로 받아들인 것이다.

죽음을 맞이하는 사람보다 죽음을 잘 알 수 있는 이는 없다. 하지만 아버지의 죽음과 몇몇 이의 죽음을 통해, 인간의 죽음이 사실 동물의 죽음과 무엇이 다르겠는가? 하는 생각을 해본다. 하지만 인간은 최후의 순간까지도 '의미' 혹은 '의미화'라는 인간적인 너무나도 인간적인 선택을 할 수 있다. 때론 이 의미가 죽음에 대한 두려움을 선택해서 삶을 더 가혹하게 만들 수도 있지만, 많은 사람들은 죽음의 의미를 긍정적으로 받아들이는 선택을 할 줄 안다. 그것은 생에 무슨 업적을 남겼으며, 학력이 어떠하며, 가진 것이 어떤 것인가와 상관이 없다. 인간이 신 앞에서 경건해지듯이, 모든 것을 내려놓는 순간 새로운 의미가 생성되는 것이다. 행복에 관한 심리학은 가끔 유명인들이 자기 의지와는 상관없이 모든 것을 잃어버리고 평범한 삶으로 돌아간 경우, 일정 시간이 지나면 기존의 행복보다 월등히 높은 행복감을 느낀다는 보고를 한다. 행복은 일종의 삶의 방어기제처럼 모든 욕심과 가진 것을 내려놓는 순간 우리에게 다가온다, 그것이 진정한 자신의 모습으로 사는 것에 더 가깝기 때문이다.

누구에게든 죽음은 힘들고 두려운 일이다. 죽음의 현실은 내가 생각하는 것보다 훨씬 냉혹하고 두려운 것이리라. 하지만 죽음이 다가올 때 죽음에 대한 공포로 나를 정의하고 나의 정체성을 결정짓는 것은 어리석은 일이다. 좋은 죽음은 죽음에 대한 두려움이 나를 규정하는 것이 아닌, 마지막까지 자신 본연의 모습과 삶에 의미를 부여하는 것이 아닐까? 그것은 살아있는 자의 마지막 목적이고 완성이기도 하다.

3

문화, 문학, 예술 그리고 죽음:
죽음을 통한 예술작품의 세계

죽음을 기억한다는 것

사람들은 살아가면서 많은 것을 경험한다. 이러한 경험은 긍정적으로 때로는 부정적으로 작용할 수 있다. 또한 동일한 사건의 경험이라고 하더라도 사람의 기질과 당시의 상황, 지식의 정도, 경험을 바라보는 태도에 따라서 다르게 인식될 수 있다. 경험은 오랜 시간이 지나면 기억 속에 남아 그 사람의 사고와 행동을 넘어 가치와 신념 형성에 영향을 미칠 수 있다.

프로이트는 경험이 그 사람의 마음과 행동 결정에 영향을 미친다고 한다. 특히 6세 이전의 경험이 중요한 요인으로 작용한다. 그리고 어떤 사건에 대한 경험으로부터 트라우마가 발생한다. 트라우마는 부정적인 측면의 경험으로부터 주로 나타나며, 긍정적인 측면에서의 경험은 이른바 성취로 이어진다. 이렇듯 사람에게 있어서 경험은 매우 중요하다. 자신이 의식하든 의식하지 못하든 경험이 사람에게 영향을 주고 있다는 것은 부정할 수 없다.

하지만 긍정적인 경험이 곧 긍정적인 영향을 미치고, 부정적인 경험이 부정적인 영향을 미친다고 단정할 수는 없다. 예를 들어 실패의 경험은 그 사람에게 패배의식을 갖게 할 수 있지만, 실패를 통해서 한 걸음 더 성공으로 나아가게 할 수도 있다. 그래서 성공한 사람들은 실패가 중요한 것이 아니라 실패를 바라보는 인식과 태도가 중요하다고 역설한다. 실패라는 사실이 중요한 것이 아니라 그것을 어떻게 해석할 것이냐가 중요하다는 이야기다. 반면, 성공의 경험은 그 사람에게 자칫 교만과 부주의를 확산시킴으로써 결정적인 실패로 나아가게 할 수 있다. 따라서 경험 자체가 중요한 것이 아니라 그 경험에 대한 해석과 의미가 중요하다.

사람들은 살아가면서 많은 경험을 한다. 경험과 경험의 연속, 그리고 그 경험에 대한 해석과 의미가 현재 나의 마음과 행동 결정에 영향을 미치고, '나'라는 인격체를 형성하게 했다고 해도 과언이 아니다. 하지만 이러한 주장은 한 가지 문제에 봉착한다. 왜냐하면 나는 현재의 나를 형성하게 한 수많은 경험들에 대한 기억을 모두 갖고 있는 것이 아니기 때문이다.

사람들은 자신의 많은 경험을 모두 기억하지 못한다. 시간이 지나면서 많은 것을 잊고 단지 몇 가지만을 기억할 뿐이다. 오히려 너무 많은 것을 기억하면 정신건강과 삶에 좋지 않은 영향을 줄 수도 있다. 그래서 때로는 잊는 것도 좋다. 기억해야 할 총량이 있다고 한다면, 잊는 것은 참으로 좋은 것이다. 그래야 그 공간만큼 새로운 것이 채워지기 때문이다. 인간의 두뇌가 기억할 수 있는 것이 100가지라고 한다면 101번째 경험부터는 그 무엇인가를 기억에서 지워야만 그 자리에 들어갈 수 있다.

프로이트는 사람의 정신세계를 의식과 전의식, 무의식으로 구분했다. 의식이란 개인이 자기의 주의를 기울이는 그 순간에 바로 알아차리는 감각, 지각, 경험, 기억 등의 모든 것을 말한다. 전의식이란 의식의 부분은 아니나 주의를 집중하고 노력하면 의식 속으로 떠올릴 수 있는 생각이나 감정이다. 무의식이란 전적으로 의식 밖에 존재하는, 자신의 힘으로는 떠올릴 수 없는 생각이나 감정을 말한다. 프로이트는 사람의 경험은 사라지는 것이 아니라 의식의 세계에서만 잊혀질 뿐 무의식의 세계에서는 여전히 남아 있다고 강조한다. 그래서 그는 꿈과 실수가 바로 무의식의 발로라고 주장한다.

융은 프로이트의 무의식 세계를 보다 확장해서 개인의 무의식뿐만 아니라 집단무의식을 주장한다. 그는 집단무의식은 인간이라는 종(種)으로서 뿐만 아니라 그 지역의 문화와 역사 속에서 DNA 유전자처럼 배태되어 있다고 말한다.

이 두 학자는 인간의 무의식에 대해 관심을 갖고 무의식의 세계를 밝히고자 노력했던 심리학자다. 그리고 이들은 이러한 무의식의 세계를 통해 사람들의 마음과 행동에 작용하고 있는 원천을 찾아내고, 사람들의 마음을 치유하기 위한 방법을 고안해냈다.

한 개인의 가족 또는 친인척들의 죽음에 대한 경험과 기억은 그 사람의 마음과 심리상태에 많은 영향을 줄 수 있다. 특히 가족과 친인척의 죽음 원인이 나의 잘못으로 인해 발생되었다는 '죄책감'을 갖고 있는 경우라면 그 사람은 극도의 우울감에 빠질 수 있다. 이러한 우울감이 심해지면 사회생활이 어렵게 되고 극단적인 상황까지 이르게 될 수 있다. 예를 들어 '세월호' 사고로 인해 남은 사람들 중 죽음의 원인에 대한 경험과 기억, 그리고 죄의식으로 인해 극단적인 행동에까지 이른 경우가 있다.

죽음에 대한 기억은 때로는 사람들에게 좋지 않은 영향을 미칠 수 있다. 이러한 죽음에 대한 기억은 전문가들과의 상담을 통해 치유되어야 한다. 우리는 그동안 죽음에 대한 기억이 남은 자들에게 어떻게 영향을 미칠 것인가에 대해 관심을 기울이지 않았다. 시간이 지나면 다 해결될 것으로 생각했다. 하지만 시간이 지나도 해결되지 않는 부분이 있다. 이러한 부분은 치유되고 극복되어야 한다. 그렇지 않으면 죽음에 대한 기억은 남은 자들에게 또 다른 불행으로 이어질 수 있다.

한편 사람은 죽으면 그 순간부터 부패하여 혐오스럽고 추해진다. 죽은 사람은 하루빨리 인간사회에서 격리되어야 할 대상이 되어버린다. 인간은 죽으면 그 순간부터 아무런 쓸모없는, 더 이상 다른 사람에게 어떠한 도움도 되지 않는 대상이 되어버리고 만다. 그런데 인간은 이런 대상을 잊지 않고 기억하려고 노력한다.

왜 그럴까? 인간은 왜 죽은 자를 잊지 않고 기억하기 위해 다양한 죽음문화를 만드는 것일까? 한국사회도 죽은 자를 잊지 않고 기억하기 위한 죽음문화를 갖고 있다. 죽은 자를 기억하기 위한 상징물은 묘지다. 죽은 자를 쓸모없는 폐기물처럼 취급하지 않고 정성스럽게 장례절차를 밟아 처리한다. 한국사회의 죽은 자를 기억하기 위한 노력은 여기에서 끝나지 않는다. 제사라는 장치를 마련해 놓은 것이다. 적어도 일년에 한 번은 죽은 자를 기억하고 추모하기 위해 제사를 지낸다. 최근 제사에 대한 문제점과 어려움을 호소하고 있어 점점 사라지고 있지만, 아직도 제사는 간소화하는 형태로 변형되어 유지되고 있다.

이뿐만 아니라 한국사회는 국가가 공휴일을 지정하여 국민으로 하여금 죽은 자를 기억하기 위한 제도적인 장치를 마련하고 있다. 개인적인 차원이 아닌 공적인 차원에서 죽은 자를 기억하고 추모하는 날을 마련한 것이다. 매년 6월 6일 현충일은 국가와 사회를 위해 희생당한 사람들을 기억하고 추모하는 날이다. 국가의 독립을 위해, 자유민주주의의 수호를 위해 전장에 나가 희생당한 사람들, 국민들의 안전과 생명을 위해 자신의 목숨을 바친 사람들을 생각하고 기념하고 추모한다.

다른 하나는 추석 명절이다. 추석은 가족이 모여 1년 농사의 수확에 대한 감사를 드리는 날이기도 하지만, 조상에 대한 제사와 성묘하는 날이기도 하다. 추석은 국가가 최소 3일 이상의 충분한 시간을 주어 죽은 자를 기억하고 방문할 수 있는 제도적인 장치를 마련해준 것이다. 우리나라뿐만 아니라 세계 여러 나라에도 정도의 차이는 있지만, 죽은 자를 잊지 않고 기억하기 위한 다양한 문화를 갖고 있다.

그럼, 인간은 왜 죽은 자를 기억하는 문화를 가지고 있을까? 그것은 아마도 죽은 자를 기억해야만 하는 정치적, 사회적, 문화적인 다양한 이유가 있을 것이다. 한국의 죽음문화사를 보면 조선을 건국한 신진사대부들은 유교 이념에 바탕을 둔 사회를 구축하고자 했다. 그래서 유교 의례를 양반에서부터 일반 백성들에게까지 실행하고자 했다. 이런 정치적인 이유로 한국사회는 유교식 죽음문화를 구축하게 되었다.

죽은 자를 기억하는 문화는 인간이 사는 전 세계에서 보편적으로 나타난다. 이는 살아있는 사람들로 하여금 죽음을 기억하게 하는 것이 삶의 교훈을 주기 때문이다. 다른 사람의 죽음을 기억함으로써 인간은 간접적으로 유한한 존재라는 사실을 인식한다. 나도 언젠가는 죽는다는 사실을! 그리고 죽은 자를 기억함으로써 남은 자는 그가 살아온 삶의 궤적을 보고 나는 어떻게 살 것인가를 성찰할 수 있다. 무엇보다 죽은 자, 조상을 기억하는 것은 자신의 정체성을 성립하는 데 도움이 된다. 적어도 현재의 내가 생물학적이든 국가적이든 어디에서 왔는가를 생각하게 한다.

인간은 모든 것을 기억할 수는 없다. 하지만 때로는 기억해서 천천히 잊어야 할 것도 있다. 그 기억이 사라지지 않고 남아 있음으로써 나의 마음과 행동에 좋은 영향을 주고, 나의 정체성 확립에 도움이 될 수 있다면 말이다.

한국의 죽음문화 변화

송현동

『춘추』는 중국 춘추시대 노나라의 역사서로, 노은공 원년부터 노애공 27년에 이르기까지 총 255년에 걸친 열국의 역사를 담고 있고 공자가 편수한 것으로 알려져 있다. 『춘추』에 좌구명이 해설을 단 주석서, 『춘추좌전』이 있다. 이 책에 따르면 "사람이 태어나니 백(魄)이 되고 이미 백을 낳음에 양을 일컬어 혼(魂)이라 한다."고 하였다. 즉, 인간 존재는 몸과 정신이라는 서로 다른 두 요소로 이루어져 있다는 것이다. '백'은 몸의 주재자이고, '혼'은 정신의 주재자로 이 혼백이 함께하여 생명이 유지되는 것으로 본다. 유학의 영향을 받은 한국인은 인간을 혼과 백으로 구성되었다고 믿었다. 그래서 인간의 '죽음'이란 결국 함께 있었던 혼과 백이 흩어진 상태로 보았으며, 이에 근거해서 한국의 상례는 혼을 위한 의례와 백을 위한 의례로 구성되어 있다.

한국 사람들은 죽음을 좋은 죽음과 그렇지 않은 죽음으로 분류했다. 좋은 죽음은 사람이 태어나 성장해서 결혼하고 자식을 낳아 자신의 제사를 담당할 후손이 있는 상태에서 천수를 누려 집에서 사망하는 경우를 말한다. 한국인들은 이러한 조건을 갖춘 상태에서 죽은 사람은 후손에게 복을 내려주는 조상이 된다고 믿었다. 반면에 나쁜 죽음은 미혼 상태로 죽음을 맞이하는 것, 비명횡사나 집 밖에서 죽음을 맞이하는 객사 등이 해당된다. 한국인들은 이러한 조건에서 죽음을 맞이한 죽은 자의 혼은 인간에게 질병과 해를 주는 원혼(冤魂)이 된다고 믿었다. 이와 같은 죽음에 대한 인식과 태도는 유교적인 죽음관에 무속의 영혼관이 투영된 것이다. 무속의 죽음관은 자살, 타살, 익사, 각종 사고사, 특히 결혼하지 못하고 불행한 죽음을 당한 사람의 혼은 이승에 원한이 남아 저승으로 들어가지 못하고 산 자를 괴롭히는 악령이 된다고 한다.

한국사회에서 좋은 죽음은 주로 유교식 장례로 치러졌으며, 그렇지 않은 죽음은 주로 무속의 죽음의례가 담당했다. 전통사회에서 무속은 진오귀굿, 씻김굿, 오구굿 등을 통해 원혼을 위무하고 달래는 역할을 주로 담당했다. 유교의 죽음의례는 원혼을 달래 해원시키는 의례과정이 없다. 반면에 무속은 원혼을 처리하기 위한 죽음의례 과정을 갖추고 있다. 이러한 점을 통해서 볼 때, 유교는 좋은 죽음만이 제사를 통해 기억될 만한 의미와 가치가 있는 죽음이라는 태도를 보인다. 반면에 무속은 유교가 관심을 갖고 있지 않은 죽음을 처리하기 위한 의례에 비중을 두고 있다.

죽음의례는 산 자가 죽은 자에 행하는 의례이다. 죽음의례는 죽음 이후에 진행되기 때문에 당사자가 없는 상태에서 진행된다는 독특한 구조를 가지고 있다. 즉, 결혼식, 돌과는 다르게 당사자가 없는 상태에서 의례가 진행된다. 이러한 구조적인 특징을 요약하면, 유교 죽음의례의 핵심은 산 자가 죽은 자에 대한 예(禮)를 표시하는 데에 집중되어 있고, 무속은 산 자가 죽은 자의 원혼을 진혼하는 데에 집중하고 있다.

한국의 죽음의례 가운데 한 가지 주목할 점은 원혼에 대한 공적·사적인 죽음의례가 잘 구성되어 있다는 점이다. 원혼의례의 공적 제도화는 조선시대에 구체화된다. 조선시대의 국가의례인 여제(厲祭)가 그것이다. 조선은 유교의 조상숭배 대상이 아닌 무주고혼(無主孤魂)에 대한 기양의례(祈禳儀禮) 성격의 무속의례를 유교화한 여제를 시행했다. 또한 불교의 수륙재(水陸齋)를 국가적인 차원에서 진행했다. 수륙재는 물이나 육지에 사는 고혼(孤魂), 아혼(餓魂) 등의 혼령(魂靈)을 공양하여 구제하는 의례다. 원혼의례의 사적인 의례는 주로 무속과 불교가 담당하였지만, 유교를 기반으로 하는 조선시대에도 국가 차원의 제도적인 원혼의례도 거행되었다.

한국의 대표적인 장례문화는 1990년대 중반까지만 해도 매장이었다. 한국 사람들은 어린 나이에 요절하지 않은 이상 대부분 매장을 진행했다. 매장 이외의 다른 장례방식은 불효라는 사회문화적인 인식이 있었다. 특히 한국사회에 묘지는 단순히 죽은 자를 안장하는 곳 이상의 상징적인 의미를 담고 있다. 묘지는 그 위치가 명당이냐, 아니냐에 따라 후손에게 길흉화복의 발생원이 되는 장소이기도 했다. 이런 두 가지 이유로 매장은 선호되었고, 화장은 금기의 대상이었다.

한국사회는 지난 20여 년 사이 화장률이 급격하게 증가했다. 통계청 자료에 의하면 한국의 화장률은 1991년 17.8%에 불과했으나, 2000년 33.7%, 2005년에는 52.6%로 조사되었다. 2014년 화장률은 79.2%까지 이르렀다. 현재 한국인들은 대부분 화장을 진행하고 있다. 1990년대만 해도 금기의 대상이었던 화장이 한국의 대표적인 장법이 된 것이다. 그렇다면 화장이 급증하는 이유는 무엇일까? 급격한 화장률 증가는 장례 비용이 매장보다 적게 들어가고, 장례절차가 간편하다는 것도 있지만 무엇보다 매장묘지보다 사후 관리가 쉽다는 점 때문이다.

현재 한국인들은 장례식장에서 장례를 치른다. 한국인들에게 집은 삶과 죽음의 상징적인 장소였다. 한국인들은 집에서 태어나 집에서 죽음을 맞이했다. 그러나 현재는 병원이 출생과 죽음의 장소가 되었다.

2013년 통계자료에 의하면, 1989년 병원에서의 사망률은 12.8%에 불과했으나 2013년에는 71.6%로 증가했다. 이러한 병원에서의 죽음은 전통사회에서는 좋지 않은 죽음의 조건인 객사에 해당된다. 또 한 가지 주목할 점은 병원에서 사망률이 증가하는 것과 궤를 같이해서 병원장례식장의 장례비율 증가이다. 1994년 한국갤럽 조사결과에 의하면 '집'에서 장례를 치르는 경우가 72.2%, '병원장례식장'은 22.6%로 나타났으나, 현재는 거의 100%에 가깝게 장례식장에서 장례를 치른다.

한국사회는 1990년대 중반 이후 급격하게 '죽음의 문화'가 바뀌었다. 1990년 이전 한국인들은 '매장'이 죽음을 처리하는 방식이라고 믿었다. 그러나 이제는 '화장'이 죽음을 처리하는 방식이 되었다. 장례식장의 장례방식도 동일한 맥락에서 이해될 수 있다.

현대 한국의 죽음의례는 '전통적인 것'과는 다른 양상을 보인다. 이러한 현상을 통해서 확인할 수 있는 것은 죽음의례라는 것도 결국은 시대에 따라서 변화한다는 점이다. 만일 내가 고려시대에 살았다면 불교적 세계관으로 화장에 대해 우호적이었을 것이다. 조선시대에 살았다면 유교적인 사고로 화장은 금기시했을 것이다. 이처럼 죽음관은 고정불변한 것이 아니다.

최근 한국사회는 웰다잉에 대한 담론이 활발하게 진행되고 있다. 의료기술의 발전은 인간의 수명을 연장시키는 데 커다란 공헌을 했지만, 무의미한 연명치료라는 의도하지 않은 결과를 발생시키면서 존엄한 죽음에 대한 화두를 던지고 있다.

웰다잉이란 무엇일까?

웰다잉은 조건이 아니라 나의 '선택'이라는 생각이 든다.

집에서 죽음을 맞이할 것인가, 병원에서 죽음을 맞이할 것인가, 연명치료를 할 것인가 중단할 것인가, 화장을 할 것인가, 매장을 할 것인가.

한국의 죽음문화 변화과정을 통해서 볼 때 죽음관은 시대에 따라 변화한다는 것을 알 수 있었다. 조선시대 사람들이 금기시했던 화장과 객사를 현대 한국인들에게는 익숙한 죽음문화이다. 죽음관이 변한다는 사실을 받아들인다면, 웰다잉은 주변 사람들의 시선에 얽매이는 것이 아니라 자신의 '선택' 문제라고 생각한다.

탐욕과 파멸

이종형

세상은 발전을 거듭해오고 있으며, 그 발전은 무엇인가를 조금이라도 더 잘하고자 하는 소망, 작지만 세상에 도움이 되고자 하는 마음, 이를 이루고자 하는 노력, 인내, 간절함 등을 바탕으로 이루어진다. 그렇지만 인류는 발전만 거듭해 온 것은 아니며 때로는 쇠퇴하기도 하였다. 경제적 측면으로 보면 시장은 호황과 활황 이후 거품이 생기게 되며, 이 거품으로 인해 경제는 순식간에 침체되지만 다양한 노력으로 다시 회복되어 호황을 맞는 순환과정을 거친다. 이와 마찬가지로 사회에서 일어나는 현상들도 일정 기간 좋게 나타날 수 있다. 그러나 이러한 현상은 영원히 유지될 수 없고 다양한 외부요인에 의하여 쇠퇴와 침체를 거치지만 결국 노력을 통해 다시 좋은 결과를 얻을 수 있게 된다. 하지만 끝내 회복되지 못하게 되는 경우도 있다. 그렇다면 그 이유는 무엇일까? 아마 탐욕이 큰 원인일 것이며 탐욕에서 벗어나지 못하는 경우, 파멸이라는 결과를 마주하게 된다.

문학작품을 살펴보면, 비극적 결말이 나타나는 작품들은 대부분 탐욕과 파멸이라는 공통점을 갖고 있다. 탐욕의 대상은 젊음, 사랑, 뛰어난 능력, 부와 권력 등 사람들이 갖고자 하는 모든 것이며, 정도를 넘어 남에게 피해를 주면서까지 다른 사람의 것을 부당하게 얻고자 하면 파멸에 이르게 된다. 탐욕으로 파멸을 맞이하는 작품들을 보면, 젊음에 관한 탐욕을 내용으로 하는 소설로 오스카 와일드의 장편소설 『도리안

그레이의 초상(The picture of Dorian Gray)』이 있다. 주인공 도리안은 아름다운 외모와 부를 가진 젊은 청년이며, 사람들이 그를 둘러싼 나쁜 소문을 말하다가도 그의 외모를 보는 순간 모든 흉허물을 잊게 할 정도의 순수하고 우아한 외모다. 마침내 도리안은 자신의 초상화 앞에서 자신은 늙지 않고 영원히 젊음을 유지하기 바라며 대신 초상화 속 자신이 대신 늙으면 좋겠다는 소원을 빌게 된다. 이 소원은 이루어지게 되나 도리안이 살인과 부도덕하고 잘못된 일을 할 때마다 초상화 속 모습이 추하게 늙어가게 된다. 도리안은 추한 초상화 속 자신의 모습에 괴로워하다가 이를 벗어나고자 살인에 사용한 칼로 초상화 속의 자신을 찌르지만 실제로는 자신이 추하고 사악한 모습으로 죽게 되고 초상화 속에는 처음의 순수하고 우아하며 아름다운 모습의 도리안이 남게 된다.

사랑과 질투에 관한 탐욕을 내용으로 하는 작품으로 셰익스피어의 4대 비극 중 하나인 『오셀로(Othello)』가 있다. 주인공인 베네치아의 흑인 장군 오셀로에게서 부관의 지위를 얻지 못한 부하 이아고는 오셀로가 아내 데스데모나에게 선물한 손수건을 부관으로 승진한 부하 캐시오의 방에 떨어뜨려 자신의 아내와 캐시오가 부정한 관계임을 믿게 한다. 열등감이 있는 오셀로는 자신이 흑인이기 때문에 이러한 일이 벌어졌다고 생각하고 아내를 죽이지만 훗날 이것이 이아고의 계략임을 알고 수치심에 자살한다는 이야기다.

권력에 관한 탐욕을 내용으로 하는 셰익스피어의 또 다른 4대 비극 중 하나인 『맥베스(Macbeth)』를 보자. 주인공 맥베스는 스코틀랜드의 용맹하며 충성스러운 장군으로서 노르웨이와의 전쟁을 승리로 이끌고 돌아가는 길에 세 마녀로부터 왕이 되리라는 예언을 듣고 걷잡을 수 없는 권력욕이 생기고, 맥베스의 부인은 망설이는 맥베스를 용기 없는 비겁자라고 하며 왕이 될 것을 부추긴다. 결국 맥베스는 충성과 정의를 버리고 비겁자가 되지 않겠다는 생각과 탐욕을 좇아 왕을 시해한 후 왕의 아들들에게 죄를 뒤집어씌우고 왕위에 오른다. 맥베스는 왕이 되자 다른 장군 뱅코우의 아들이 왕이 될 것이라는 마녀의 예언을 기억하고 뱅코우를 살해한다. 그 후 뱅코우의 환영에 시달리며 불면의 고통에 괴로워하며 맥베스는 광기를 갖고 폭정을 하게 되고, 이러한 폭정에 반란군이 일어나 맥베스를 죽이고 죽은 선왕의 아들이 왕이 되는 것으로 이야기는 끝을 맺고 있다.

부에 대한 탐욕을 내용으로 하는 소설 중 톨스토이의 『사람에게는 얼마만큼의 땅이 필요한가(How Much Land Does a Man Need)?』가 있다. 주인공 바흠은 농부로서 항상 넓은 땅을 갖고자 갈망하였다. 자기 땅을 가진 뒤에도 만족하지 못하고 이웃의 소가 자신의 땅을 침범하면 이웃과 소송을 하고 벌금을 받았으나 한 번 소송에서 지고 난 뒤에는 새로운 곳에서 땅을 갖고자 하였다. 이후 바시키르 주민들의 땅을 싼 가격에 살 수 있다는 말을 듣게 되고, 바흠은 이곳의 촌장을 만나 1,000루블을 주고 해지기 전까지 걸어서 땅을 돌아보고, 출발한 지점으로 돌아오면 돌아본 지역의 땅을 갖기로 한다. 다만 해지기 전까지 출발한 지점으로 돌아오지 못하면 땅과 돈을 돌려받지 못하는 조건이었다. 바흠은 다음 날 자신의 땅을 표시하려고 구덩이를 파면서 열심히 걷는다. 그러나 돌아가려 할 때마다 좋은 땅이 나타나서 조금만 더, 조금만 더 하다가 너무 멀리까지 가게 되고 늦은 것을 깨닫고 후회하면서 해지기 전까지 열심히 뛰고 또 뛴다. 출발점에 도착했을 때 다행히 마지막 한줄기 빛이 남아 있어 바흠은 그 많은 땅을 차지하게 되었으나 너무 많이 뛴 나머지 입에서 피를 토하면서 죽게 되고 그의 시체는 단지 2m 정도의 구덩이에 묻힌다는 이야기다.

또한 탐욕을 부리지만 잘못을 뉘우치고 새 삶을 사는 내용의 소설로, 찰스 디킨스의 『크리스마스 캐럴(Christmas Carol)』이 있다. 주인공 스크루지는 오랜 동업자 마레의 장례식에도 가지 않고 장사를 하며, 심지어 거지도 스크루지에게는 동냥을 바라지 않을 정도로 돈만 아는 수전노다. 어느 해 크리스마스이브, 스크루지에게 죽은 마레가 온몸에 쇠사슬을 묶은 채로 나타나서 너무 욕심을 부리며 살다 죽은 것을 후회하고 사람들을 사랑하고 베풀며 사는 것이 중요하다고 말한다. 그는 세 유령을 차례로 만나게 되는데, 첫 번째 유령은 스크루지의 어린 시절, 과거를 보여준다. 두 번째 유령은 사람들이 행복하게 사는 모습을 보여준다. 마지막 세 번째 유령은 아무도 슬퍼하지 않고, 장례식에 가겠다는 사람도 없으며 오히려 죽은 사람을 비웃는 경우를 무서워하며 보다가 그게 미래의 자신의 장례식임을 알게 된다. 스크루지는 잘못을 크게 깨닫고 주변 사람들을 사랑하며 자신이 가진 것을 나누어주는 사람으로 변한다.

젊음에 관한 탐욕, 권력에 관한 탐욕, 사랑에 관한 탐욕, 부에 관한 탐욕을 다룬 작품들의 줄거리를 살펴보았다. 비극의 공통점은 탐욕에서 출발했다는 것이며, 탐욕을 버리지 못한다면 그 결말은 파멸이라는 것이다. 특히 파멸이 죽음으로 이어질 때 그러한 죽음을 이른바 '웰다잉'이라고 부를 수는 없을 것이다.

영화 「지옥의 묵시록」에 영감을 준 작품이기도 한 『암흑의 핵심(The Heart of Darkness)』의 작가 조셉 콘래드(Joseph Conrad)의 묘비에는 이렇게 적혀 있다.

Sleep after toyle, Port after stormie seas,
Ease after war, death after life does greatly please.

수고를 끝낸 뒤의 수면, 폭풍우 치는 바다 뒤의 항구,
전쟁이 끝난 후의 안락, 삶 이후의 죽음은 기쁨이다.

흑인해방 운동가로서 'I Have a Dream'이라는 연설로 유명한 마틴 루터 킹(Martin Luther King, Jr.) 목사의 묘비에는 다음의 구절이 적혀 있다.

Free at last, Free at last,
Thank God Almighty I'm Free at last!

마침내 자유, 마침내 자유
전능하신 하나님, 감사합니다. 나는 마침내 자유로워졌나이다!

콘래드의 묘비명에서 수고, 폭풍우, 전쟁의 시련 뒤에 오는 평안은 직장에서 열심히 일하고 은퇴한 후 스스로를 칭찬하는 휴식 같은 느낌으로 죽음을 맞이할 때 들 수 있을 것 같다. 또한 킹 목사의 묘비명을 통하여 삶을 살아가는 동안 무한한 자유는 없지만 죽은 이후에는 마침내 무한한 자유를 맞이할 수 있겠다는 생각이 든다.

우리는 누구나 행복하고 아름답게 삶을 살아가고 싶어 한다. 천상병 시인의 묘비명엔 그의 시 '귀천(歸天)'의 마지막 부분이 적혀 있다.

나 하늘로 돌아가리라.
아름다운 이 세상 소풍 끝내는 날,
가서, 아름다웠더라고 말하리라.

누구나 마지막 순간에 '이 세상 아름답고 행복하게 살다 가는구나.'라고 말할 수 있다면 더할 나위 없을 것이다. 행복한 삶을 사는 웰빙과 그 삶을 아름답게 마무리하는 웰다잉을 하고 싶다면, 문학작품을 통해 배울 수 있었듯이 탐욕을 멀리하며 경계하기 위해 작은 것에도 항상 감사하는 마음이 있어야 한다. 일상에서 소소한 기쁨을 주는 일에 감사한 마음을 가질 수 있다면 보다 행복하게 살고 아름답게 삶을 마무리할 수 있지 않을까 싶다.

몽테뉴의 『수상록』에 나타난
죽음에 대한 단상

박아르마

16세기 프랑스의 도덕주의자 몽테뉴는 "연륜이 쌓인다고 지혜가 저절로 생기는 것은 아니다."라고 말했다. 우리는 준비가 안 된 상태에서 어떤 일을 처음으로 겪게 되면 당황스럽고 곤혹스러운 처지에 종종 놓이게 된다. 결혼을 하여 부모가 되는 것, 나이가 들어 노년기에 접어드는 것, 나아가 죽음이 가까운 미래에 놓여 있다는 것 등 어느 경험 하나 낯설지 않은 것이 없다. 특히 살아온 세월이 살아갈 시간보다 훨씬 더 많은 노년기가 되어 죽음이 현실의 문제로 다가오면 더욱 그러하다. 다행히 연륜만큼 지혜가 저절로 쌓이면 좋으련만, 그렇지 못한 보통의 사람들은 무엇을 어떻게 선택해야 하는지 쉽게 답을 찾기 어렵다.

나는 쉽게 결정을 내리기 어려운 상황에 놓이게 되면 상황이나 대상의 본질로 돌아가 체크리스트를 검토하는 것이 최선이라는 나름의 원칙을 세웠다. 신입생 때부터 보아온 학생들 중에 현재 만나는 사람과 계속 교제를 해야 할지 고민스럽다면서 상담을 해오는 경우가 간혹 있다. 대개 이미 결정을 내리고 찾아온 학생에게 다른 선택을 강요하지는 않지만 에리히 프롬의 『사랑의 기술』에서 나오는 "사랑은 보호, 책임, 존경, 지식"이라는 유명한 구절을 언급하며 체크리스트를 검토해 보라고 말하기도 한다. 사랑에 관해서뿐만 아니라, 누구나 처음으로 경험하게 되는 노년기의 삶의 변화와 다가올 죽음에 대비하기 위해서도 나름의 체크리스트가 필요하다. 몽테뉴의『수상록(Essais)』은 삶에 대한 진지한 성찰을 통해 오랜 세월 동안 많은 사람들에게 중요한 지침이 되어 왔다. 최근에 출간된『나이 듦과 죽음에 대하여』는 몽테뉴의『수상록』에서 노년, 죽음과 관련된 구절을 찾아 소개한 책이다. 16세기 프랑스 사상가의 생각을 통해 읽는 노년기의 삶과 죽음에 대한 단상은 공감을 넘어 어제의 경험처럼 생생하게 전해진다.

　몽테뉴의『수상록』은 대부분 그가 은둔 생활을 하던 40대에 쓴 글로 이루어져 있다. 노년기를 몇 세부터 볼 것인지는 시대마다 다르겠지만, 아직 죽음을 생각하기에는 이른 나이에 몽테뉴가 보여준 삶과 죽음에 대한 성찰은 놀랍기만 하다. 그는 나이가 들어 "다른 사람에게 쓸모없고 불쾌하고 귀찮은 존재가 되지 않도록 해야 한다."며, '이성과 양심'에 따라 행동할 것을 강조한다. 사회에서 그 역할을 할 수 없으면 스스로 물러날 때를 알아야 한다는 그의 주장은 나이를 떠나 누구에게나 해당되는 말로 들린다. 그렇다면 노년기에 이르러 우리가 할 수 있는 일은 무엇일까? 이 물음에 대해 몽테뉴는 "영혼이 긴장하지 않고 자유로운 상태에서 네가 할 수 있는 일을 하라."고 말한다. 그는 일상의 문제부터 전문적인 식견을 드러내는 대화까지 가리지 말고 또한 그 대상도 구분하지 말고 허물없이 이야기를 주고받으라고 하면서 '대화의 즐거움'을 강조한다. 몽테뉴는 나이가 들면 침묵하고 많은 것을 내려놓을 것을 권하지만 노년에 이르러서도 "사랑은 삶에 활력을 불러일으키고, 노인이 쾌락을 찾는 일을 금하는 것은 잘못이다."라고 말하기도 한다. 좀 더 나이가 들면 위안으로 삼을 만한 대목이다.

　반면에 루소는 50대에『고백』을 쓰면서 노년에 이른 자신의 나이와 다가올 죽음에 대해 회한에 사로잡혀 비탄조의 심경을 되풀이했지만,

몽테뉴는 상대적으로 아직 젊어서인지 그가 보여준 죽음에 대한 성찰은 관조에 가깝다. 그는 삶의 최종 목표인 죽음에 대해 두려워하거나 회피하지 말고 현실로 인정하며 맞서라고 말한다. 죽음을 피할 수만 있으면 좋으련만 죽음은 기습적으로 다가오기 때문에 "우리는 미리 죽음에 대비하고 있어야 한다."는 것이다. 몽테뉴는 죽음에 대해 말하면서도 '죽음의 철학을 넘어 삶의 철학'으로 우리를 인도한다. "**죽음에 대해 미리 생각하는 것은 자유에 대해 생각하는 것이다.**"라는 그의 죽음에 대한 성찰은 고독한 은둔자의 철학 이상의 의미를 담고 있다.

몽테뉴의 책을 소개하면서 다소 지나칠 정도로 많은 구절을 인용하였다. 그만큼 그의 노년과 죽음에 대한 성찰인 『나이 듦과 죽음에 대하여』에는 인생의 체크리스트로 삼고 싶은 구절이 차고 넘치기 때문이다. '학제간융합연구'의 일환으로 죽음에 대한 연구를 3년째 진행하면서 얻은 연구결과 중 하나도 죽음교육을 받게 되면 죽음에 대한 공포가 감소하고 이른바 '죽음 대처 유능감'이 커진다는 것이다. 노년과 죽음에 대한 몽테뉴의 성찰이 죽는 법(웰다잉)을 배우는 것은 사는 법(웰빙)을 배우는 것이라는 점에서 모든 세대에게 권할 만한 삶의 지침서가 되리라 확신한다.

톨스토이의 『이반 일리치의 죽음』에
나타난 죽음

김명숙

1884년 완성된 톨스토이의 『이반 일리치의 죽음』은 '사망문학'에 있어서 최고봉이라는 찬사를 받고 있는 작품이다. 한 러시아 법관이 삶과 죽음 사이에서 안간힘을 쓰는 모습을 소재로 한 소설로, 작가가 삶과 죽음의 경계를 넘어서기 위해 종교와 도덕적 신념을 확고히 한 이후 처음으로 발표한 역작이다. 특히 톨스토이가 자신의 『예술론』에서 '인생을 위한 예술'이라는 입장을 충분히 밝힌 작품으로 꼽히고 있다.

『이반 일리치의 죽음』에서 주인공 이반은 구체적인 병명도 모른 채 의사로부터 불치병이라는 진단을 받는다. 이에 대해 이반은 그럴 리가 없다는 '부인', 하나님에 대한 '원망', 아내의 외출에 대한 '시기', '분노', '절망'과 '우울'을 거쳐 결국 죽음을 '수용'하게 된다. 이 과정의 심리 묘사는 훗날 퀴블러 로스가 『죽음과 죽어감』에서 실제 임상현장에서 죽어가는 사람들을 관찰해서 얻은, 죽어가는 환자의 각 단계의 반응을 너무도 잘 예견하고 있다.

또한 『이반 일리치의 죽음』은 문학 창작과 철학 사상 측면에서도 실존주의의 태동을 알리고 있다. 작가의 삶과 죽음에 대한 독특한 체험은 극한 상황에서 발현되는 인간의 심리와 실존 의식을 낱낱이 보여주고 날카롭게 분석되고 있어 20세기 실존주의 사상을 엿보게 한다. 1920년 이래 하이데거, 야스퍼스, 사르트르, 틸리히 등은 실존, 실존적 결단, 극한 상황, 실존적 본래성, 실존적 비본래성, 존재의 용기 등의 실존주의 개념들을 철학적 성찰의 결과로 내놓는다.

『이반 일리치의 죽음』은 인간관계, 등장인물들의 심리 반응, 죽음 앞에서의 마지막 몸부림, 궁극적 관심 등 죽음을 앞둔 인간이 보이는 행동과 심리가 독백과 사실적 필체로 세밀하게 조각되어 있어 시대를 초월하여 언제고 읽어도 우리를 삶과 죽음에 대한 진지한 사색에 빠져들게 한다.

이야기는 법원 집무실에서 이반의 죽음을 전해 들은 이반 동료들의 심리 묘사로 시작된다. 동료들은 부음을 접하고 즉각적으로 누가 이반의 직위를 이어받을 것인가, 나에게 승진 기회가 오지 않을까 등의 인사이동 문제를 떠올린다. 그러는 한편, 자신에게 불행이 닥치지 않은 것에 안도한다. 하이데거의 분석철학에 따르면, 실존적으로 삶의 매 순간이 바로 죽음을 향해 나아가는 순간들이다. 그러나 대부분의 사람들은 일상적인 시간의 흐름 속에 본연의 '죽음을 향해 나아가는 존재'라는 사실을 잊고 죽음의 위협을 잠시 망각하게 되는데, 이것이 실존의 비본래성의 한 표현이다. 이반의 죽음 앞에서 드러나는 동료들의 심리 반응이 바로 하이데거가 이야기하고 있는 실존의 비본래성의 예증이다.

이반의 평생 친구인 피터는 이반의 집을 방문하여 친구가 죽기 직전 며칠 동안 심한 고통과 몸부림에 시달렸다는 이반 부인의 이야기를 듣고는 "그토록 무서운 고통을 견디다 죽다니! 나에게도 이런 일이 닥칠 수 있지 않을까? 아니야, 결코 나에게 그런 일은 발생하지 않을 거야."라며 두려움에 떤다. 피터의 독백처럼, 보통사람들의 죽음에 대한 '부인'은 말기 환자의 '부인'의 반응보다 의미가 깊다. 보통명사로서의 '죽음'을 수용하는 것과 자신의 '죽음'을 수용하는 것은 차원이 다른 이야기라 할 수 있기 때문이다.

2장은 "이반 일리치의 과거는 지극히 단순 평범한 한편 끔찍하였다."는 말로 시작한다. 여기서 단순하고 평범한 과거란 무엇일까? 이 말의 함의에는 별생각 없이 세속적 욕망에 따라 살아온 삶, 즉 삶에 대한 진지한 성찰이 없는 일상을 말한다. 대부분의 사람들이 단순 평범한 삶을 살고있는 것에 대해, 작가는 우리에게 가장 단순하고 평범한 일상성 속에 감추어져 드러나지 않는 것의 끔찍함을 지적한다. 대부분의 사람들은 세속적 기준에 따라 인생의 성공과 실패를 판단하며, 일상에 매몰되어 살아갈 뿐, 자신의 삶과 죽음에 대해 궁극적인 관심을 기울이지 않는다. 우리 생활의 매 순간은 동시에 죽음을 향해 나아가는 순간이므로, 가장 단순하고 평범한 시기가 바로 가장 두려운 시기인 것이다.

이반은 자신이 죽음을 피할 수 없다는 것을 직감하고는 자신에 대한 가족들의 무관심에 분노한다. 한편으로는 곧 죽을 것이라는 사실을 부인하며 두려워하고 소심해진다. 또한 '아무도 죽음이 무엇인지 알려고 하지 않고, 가족 누구도 나에게 아무런 동정심도 느끼지 않는다.'며 절망한다. 이반을 통해 우리는 말기환자가 죽음을 앞두고 표출하는 두려움, 불안, 분노, 질투, 고립감, 침울, 절망 등 극히 복잡한 부정적 심리 상태를 읽을 수 있다. '죽음을 향해 나아가는 존재'로서 자신의 죽음이 앞에 닥치게 되면 비로소 죽음의 실체와 의의에 대해 성찰하게 된다는 사실 또한 알 수 있다.

이반은 고독과 하나님의 잔혹함을 느끼고는 하나님에게 "왜 이렇게 저를 대하십니까? 왜 저를 이 세상에 데려오셨나요?"라며 흐느낀다. 이반의 이러한 정신 상태는 로스의 세 번째 단계인 거래의 단계로는 설명되지 않는 상태다. 그러나 이반과 같은 원망이든, 로스가 관찰한 거래든 죽음을 환원할 수 있는 실질적인 방법은 못 된다.

　불쌍한 불치병 환자 이반은 생명이 다하는 마지막 순간에 사랑과 미움, 희망과 절망 사이에서 방황을 거듭하다가 최후의 순간 마침내 '죽음을 향해 나아가는 존재'란 바로 이런 것이구나, 하고 깨닫는다. 이러한 실존적 깨달음을 얻는 순간, 죽음이 있던 자리에 한 줄기 빛이 나타나는 것을 본다. 톨스토이는 인간 존재에 희망을 걸었던 것일까? 죽음을 거부하고 주위를 원망하며 분노하던 이반이 갑자기 빛을 보았다는 부분이 다소 생뚱맞게 느껴진다. 그러나 깨달음의 영역은 보편적인 것이 아니기도 하고, 또 주위에서 죽음을 앞두고 갑작스럽게 하나님을 영접했다며 크리스천이 되기도 하는 걸 보면, 그럴 수 있다고 이해되기도 한다. 동시에 이반은 공포, 불안, 분노, 고통, 고독, 절망 등의 부정적인 정신 상태를 극복하고 타인에게 관용을 베풀며, 하나님께 용서를 빈다. 죽기 직전 그는 "바로 이거야! 이렇게 좋을 수가!"라고 외치며 숨이 끊어지는 마지막 순간에 "이제 죽음은 끝났어. 더 이상 존재하지 않아."라며 숨을 헐떡이며 자신에게 말한다.

　『이반 일리치의 죽음』에서 작가는 독자에게 아무런 설교도 하지 않지만 인간의 삶과 죽음에 대한 무궁한 암시를 남긴다. 이반이 보이는 고통 속 몸부림과 끝내 한 줄기 빛을 통해 죽음을 수용하고 기쁘게 떠나는 모습은 인간의 참모습을 상징하는 것이라 생각된다. 톨스토이는 소설을 통해 삶의 마무리를 어쩔 수 없이 받아들이는 이반처럼 살지 말고 평소에 삶과 죽음의 문제에 대해 성찰하고 영성의 필요성과 급박성에 대해 성찰하라고 간결하며 담담하게 말한다.

　'나의 죽음'이 닥쳐오기 전에 앞서 죽음을 성찰하고 삶의 태도를 변화시키는 것은 실로 어려운 일이다. 이반의 죽음을 전해 들은 동료들의 심리 반응도 "다행히 내가 아니구나."라는 생각이었다. 그러나 죽음 인식은 다른 무엇보다도 삶을 변화시키는 강력한 수단임이 틀림없다. 평소에 인간 실존의 본래성을 인식하면서 자신의 내면의 모습에 부응하면서 살 수 있도록 해야 한다. 삶은 유한하며, 우리는 떠날 때 누구든 빈손으로 간다는 것을 새록새록 되새길 필요가 있다. 그래야 세속적 욕망에 덜 시달리고 존재 자체의 기쁨을 더 많이 느끼는 삶을 더 풍요롭게 살아갈 수 있다.

뭉크의 그림에 나타난 죽음의 이미지

박아르마

노르웨이 화가 에드바르 뭉크(Edvard Munch)는 현대 유럽 미술에서 회화 작품을 통해 죽음과 불안, 공포라는 주제를 가장 분명하게 드러낸 작가다. 그의 대부분의 작품들은 밝고 화려한 색채가 사용되었을 때조차 불안과 두려움, 죽음의 공포에 사로잡혀 있는 인물들이 등장한다. 이는 그의 성장과정, 즉 가족사와 무관하지 않다.

뭉크는 다섯 살이 되던 해 어머니를 결핵으로 잃는다. 뭉크의 유일한 누이 역시 결핵으로 청소년기에 죽는다. 어머니와 누이의 죽음은 단지 일회적인 사건이 아니라 그의 전 생애와 작품 세계 전체를 지배할 정도로 큰 슬픔과 충격으로 남았다. 어린 시절 병약한 체질이었고 가난에 시달렸다는 현실도 그의 죽음에 대한 공포와 불안을 가중시켰을 것으로 생각된다. 아버지의 강박적 성격도 그가 어린 시절의 정신적 불안을 극복하지 못하고 평생 정신질환에 시달리게 된 요인으로 작용했을 것이다.

우리는 뭉크의 그림을 통해 영유아기와 청소년기에 겪는 죽음과 관련된 경험이 트라우마로 남아 어린 시절뿐 아니라 한 사람의 일생을 지배하고 있음을 확인할 수 있다. 죽음의 트라우마는 단순한 슬픔이나 일정 기간 나타났다가 사라지는 단기간의 스트레스가 아니라 한 사람의 삶 전체에 부정적인 영향을 끼치고 극단적인 경우 자살, 정신질환,

뭉크의 대표작
〈절규〉1893년 작

뭉크의 대표작인 〈절규〉는 화가가 가장 사랑한 작품으로 손꼽힌다. 우선 그림을 보면 일몰의 타는 듯한 강렬한 색채와 검은 수면의 대비, 직선으로 뻗은 다리 난간이 눈에 들어온다. 사람의 형태를 지니고 있지만, 너무나 단순화되어 그저 형태뿐인 인물의 공포에 질린 표정은 그야말로 '소리 없는 아우성'이 캔버스 밖에서도 들릴 정도다.

불안과 두려움, 공포가 뚝뚝 묻어나는 이 작품은 작가가 어떤 인물의 현실을 그렸다기보다는 자신의 내면을 있는 그대로 드러내 보였다는 해석이 가능할 정도로 그의 정신적 혼란 상태를 고스란히 투사하고 있다.

일상생활 부적응 등으로 나타날 수 있다

영유아기는 보호자의 기본적인 양육이 이루어진다면 정신적·육체적 욕구가 충족되는 시기다. 죽음교육의 측면에서 보면, 죽음에 대한 인식은 아직 고려되지 않을 것이다. 아동기에 이르게 되면 애완동물의 죽음, 책 읽기와 영상 매체 등을 통한 죽음의 간접체험, 조부모 세대의 죽

뭉크의 〈병든 아이
(L'enfant malade)〉,
1885~1886년 작

우리는 이 작품에서 병상에 누운 아이의 창백한 얼굴과 어머니로 보이는 여인의 절망스러운 몸짓
을 보게 된다. 초점이 없어 보이는 아이의 시선과 고개 숙인 여인의 어깨에서 희망은 전혀 보이지
않는다.

어린 시절 어머니의 죽음에 이어 누이의 죽음을 목격한 뭉크에게 죽음의 그림자와 불안, 절망스러
운 삶은 어쩌면 그의 내면 그 자체였을지도 모르겠다.

음, 드물게는 부모의 죽음을 경험하게 된다. 아동기의 죽음에 대한 인
식은 아직 추상적이며 현실의 죽음과 거리를 두고 있기 때문에 이들에
대한 인지적·심리적 연구는 직·간접적 관찰과 검사방법이 따라야 한다.
청소년기의 죽음에 대한 경험은 아동기와 근본적인 차이는 없을 것이
다. 다만 이들 세대는 죽음의 생물학적·사회적·정신적 의미를 이전 세대
보다 상당히 구체화할 것이다. 특히 이들 세대에게는 죽음에 관한 사회
적 책임보다 개인적 치유가 중요한 문제가 될 것이다.

유아기부터 아동기까지의 죽음교육은 가정에서의 교육이 중심이 되어야 한다. 부모는 어린아이가 가장 빈번하게 체험할 수 있는 애완동물의 죽음을 통해 죽음의 의미를 자연스럽게 이해하도록 도울 수 있다. 친인척의 장례식 참여, 종교 교육, 책 읽기와 같은 문학교육 등의 간접체험을 통해서도 죽음교육은 가능하다. 다만 아동이 부모의 죽음을 직접 겪는 경우 죽음교육은 보다 현실적인 의미를 지니게 되며, 상처 치유 차원에서도 이루어져야 한다. 청소년기의 죽음교육은 죽음에 대한 인식이 구체화되므로 부모의 죽음, 자살, 사고사 등의 죽음의 형태별 교육, 죽음의 종교적, 철학적 이해, 죽음의 해석 차원에서의 교육도 요구된다. 뿐만 아니라 죽음을 객관화하여 바라보고 해석할 수 있도록 글쓰기, 대화 등을 통한 간접체험도 적극적으로 이루어져야 한다.

뭉크의 어린 시절의 죽음에 대한 경험과 그의 작품을 통해 보았듯이 죽음의 경험, 특히 아동기의 죽음에 대한 경험은 한 사람의 일생에 상처로 남고 이후의 삶에도 부정적인 영향을 끼치게 된다. 따라서 죽음교육의 필요성은 어린아이라고 예외가 될 수 없을 것이다.

영화 「굿바이」에 나타난 죽음

박아르마

　　일본영화 「굿바이」에는 동양적인, 특히 일본인의 죽음에 대한 생각이 잘 드러나 있다. 영화는 장례지도사를 주인공으로 하여 사람들의 죽음에 대한 인식과 태도, 죽은 사람과 작별하는 장례 절차 등을 보여준다. 또한 장례지도사인 주인공의 눈을 통해 주검과 장례식, 고인의 가족들이 보여주는 죽음에 대한 태도 등을 현실적으로 보여준다. 특히 이 영화에는 죽음을 완전히 끝이 아니라 한 세상과 작별하고 다른 세상으로 가는 새로운 시작으로 인식하는 불교적 세계관이 나타나 있어 흥미롭다.

　　영화는 오케스트라 단원이 실직을 하고 새로운 일자리를 찾아 나서면서 이야기가 시작된다. 그는 '나이 무관, 고수익 보장'이라는 문구의 구직

납관을 맡은 주인공이 고인의 얼굴을 분장하는 장면(출처: 영화사 포스터)

광고를 믿고 회사에 지원하여 신입사원이 된다. 실제 그가 하게 된 일은 '납관' 업무인데, 시신을 수습하여 장례를 치를 수 있게 도와주는 '장례지도사'다. 처음 그는 스스로도 자신이 맡게 된 일을 곤혹스럽게 생각하고 더구나 가족에게는 무슨 일을 하게 되었는지 말을 하지 못한다.

하지만 그는 선배 장례지도사가 정성스럽게 납관 일을 하고, 단순히 업무적으로 일을 처리하는 것이 아니라 남은 가족의 마음까지 헤아려 가면서 염을 하는 모습을 보고 마음에 변화가 생기기 시작한다. 그는 장례지도사로서 많은 죽음을 목격하고 고인의 가족을 만나면서 점차 자신이 하는 일이 소중하다는 것과 죽은 사람을 정성스럽게 보내는 일은 곧 남은 가족의 마음을 위로하고 산 자와 죽은 자의 이별을 돕는 일이라는 것을 깨닫게 된다.

이 영화에서 인상 깊은 장면 중 하나는 아내를 잃은 고인의 남편이 장례지도사가 정성스럽게 염을 하고 시신의 얼굴에 단장을 끝내자 잠시 죽음의 충격에서 벗어나 마음에 위안을 얻는 상황이다.

"오늘 아내는 지금까지 제가 본 중에 가장 예뻤습니다. 고맙습니다."

고인의 남편이 죽은 아내의 단정해진 얼굴을 보고 마치 살아있는 아내의 모습을 본 것처럼 감동을 받아 한 말이다. 이와 같이 장례 의식은 단순히 죽은 사람을 입관하고 매장하는 의례적인 절차가 아니라 산 사람을 위로하고 가족과 가까운 사람들이 비탄을 넘어 정화된 마음으로 작별하기 위한 과정이다. 또 하나 인상적인 장면은 염습 과정에서 모든 가족이 고인과 작별하는 의식에 참여한다는 것이다. 그 과정에는 물론 어린아이도 포함된다. 우리나라의 경우 대개 어린아이에게 시신을 보여주는 일은 흔하지 않기 때문에 일본의 아이들이 가족의 죽음을 자연스럽게 보고 받아들이는 장면은 다소 놀라운 일이었다. 영화 주인공도 어려서 아버지의 장례 때 같은 장면을 목격했고 자신이 장례지도사가 되어 그때의 기억을 되살릴 수 있었다.

다음으로 영화에서 일본인들의 죽음관을 말해주는 대사를 찾아볼 수 있다. 동네 목욕탕 단골 노인은 아내를 떠나보내며 아주머니들에게 이렇게 말한다.

"죽음은 문이야. 문을 열고 나가면 다음 세상으로 가는 거지. 그래서 죽음은 문이라고 생각해."

즉, 죽음은 완전한 단절이 아니라 새로운 세계로 떠나는 것이며 삶과 죽음은 하나라는 죽음관이 나타나 있다. 또한 불교의 윤회사상이 은연중에 나타나 있기도 하다. 불교의 죽음관은 세계를 환영으로 보고 인생을 고해로 간주하며 업보 윤회설을 토대로 차안의 세계와 피안의 세계를 나눈다. 그런 다음 생사윤회가 끊이지 않는 고통으로 점철된 차안의 세계를 떠나 열반해탈의 세계인 피안의 세계로 가야 한다고 주장한다. 우리가 죽음을 두려워하고 때로는 공포로 받아들이는 이유도 세상과의 완전한 단절, 사랑하는 사람들과의 이별 때문일 것이다. 따라서 죽음을 완전한 단절이나 존재의 소멸이 아닌 이승에서의 이별과 다른 세상에서의 재회로 보는 가치관은 남은 사람에게는 물론 죽음을 앞두고 있는 사람에게도 큰 위안이 될 것이다.

영화 「굿바이」는 고인과의 작별 의식인 장례 절차, 고인을 보내고 남은 가족을 위로하는 과정, 죽음을 완전한 단절로 보지 않는 죽음관 등을 펼쳐 보이고 죽음에 대해 성찰하게 하여 현재의 삶에 대한 사랑을 가르쳐준다.

한국 대중가요에 나타난 죽음

안상윤

대중가요는 그 시대를 살아가는 대중들의 공통적인 느낌과 감정을 대변하고 있다는 점에서 사회 분위기를 반영하는 거울이라고 할 수 있다. 음악이나 노랫말을 연구하는 학자들에 따르면 음악은 다양한 차원에서 죽음과 관계를 맺고 있다. 음악을 구성하는 음, 리듬, 멜로디, 화성, 음색, 그리고 노랫말의 구성과 운영에 따라 죽음에 대한 애도, 예고, 고발 등 다양한 느낌을 주는 연출이 가능하다. 직접적으로 죽음을 형용하는 가사는 사용된 단어와 문맥, 전달하고자 하는 메시지에 따라 듣는 이들에게 죽음에 대한 다양한 감정과 느낌을 불러일으킨다.

한국의 대중가요 발달사 과정에서 이바노비치 작곡의 '다뉴브강의 잔물결'에 윤심덕이 작사하고 노래를 부른 '사의 찬미'는 음반 취입 후 윤심덕과 김우진이 동반자살을 함으로써 사회적으로 반향을 불러일으켰다. 음악계의 입장에서는 대중가요 음반의 생산을 부추기는 계기가 된 것으로 기록되어 있다. '사의 찬미' 가사는 다음과 같다

광막한 광야에 달리는 인생아 / 너에 가는 곳 그 어데이냐 / 쓸쓸한 세상 험악한 고해에 / 너는 무엇을 찾으려 하느냐 / 눈물로 된 이 세상이 / 나 죽으면 고만 알까 / 행복 찾는 인생들아 / 너 찾는 것 허무 / 웃는 저 꽃과 우는 저 새들이 / 그 운명이 모두 다 같구나 / 삶에 열중한 가련한 인생아 / 너는 칼 우에 춤추는 자도다 / 허영에 빠져 날뛰는 인생아 / 너 속였음을 네가 아느냐 / 세상에 것은 너에게 허무니 / 너 죽은 후는 모두 다 없도다.

일제 강점기인 1926년 8월에 발매되기 시작한 윤심덕의 '사의 찬미' 음반은 가수가 자살을 하여 젊은이들과 음악인들 사이에서 죽음 신드롬이 일었다. 평양의 넉넉지 못한 기독교 집안에서 태어난 윤심덕은 일본에 유학을 다녀온, 당시로써는 시대를 앞서가는 신여성이었다. 그녀는 가정의 경제적 안정과 동생들의 학업을 위해 치열하게 일하면서 서른 살까지 미혼으로 살았다. 그리고 서른 살에 자살을 선택했다. 당시 신문을 비롯한 여러 보도매체는 애인 김우진과 함께 대한해협의 남쪽과 일본 규슈 북서쪽 사이에 있는 바다인 현해탄에 뛰어들어 자살한 것으로 보도하고 있다. 훗날 그녀를 보았다는 사람도 있지만 그날 이후 그녀의 사회적 활동 행적은 전혀 나타나지 않고 있다. 마치 자신의 죽음을 찬미하듯 '사의 찬미'를 부르다 죽었다.

윤심덕의 자살은 당시 '사의 찬미'라는 노래의 귀결을 말하는 것이라는 분석들이 많다. 말하자면, 당시 일제 강점기에 선진국 유학을 다녀온 신세대 여성으로서 치열한 삶의 투쟁을 전개해 보지만 여성으로서의 한계, 또 경제적 한계에 부딪혀 그녀가 바라는 이상적인 삶을 살지 못하여 좌절할 수밖에 없었을 것이라는 해석이다.

노래의 첫 구절이 말해주는 것처럼 그녀는 자신의 인생을 '광막한 광야를 달리는' 고난으로 인식하고, 결국에는 '눈물로 된 이 세상이 나 죽으면 고만 알까'라는 결론에 도달할 수밖에 없었던 것이리라. 오히려 유학을 가지 않았더라면 다른 여성들과 마찬가지로 체념이 미덕이라는 가치관 속에서 평범한 삶을 살아갈 수 있었겠지만, 각성된 엘리트였기에 당시 나라가 처한 상황이나 자신이 처한 답답하고 불행한 상황으로 인하여 걷잡을 수 없는 허무에 빠져들고 그것이 자살에 이르도록 했을 것이다.

윤심덕은 젊은 나이에 허무하게 죽었으나 그의 죽음이 한국의 근대기 대중가요를 활성화하는 데 기여한 것만은 분명하다. 우선 음반시장을 활성화하는 데 기여했다는 평가가 일반적이다. 윤심덕의 노래를 듣기 위해 음반을 사는 소비자가 증가했고, 그와 더불어 죽음이라는 주제가 대중가요의 인기에 영향을 미치는 중요한 요소로 부각되었다는 점이다. 말하자면, 죽음을 주제로 잘만 노래를 부르면 돈도 벌 수 있게 된 것이다. 당연히 음악인들은 사회적 분위기를 반영하여 대중의 가슴을 찡하게 울릴 수 있는 죽음을 주제로 채택하여 곡을 쓰고 가사를 만드는 노력을 하게 되었다.

1980년에는 아버지의 죽음을 기리는 애절한 노래 한 곡이 발표되었다. 그것은 정태춘의 '사망부가'라는 노래다. 정태춘은 평소 서정성과 사회성을 모두 아우르는 노랫말을 직접 쓰고 이를 국악적 특색이 녹아 있는 자연스러운 음률에 실어서 노래를 발표해 한국의 대표적인 음유시인으로 불리기도 한다. '사망부가' 역시 그러한 맥락에서 탄생하고 불렸다.

저 산 꼭대기 아버지 무덤 / 거친 베옷 입고 누우신 그 바람 모서리 / 나 오늘 다시 찾아가네 / 바람 거센 갯벌 위로 우뚝 솟은 그 꼭대기 / 인적 없는 민둥산에 외로워라 무덤 하나 / 지금은 차가운 바람만 스쳐 갈 뿐 / 아, 향불 내음도 없이 / 갯벌 향해 뻗으신 손발 시리지 않게 / 잔 부으러 나는 가네.

저 산 꼭대기 아버지 무덤 / 모진 세파 속을 헤치다 이제 잠드신 자리/ 나 오늘 다시 찾아가네 / 길도 없는 언덕배기에 상포자락 휘날리며 / 요랑 소리 따라가며 숨 가쁘던 그 언덕길 / 지금은 싸늘한 달빛만 내리비칠 / 아, 작은 비석도 없는 / 이승에서 못다 하신 그 말씀 들으러 / 잔 부으러 나는 가네.

저 산 꼭대기 아버지 무덤 / 지친 걸음 이제 여기와 홀로 쉬시는 자리 / 나 오늘 다시 찾아가네 / 펄럭이는 만장 너머 따라오던 조객들도 / 먼 길 가던 만가 소리 이제 다시 생각할까 / 지금은 어디서 어둠만 내려올 뿐 / 아, 석상 하나도 없는 / 다시 볼 수 없는 분 그 모습 기리러 / 잔 부으러 나는 가네.

'사망부가'는 1980년 1월 30일에 발표되었다. 망부(亡父)는 돌아가신 아버지를 가리키는 말이고 사(思)는 생각한다는 말이다. 즉, 돌아가신 아버지를 생각하며 만든 노래다. 이 노래를 듣노라면 누구든지 가슴 한 쪽이 저릿한 느낌을 받는다. 지금까지도 많은 사람들이 자신의 돌아가신 아버지를 생각하며 듣는 노래다. 정태춘은 음악활동에만 그치지 않고 각종 문화 및 사회적 변화를 추구하는 운동에도 열성적으로 헌신하는 운동가로도 알려져 있다.

1999년에는 가수 자우림이 고통받고 학대받다가 죽은 아이들의 아픔을 달래고 넋을 기리는 사회 고발적인 노래 '낙화'를 불렀다.

모두들 잠든 새벽 세 시 나는 옥상에 올라왔죠 / 하얀색 십자가 붉은빛 십자가 우리 학교가 보여요 / 조용한 교정이 어두운 교실이 / 엄마, 미안해요 / 아무도 내 곁에 있어 주지 않았어요 / 아무런 잘못도 나는 하지 않았어요 / 왜 나를 미워하나요? / 난 매일 밤 무서운 꿈에 울어요 / 왜 나를 미워했나요? / 꿈에서도 난 달아날 수 없어요 / 사실은 난 더 살고 싶었어요 / 이제는 날 좀 내버려 두세요 / 사실은 난 더 살고 싶었어요 / 이제는 날 좀 내버려 두세요 / 모두들 잠든 새벽 세 시 나는 옥상에 올라왔죠 / 하얀색 십자가 붉은빛 십자가 우리 학교가 보여요 / 내일 아침이면 아무도 다시는 나를 나를…

'낙화'는 1999년 2월에 발표한 곡으로 자우림의 노래 중 가장 어둡고 사회 고발적인 노래로 알려져 있다. 처음에 시작하는 가사, '모두들 잠든 새벽 세 시 / 나는 옥상에 올라왔죠 / 하얀색 십자가 붉은빛 십자가 우리 학교가 보여요 / 조용한 교정이 어두운 교실이 / 엄마, 미안해요 / 아무도 내 곁에 있어 주지 않았어요'처럼 정말 어두운 세상, 막다른 골목에서 몸과 정신을 짓밟히면서 오도 가도 할 수 없는 어린 청소년들이 자살에 이르는 막막한 분위기를 그대로 전달해주고 있다는 느낌을 받는다. 죽어가면서 속삭이는 듯한 '엄마, 미안해요'라는 한마디는 부모보다 먼저 가는 불효를 용서받으려는 애절함으로 부모들의 마음을 찢어 놓기에 충분하다.

죽음으로 해결할 수밖에 없는 어른들의 무조건적인 일류 지향에 대한 압박과 걷잡을 수 없이 번지는 학교폭력 속에서 어린 학생들이 탈출구를 찾지 못하고 무참히 죽어가는 현실을 보면서 자우림은 노래로 고발하고자 했으리라. 이 노래는 당시 방송용으로는 불가하다는 판정을 받기까지 했다. 실제로 이 노래 가사에 온통 못다 핀 청춘의 죽음에 대한 한이 서려 있지만, 뮤직비디오조차 검은 배경, 검은 옷, 검은 조명, 검게 내리는 빗물까지 모두 죽음과 죽음보다 더 지독한 지옥을 연상케 하기에 충분했다.

자우림이 이 노래를 부르게 된 배경은 멤버 김윤아의 어릴 때 꿈이 아동심리치료사였고, 어린 학생들이 학교폭력으로 목숨을 잃고, 그로 인해 부모와 친구 등 많은 사람들이 엄청난 슬픔에 울고 있지만, 관계자들은 사건을 감추기에만 급급한 현실에 분노를 느끼게 되었다고 한다. 하지만 자신은 어떤 도움도 줄 수 없는 무기력한 음악인인이라는 생각 속에서 '낙화'가 탄생했다고 한다. 사회적 죽음의 사건들은 이와 같이 전 세계적으로 의식 있는 음악인들에 의해 노래로 고발되고 있기도 하다.

1997년에는 그 누구도 예상하지 못했던 IMF 구제금융 사태가 발생한다. 한국경제가 계속 발전할 것으로만 알았던 대중들에게 IMF는 희망 찬 미래에 대한 기대를 인내로 바꾸는 변곡점이 되었다. 구조조정과 해고의 광풍이 몰아치는 가운데 대학을 졸업한 20대 청춘들이 안착할 좋은 일자리는 사라지고 비정규직, 임시직, 아르바이트로 생계를 이어가야 하는 참담한 현실이 그들을 기다리고 있었다. 희망으로 가득 차 있던 한국이 기성세대의 이기심과 갈등, 그리고 리더십의 부재 속에서 지옥의 나라로 바뀌었다. 이런 세태를 반영하듯 2000년대 이후에는 힘든 삶을 사는 대신 자살을 부추기거나 암시하는 노래들이 등장하고 있다. 이들 노래는 트로트의 형식에서 벗어나 있지만 젊은 대중들의 마음을 사로잡는 대중가요임에는 틀림이 없다.

2000년 12월에 발매된 야다의 노래 '진혼'은 사랑하는 그녀가 죽고 난 뒤 그녀를 그리워하고 넋을 기리는 듯한 노래이지만 그 슬픔을 주체할 수 없어 본인도 차라리 같이 죽어 그녀의 곁으로 가고 싶어 하는 절절함이 곡 전반에 배어 있다.

2003년 2월에 발표된 푸른 새벽의 노래 '푸른 자살'은 당시 20대 청춘들의 고달픈 현실을 그대로 담고 있다. 20대들은 고달픈 현실을 잊기 위해 푸른 새벽의 그 노래를 들었다. 2000년대 이후의 한국 청춘들의 정서를 묻는다면 이 앨범을 슬쩍 내밀어주면 된다고 할 정도로 그들이 느끼는 고통의 정서를 반영한 노래다. 그러나 푸른 자살은 죽음에 관한 노래이긴 하지만 가사 하나하나의 의미와 푸른 새벽의 보컬이 만나 희망적인 메시지를 전하고 있다. 노랫말에 대한 해석은 대중들 각자의 몫이겠지만 젊은이들이 이 노래를 듣는 이유가 삶이 힘들기 때문이라는 말에는 주목할 필요가 있다.

> 지나간 시간들은 / 아직도 내게 잔인해 / 내 몸은 할 일 없이 / 하루하루를 견뎌내 / good bye 내 안의 날 / good bye 날 없게 해 / good bye 내 안의 날 / good bye 날 없게 해 / 지나간 시간들은 / 아직도 내게 잔인해 / 내 몸은 할 일 없이 / 하루하루를 견뎌내.

오늘날 우리 사회에서 애창되고 있는 노래들을 연구한 보고서들은, 2000년대 이후 젊은이들이 즐겨 듣는 발라드 가요에서 죽음이 자주 등장한다고 보고한다. 노래 가사의 주인공들이 사랑을 하다가 죽었다는 설정이 중심을 이루고 있고, 죽은 주인공들은 저승에서나마 이 세상에 남아 있는 애인들을 바라보며 변치 않는 사랑을 맹세하는 내용이다. 이와 같은 노래들의 주제와 메시지는 분명 현실감 없는 가상의 설정이다. 그렇다면 젊은이들의 노래인 발라드는 왜 이런 현실감 없는 내용으로 대중들의 마음을 사로잡으려 하는가? 그것에 대한 해석은 두 가지로 나누어진다. 하나는 인간사회에서 영원한 사랑은 없지만, 그래도 현실에 있는 동안만이라도 꿋꿋이 진정으로 사랑하자는 인간 본성의 한계성을 그리고 있는 것이다. 또 다른 하나의 해석은 모든 인간은 죽음 앞에서 순수해질 수밖에 없다는 것이다. 아직 때 묻지 않은 젊은 청춘들의 눈으로 볼 때 오늘날 우리 사회의 현실은 공정 경쟁의 장이라기보다는 혼탁하고 추잡하고 더럽혀져 있고, 그런 환경은 인간이 살 수 있는 공간이 아니라는 시각이다. 따라서 이런 더러운 사회에 발을 붙이고 사는 것보다는 죽음이 더 값질 수 있다는 아주 이상적인 관점이다.

죽음 앞에서는 누구나 잠시라도 순수해지지 않는가? 순수한 젊은이들의 죽음을 통해 혼탁한 기성세대의 감정이입을 통한 반성이라도 촉구하는 듯하다. 결국 오늘날 젊은이들 사이에서 음미되는 대중가요에 나타나는 '죽음'의 의미는 바로 추악한 부자는 바라지 않으니 순수하고 소박한 행복을 추구하는 삶이라도 살고 싶다는 지극히 인간적인 열망이 담겨 있다고 보아야 하지 않을까 싶다.

4

이별 준비:
행복한 죽음은 행복한 삶에서

어떻게 이별을 준비해야 할까?

김문준

탄생과 죽음은 우주의 섭리다. 그러나 인간은 생명을 지닌 존재로서 살기를 좋아하고 죽기를 싫어한다. 누구든 싫어하는 죽음 앞에 의연할 수는 없으나 탄생과 마찬가지로 언젠가는 죽음을 맞이할 것이다. 이왕이면 지혜롭게 죽음을 맞이해야 한다.

죽음을 졸지에 맞는 일은 안타까운 일이다. 전혀 예측하지 못하고 갑작스러운 사고로 사망하는 경우가 아니라면 미리 자신과 가족의 죽음을 대비하는 지혜로운 자세가 필요하다. 우리는 죽음을 두려운 적으로 대하면 안 된다. 죽음을 자신의 삶을 더욱 알차고 슬기롭게 살 수 있도록 하는 전환점으로 삼을 수 있다. 그러므로 의연하게 죽음을 맞은 사람들의 생애와 남긴 말을 통해 자신의 인생을 되돌아보는 시간이 필요하다.

스티브 잡스는 이런 말을 남겼다. "삶이 만든 최고의 발명은 죽음이다. 죽음은 삶을 대신해 변화를 만든다. 다른 사람의 삶을 사느라 시간을 낭비하지 말라. 가장 중요한 것은 가슴과 영감을 따르는 용기를 내는 것이다."

우리는 다른 사람들의 죽음을 통하여 자신의 생을 보다 가치 있게 대하게 된다. 삶에 대해 겸손해지고, 때로는 종교와 믿음에 대해 깊이 사유하고, 생사를 넘어선 경지에 관해 신에게 의지하거나 영성에 대한 깨달음을 얻고자 노력하기도 한다.

자신의 죽음을 떠올린다 하여, 이 세상에서 자신이 내일 당장 사라진다고 생각할 필요는 없다. 죽음은 단지 이 세상과 끊임없이 이루어지던 관계 생성을 멈추는 것이다. 죽음은 내 생명의 소멸이지만 내가 사망한 후에도 나의 흔적이 이 세상 많은 곳에 남아 있다. 가족이나 친지가 사망한 뒤에도 그와 함께했던 흔적은 그가 사망한 뒤에도 여전히 나와 함께 남아 있지 않은가? 그들의 유품이나 사진 등 그 사람이 남긴 자취는 우리 주변에 남아서 남겨진 사람에게 그가 살았을 때 그와 소통한 기억을 지속하게 한다.

우리 주변에는 망자의 유품을 애써 없애려는 사람들도 있고, 반대로 그를 기억하기 위해 보관하고 유지하려고 애쓰는 사람도 있다. 때로는 뜻밖의 장소나 상황에서 그의 삶의 자취나, 그와의 소통 통로를 만나기도 한다. 유품이나 사진뿐 아니라 요즘에는 통신기술이 발달하여 당사자는 사망해도 그가 살아있을 때 만든 블로그, 카카오톡, 페이스북 등 각종 SNS가 그대로 남아 있다.

평소 친분이 있던 이가 죽음을 맞이했다. 그가 사망한 지 몇 달이 지났지만, 어느 날 문득 그와의 연결고리가 아직 나의 전화기에 남아 있음을 발견했다. 카카오톡에 아직 그의 자리가 사라지지 않고 남아 있었다. 처음에는 신기하기도 했다. 누가 그 사람의 핸드폰을 아직 사용하고 있나? 그의 가족이나 자식들이 아직 핸드폰을 살려두고 있는 건가? 핸드폰을 미처 없애지 못하고 있나? 아니, 그가 사망했다는 소식이 사실인가? 그 사람의 사망 소식이 거짓일 리가 없겠지만 나는 아직 내 핸드폰에 남아 있는 그와의 소통 통로 때문에 잠깐 그의 죽음에 대한 확신이 흔들렸다. 기어이 핸드폰에 남겨져 있는 그의 카카오톡에 소식을 남겼다. 그는 평소 내가 하는 일에 많은 도움을 주었던 사람이고, 또한 다른 사람을 위해 좋은 일을 많이 하려고 노력했던 사람이었다. 그래서 이렇게 적었다.

'하늘나라에서는 편히 쉬고 계신가요? 저를 여러모로 많이 도와주셨고 좋은 말씀도 많이 해주셨는데 참 고마웠습니다. 부디 영면하소서.'

물론 답장은 받지 못했다. 아니, 한 달째 아무도 확인하지 않았다는 '1'자 표시가 사라지지 않는 상태로 남아 있다. 여전히 그는 나에게 응답이 없다. 죽음이란 더 이상 소통을 못하는 일이 분명하다. 죽음이란 그가 있던 자리에서 사라지는 일이다. 나와 그의 소통이 더 이상 불가능하다는 뜻이기도 하다.

그가 자신의 죽음을 예견한 것은 10년 전의 일이었다. 그는 승진을 앞두고 직장에 제출할 건강검진 확인서가 필요했다. 그래서 병원에 가서 건강검진을 받았는데, 검진 결과 폐암 판정을 받았다. 진단 결과를 처음 들었을 때 그는 금방 숨이 넘어갈 것 같은 공포로 무척 두려웠다고 한다. 그리고 남겨진 일도 모두 걱정투성이였다고 한다. 그래서 노모에게는 전하지도 못하고 아내와 자식에게만 자기가 죽을 경우를 대비하라는 암시를 주었다고 했다. 그러나 치료를 받으면서 3년 후 재검에서 감사하게도 걱정 없이 장수하겠다는 진단 결과를 들었다. 그는 가까운 선후배들을 초대하여 자리를 만들었고, 나도 축배를 들던 그 자리에 참석했던 기억이 난다. 그 후로 그는 7년을 더 살고 저세상으로 떠났다.

90세를 지나 100세를 사는 인생도 평범한 일로 생각되는 요즘 시대에, 그는 고희도 못 넘겼으니 장수한 것은 분명 아니다. 하지만 나는 그가 여한이 없는 죽음을 맞이했으리라고 확신한다. 그는 임종 몇 달 전까지도 후진 양성을 위하여 강단에 설 정도로 왕성한 사명감과 남다른 열정을 보였다. 뿐만 아니라 자신과 타인에게 철저히 친절했다. 그리고 시를 좋아하던 그는 자신의 작품 세계에서 이전보다 더 좋은 글을 많이 남겼으며 깊은 정신세계를 공유하는 벗들을 사귀었다. 발병하여 10년이라는 기간을 헛되이 살지 않고 알차게 살면서 충분히 죽음을 준비했으리라 여겨진다. 이러한 일을 경험하면서 죽음까지가 아니라 죽은 뒤 남겨질 좋은 기억을 만들어야겠다는 생각이 들었다

반면, 죽은 후는 물론 살아있을 때조차 다른 사람과 소통 없이 살다가 고독하게 사망하는 사람도 늘어 가고 있다. 우리 사회에 25%에 이르는 사람들이 1인 가구로 살고 있다. 갈수록 1인 가구 비율이 점점 늘어나는 추세다. 또 적절하게 자신의 죽음을 준비하지 못한 채 외롭게 고독사를 맞이하는 사람도 늘어나고 있다.

얼마 전 한 웹툰이 주목을 받은 적이 있다. 웹툰 주인공의 직업은 죽은 자의 흔적을 지우는 사람이다. 혼자 살다가 죽은 사람이 살았던 집과 가구, 물품을 정리하고 소독하는 일을 하는 주인공이 내레이션을 한다. 그런 일은 앞으로 누구에게나 있을 수 있는 일이지만 나만은 피해가고 싶다. 내가 죽고 난 후 누가 나의 장례를 맡고 내 흔적들을 정리할 것인가에 대한 걱정이 들었다. 이러한 이야기들이 이제 우리 주변에 흔히 일어나고 있다. 우리가 사는 생활문화와 형태와 의식이 바뀌면서 예기치 못한 삶의 양상이 늘어가고 이에 따른 불안이 점차 커지고 있다.

그렇기에 우리는 자신의 죽음을 준비해야 한다. 그것은 자신의 책임이기도 하다. 스스로 자신의 소통 통로를 정리하고 삶의 흔적을 정돈해야 한다. 사랑하는 사람들과 시간을 두고 합의하면서 주변을 정리해야 한다. 이는 자기 자신에 대한 배려이며, 남은 사람들에 대한 예의일 것이다.

따라서 누구든 일부러 소중한 시간을 할애하여 죽음을 예상하고 자신의 일생을 정리해 보는 것은 중요한 일이다. 과거에 선비들은 다른 사람의 묘비명을 많이 썼을 뿐 아니라, 자신의 묘비명을 직접 쓰기도 했다. 오늘날 우리들은 묘비명을 잘 쓰지 않는데, 자신의 묘비명을 어떻게 쓸 것인지 스스로 준비하면 어떨까? 수의를 미리 만들어 두면 오래 산다는 믿음처럼 묘비명을 미리 써 두면 죽음을 맞닥뜨리더라도 그렇게 놀라거나 당황하지는 않을 것 같다. 예를 들어, 자신의 묘비명에 'OO에 최선을 다하여 끊임없이 노력했던 사람'이라는 글을 미리 써 둔다고 하자. 그러면 그는 자신이 바라는 멋진 마무리를 위하여 자신이 추구하는 목표를 향해 노력을 게을리하지 않을 것이며, 일상생활의 사소한 것에 구애되지 않고 주변 사람들에게 최선을 다하며, 말끔하게 자신의 주변을 정리해 가는 인생을 살기 위해 노력할 것이다.

지혜로운 노인이 되는 길

안상윤

인간에게 있어서 생애의 그 어느 주기보다 죽음을 더 자주 생각하게 되는 노년기는 개인의 특성이 더욱 고착화되는 중요한 시기다. 즉, 다른 사람에게 새로운 차원의 즐거움과 행복을 줄 수 있는 능력을 새로이 갖추든지, 아니면 이기심으로 똘똘 뭉쳐진 옹고집쟁이 늙은이로 변하든지 갈림길에 들어서게 된다. 마음의 씀씀이나 너그러움으로 노인들에게 흔히 붙는 '나이의 무게'라는 말은 반만 진실이다. 그만큼 많은 노인들이 나이의 무게에 걸맞은 모습을 보이지 못하는 것이 현실이다. 성경의 잠언 편에 나오는 것처럼 '백발의 영화의 면류관'은 못 되더라도 '추태의 면류관'이 되어서는 안 될 것이다.

사람들은 육체가 늙고 백발이 된 노인을 측은하다거나 희망이 없다거나 추하게 보는 경우가 많다. 하지만 성경에서는 백발을 일생 동안 모진 풍상을 견디고 참으로 의연하게 죽음을 기다릴 줄 아는 통달의 높은 지경에 이른 것으로 묘사한다. 꽃이 피는 청춘의 봄은 당연히 아름답다. 하지만 녹색이 사라지고 노랗고 빨갛게 물든 단풍도 그 나름의 멋과 아름다움을 지니고 있다는 것이 성경의 관점이다. 따라서 인간은 자신이 어떻게 하느냐에 따라서 주변 사람에게 멋있고 아름답게 평가받을 수 있는 노년을 만들어낼 수 있다.

노인 중에는 너그러운 지혜의 노인이 되어 주변에 행복의 씨앗을 뿌리는 노인, 철저하게 이기적인 옹고집이 되어 주위에 불안과 공포의 씨

앗을 뿌리는 노인, 그리고 이 둘의 중간 특성을 갖는 노인이 있다. 중간 특성을 가졌다면 개인적인 노력과 주변 사람들의 조정과 협력에 따라서 지혜로운 노인으로 변해 갈 수 있다. 중간 특성의 노인들은 멀리 있는 자식들이 더 많은 관심을 가져주고 자녀와 손주들과 어울릴 수 있는 기회를 많이 가짐으로써 상황을 얼마든지 좋게 만들 수 있다.

젊음은 그 자체로 충분히 아름답고 바라보는 것만으로도 행복감을 안겨준다. 하지만 노인은 스스로 나이의 무게에 걸맞은 행동을 해야 주위에 기쁨을 줄 수 있다. 그렇지 않으면 주위에 선한 사람들이 모이지 않는다. 이는 죽음을 준비해야 하는 노인들에게는 재앙이다. 주위에 선한 사람들이 모이지 않으면 사회적 관계의 끈이 느슨해지고 그것은 고립을 의미한다. 그러나 모든 노인이 나이에 걸맞게 부드럽고 따뜻하고 능동적 박애심이 뛰어난 행동을 하기는 쉽지 않다. 이를 '사람이 늙으면 아이처럼 변한다.'는 속담이 뒷받침한다. 실제로 많은 노인들이 신체적으로나 정신적으로 주위에 의존하고 싶어 한다. 모처럼 멀리 사는 자녀가 집에 와서 함께 지내고 저녁에 떠나려 할 때쯤 노인들은 무의식적으로 "날 혼자 두고 가냐?"는 말을 내뱉기도 한다. 노인들이 갖고 있는 기본적인 정서는 외로움이다. 모든 것으로부터의 이별, 모든 사람들로부터의 이별을 준비해야 하기 때문일 것이다. 또 한편으로는 늘 죽음을 직감하고 있기 때문이다.

노인들은 주위로부터 더 존중받고 친밀하게 지냈으면 좋겠다고 기대하면서도 이기적인 옹고집쟁이 행세를 함으로써 선한 사람들을 도망가게 만든다. 물론 이 또한 죽음을 준비하는 과정으로 해석되기도 한다. 흔히 사람들은 노인들이 죽을 때가 되면 주위와 정을 끊으려고 한다고 한다. 하지만 이것은 그릇된 생각이거나 주위 사람들의 걱정을 심화시키는 태도다. 죽을 때 아무도 지켜보지 않는 가운데 쓸쓸히 혼자 죽고 싶은 사람은 없다. 정을 뗀다는 말은 오히려 정을 더 달라는 역설적 행동으로 봐야 할 것이다. 따라서 선한 사람들에게 둘러싸여 행복한 노년 생활을 보내면서 행복한 죽음을 맞기 위해서는 노인들도 자신의 개인 특성을 돌아보면서 개선할 필요가 있다. 개선되려면 우선 자신이 지금 어떤 특성을 가지고 있는지 이해해야 한다. 개인적 특성은 자신이 인식하는 것이라기보다는 다른 사람들이 대상에 대하여 일관되게 인식하는 것이라는 점을 이해해야 한다. 그러나 옹고집 노인들은 이를 잘 인정하지 않으려고 한다. 그들은 흔히 "내 특성은 내가 더 잘 알아."라고 말하기를 주저하지 않는다. 옹고집 노인들은 자신에 대한 다른 사람의 평가를 잘 인정하지 않으려고 하며, 심지어 긍정적이지 못한 평가에 대해서는 불같이 화를 내거나 공격적이 되기도 한다. 그들이 이처럼 너그럽지 못한 이유는 외롭고 또 죽음에 다다르고 있다는 초조감 때문인 경우가 많다.

심리학자 네우가르텐(Neugarten)은 노인 수백 명을 6년 동안 조사하여 노년기의 성격유형을 구분해낸 것으로 유명하다. 그에 의하면 노인들의 성격은 크게 '통합된 성격', '무장·방어적 성격', '수동·의존형 성격' 등 세 가지 형태로 나누어진다.

통합된 성격은 성숙하고 유연성이 있으며 자신의 삶에 만족하면서 활발한 지적 기능을 보유하고 있는 노인들로 약 38%가 여기에 해당된다. 이들은 항상 유쾌한 정신을 유지하면서 다른 사람을 배려하고 기쁘게 만드는 데 탁월한 수완을 발휘한다. 반면, 무장·방어적 성격은 노쇠를 인정하지 않고 야심적이며 노년기 불안에 대한 강한 방어를 보이는 성격으로 약 25%가 해당된다. 끝으로 수동·의존형 성격은 자신의 욕구를 충족시키기 위하여 타인에게 의존하는 유형으로 약 20%가 해당된다. 뒤의 두 가지 유형의 노인들은 매사에 자신감이 없고 신경질적이어서 주위 사람들을 불안하게 만든다. 자신을 잘 돌보지 않는 자식들에게 공격적이 되기도 하고, 혼자 있을 때는 신세 한탄을 늘어놓기도 한다. 이 연구는 기독교 문화권에 살고 있는 노인들을 상대로 한 조사여서 일반화의 한계를 갖고 있지만 상당히 타당성이 있다. 문제는 이기적이며 독선적인 옹고집 성격으로 변한 노인들이 주변에 지속적으로 불안감을 조성하면서 자신도 즐거움을 잃는 것이다.

고령사회를 앞두고 있는 한국은 사회 건전성을 유지하기 위해서라도 노인들이 좀 더 유쾌한 생활을 할 수 있도록 제도적으로 뒷받침하고 지원프로그램 운영을 활성화해야 한다. 일을 그만둔 노인들 중 많은 사람들이 인생에 있어서 마지막 자아실현을 위하여 봉사활동에 나서거나 과거를 되돌아보고 보다 높은 차원의 쾌락을 추구하도록 하기 위해서는 사회적 지원이 필요하다. 나이 들어 자아실현의 기쁨을 누리기 위해서는 사회적 지원과 함께 어려서부터 건전한 학습 분위기 속에서 자라도록 해야 한다.

미국의 카터 대통령과 같은 사람은 좋은 본보기다. 그는 대통령직에서 물러난 후 미국 전역을 돌며 사랑의 집짓기에 참여하고 있다. 그는 더 이상 전직 미국 대통령이라기보다는 불우한 이웃들에게 용기와 사랑을 심어주는 노인 목수다. 그의 손은 통치의 손이 아니라 사랑의 손이다. 얼마나 아름다운 손이고, 너그러운 마음인가? 이처럼 인간의 영혼이 스며 있는 봉사활동을 직장을 그만두는 것과 동시에 당장 할 수 있는 것은 아니다. 어려서부터 훌륭한 가정교육과 건전한 사회적 분위기 속에서 자랄 때 가능하다. 그리고 보면 늙어서 '백발의 영화의 면류관'을 쓰고 있다는 평가를 받기란 정말 쉽지 않다. 나이의 무게만큼 행동하기 위한 준비도 이미 어려서부터 개발되어야 가능하다. 대부분 많은 사람들은 카터와 같은 명예로운 늙은 목수로 변하기보다는 1843년 영국의 소설가 찰스 디킨스가 발표한『크리스마스 캐럴』에 등장하는 구두쇠 스크루지 영감처럼 변해 가기 쉽다.

많은 노인들이 자비심보다는 스크루지 영감처럼 재물에 더 큰 욕심을 내는 것은 물론, 주위의 약자들을 괴롭힘으로써 자신의 권위를 내세우려고 한다. 2016년 여름, 100년 만의 폭염이 왔다는 그 여름에 절차 없이 - 자신이 회의를 주재하지도 않았는데 - 경비실에 에어컨을 달았다고 에어컨을 뜯어내도록 한 어느 아파트의 동대표도 나이를 지긋이 먹은 노인이었다. 주위의 많은 사람들에게 고통을 준다는 점에 있어서 이들의 정신과 행동을 정상적이라고 볼 수 없을 것이다. 이들은 인간이 지니고 있는 기본적인 욕구인 생리적 욕구와 경제적 욕구에만 충실하도록 교육받았거나 살아오면서 그렇게 되도록 환경의 지배를 받았기 때문에 자아실현 욕구와 같은 고차원의 욕구까지 자신을 이끌어갈 능력을 갖추고 있지 못하다. 따라서 '백발의 영화의 면류관'은 어려서부터 좋은 학습을 받아야만 쓰게 된다는 것을 알 수 있다.

노년기에 이른 사람들이 존경을 받고, 삶의 보람을 찾고 또 세상에 즐거움을 줄 수 있어야 한다. 그들이 젊은 날의 경험과 은퇴 후의 선행을 조화롭게 하여 세상에 살아있는 가르침을 줌으로써 자신과 세상을 기분 좋게 만들어가도록 해야 한다. 그래야 건강한 사회를 만들 수 있다.

그러나 우리 사회가 생각처럼 그렇게 잘 되는가? 그렇게 되지 못하는 이유는 주로 '방어·무장형'의 성격을 가진 노인들이 후대에 자신의 역할을 물려주는 것을 단절과 고립 또는 수동으로 잘못 생각하고 이기적으로 행동하기 때문이다. 이들은 권한을 위임하려고 하지 않으며 더 철저하게 관리와 감독권을 행사하려 들고, 주변의 사소한 일까지도 간섭하여 주위 사람에게 불쾌감과 고통을 안겨준다. 우리 사회의 많은 노인들이 이와 같이 옹고집 늙은이나 스크루지 영감처럼 된다면 그것은 사회적으로 얼마나 끔찍한 재앙인가.

노인들이 이렇게 욕되지 않고 '백발의 영화의 면류관'을 쓸 수 있도록 사회에서의 제도적 관심과 노력이 필요하다. 정부는 대학의 평생교육센터나 지방자치단체의 관리하에서 활성화되고 있는 노인 관련 각종 교육기관과 협력, 노인들이 교육을 받음으로서 심리적 장애를 극복하여 사회를 더 밝게 만들 수 있도록 해야 한다. 또한 노인들도 인간다운 삶을 살아갈 수 있음을 깊이 느끼고 주위에 베풀어야겠다는 마음가짐을 가질 수 있어야 한다.

노후에 찾는 기쁨

김용하

노년기에 들면 자녀양육, 직장의 굴레 등 사회의 속박으로부터 벗어나 몸과 마음이 자유로워진다. 오랜 시간 자신의 정체성을 유지해주던 일로부터 벗어나는 허전함은 있겠지만 신체와 인지적 쇠퇴에 걸맞은 안정을 찾고 그 속에서 기쁨을 주는 일을 추구해야 한다. 한 심리학자의 연구에 의하면, 노인들이 즐거움을 얻는 기본적인 일은 친구와 가족들과 함께 비공식적 모임에 참여하는 것이라고 한다. TV 시청이나 독서 같이 홀로 하는 것은 노년층에 본질적인 즐거움을 주지는 못한다. 이는 일종의 시간 때우기에 불과하다는 것이다. 개인의 특성에 따라 다르겠지만 노인들은 TV 코미디 프로그램을 시청하면서도 별로 웃지 않는다. 과거에 이미 그보다 더 유쾌한 일들을 많이 경험했기 때문이다. 오히려 친한 사람들과 가벼운 운동을 즐기거나 게임을 하거나 대화를 나누는 것이 높은 즐거움을 제공한다. 늙어서도 웃음을 잃지 않는 방법은 주위에 유대가 깊은 선한 사람들을 두는 것이다.

우리 사회도 선진화되고 복지사회로 발전하면서 노인들이 체육을 하거나 오락을 즐길 수 있는 시설들이 전국적으로 많이 구비되어 있다. 어느 지역을 가더라도 웅장한 노인복지관을 볼 수 있고, 그 안에서 자신이 원하는 대부분의 활동을 할 수 있도록 각종 시설들이 잘 갖추어져 있다. 노인을 위한 복지시설은 주거복지, 의료복지, 여가복지, 재가복지, 노인보호 등으로 발전하고 있다. 그중에서도 주거복지와 여가복지는 기본적으로 매우 중요하고 정부나 노인 개인적으로도 신경을 많이 써야 할 부분이다. 안락한 주거시설은 정신적으로나 신체적으로 안정을 제공할 수 있는 삶의 근간이 되기 때문이다. 자신의 집이 있다는 것은 몸과 마음을 편히 쉴 수 있는 이점이 있지만, 우리 사회에서는 개인적 성취의 표상이 되기도 한다. 집이 없어 반지하 전세나 월세 단칸방에서 무더운 여름과 추운 겨울을 나야 하는 노인들에게 행복이나 인간다운 삶은 기대하기 어려운 것이다. 따라서 노인들이 자살과 같은 극단적인 행동을 하지 않도록 방지하기 위해서는 주거복지가 이루어져야 한다. 신혼부부만을 위한 임대주택을 건설하는 것도 중요하지만, 빈곤한 노인들의 삶을 위한 주거시설의 제공은 사회적 안정을 위해서 매우 중요하다.

다음으로 노인들에게 행복을 줄 수 있는 사회적 지원은 여가복지를 확장하는 것이다. 최근 노인들에게 소소한 즐거움을 줄 수 있는 시설들이 많이 생겨나고 있다. 동네마다 노인복지관이 건립되어 노인의 교양이나 취미생활 및 사회참여 활동을 원활하게 수행하기 위한 각종 정보와 지원 서비스를 제공하고 있다. 또 질병을 예방하고 건강을 증진시키기 위한 안내와 정보 제공도 노인복지관을 중심으로 이루어지고 있다. 전통적으로 노인들의 여가와 소일을 위한 기능을 하고 있는 경로당은 자율적인 친목 도모나 공동작업이 이루어진다는 측면에서 노인들에게 즐거움을 제공하는 복지시설이다. 그리고 각종 노인교실은 노인들의 사회참여 욕구를 충족시키기 위한 교육 프로그램을 수행하거나 치매예방과 같은 재활교육 프로그램을 운영하면서 건강을 지켜주고 있다. 최근 노인교실은 버스 등을 운영하여 노인들의 통학 편의를 제공하고 있다.

복지시설의 이용도 노인에게 즐거움을 주지만, 노인들에게 있어서 가장 큰 기쁨은 여전히 가족과 함께하는 것이다. 하비거스트(Havighurst) 같은 심리학자는 노인들은 가족과의 유대를 통하여 가장 큰 즐거움을 얻는다고 보고하고 있다. 내 경우만 보더라도 그렇다. 홀어머니께서 시골에서 혼자 텃밭 농사짓는 것을 낙으로 삼고 계신데, 가족이 찾는 것을 가장 반기신다. 50대에 아버지를 여의신 후 편안하게 지내시도록 도시로 이사할 것을 권해 보았지만 평생 살던 시골에서 흙과 함께 농사를 짓는 것이 가장 큰 행복이라고 하시면서 여전히 시골에서 혼자 살고 계신다. 아침에 눈만 뜨면 밭에 나가 농사를 지으실 정도로 농사일에 이골이 나신 분이다. 때로 그 굴레를 벗어나지 못하시는 것이 측은하게 여겨지기도 하지만 어머니께서 원하시는 일이라 그렇게 사는 것이 편하신가 보다 하고 동의를 하곤 한다.

그렇게 하루 종일 밭일을 하시다가도 어머니께서는 가족들이 방문을 하면 허리를 펴고 밝고 큰 목소리로 자식들과 손주들을 맞아주신다. 당장 하던 밭일을 멈추고 그때부터는 가족들과 함께하려고 하신다. 그것은 가족이 어머니에게 원초적인 기쁨을 주는 대상이기 때문일 것이다. 가족들이 어머니의 머리나 옷에 붙어 있는 검불 같은 것을 떼어 드리면 어머니는 그런 스킨십을 통해 더욱 깊은 가족애 같은 것을 느끼시는 것 같다.

인간관계적 행동과 관련하여 노인들에게서 나타나는 중요한 특징 중의 하나는 세계 어느 나라를 막론하고 늙을수록 손주에 대한 관심이 지대해지는 것이다. 미국에서는 65세 노인의 75% 정도가 손주를 자기 삶의 중요한 일부로 인식하고 있는 것으로 나타났다. 신체적인 제한 때문에 손주를 직접 돌보지 못하는 경우에도 그들이 질병이나 경제적 곤란을 겪을 때 실질적 도움을 줌으로써 큰 즐거움을 얻는다. 이것은 자신들이 아버지, 어머니였을 때 자식들을 강하게 키운 것에 비교해볼 때 매우 특이한 일이 아닐 수 없다. 만약, 노인들에게서 손주에 대한 관심을 가질 기회를 박탈한다면 그것은 그 무엇과도 비교할 수 없는 고통의 형벌이 될 것이다.

한국에서도 조부모들은 손주에 대하여 높은 친밀감을 보인다. 그들은 때로는 훌륭한 교육자로서, 또 후원자 및 대리모 등의 다양한 역할을 통하여 심리적 만족감을 얻는 것으로 나타나고 있다. 실제 우리나라에서 많은 할머니 할아버지들이 힘든 걸 무릅쓰고 하루 종일 손주들을 돌보기도 한다. 손주들을 돌보고 있는 조부모들 10명 중 7명이 그만두고 싶어한다는 통계자료도 있지만 그들은 자의 반 타의 반으로 그 일을 계속하고 있다. 하지만 조부모들이 모든 것을 희생해가면서 손주들을 돌보게 된다면 그 또한 부작용이 클 수밖에 없다. 옛날과 달리 육체적 나이가 젊어지고 경제력이 있는 노인들은 손주들을 돌보기보다는 일을 하거나 여가를 즐기려고 한다. 따라서 자녀들의 입장에서 자신의 부모가 손주들을 돌보는 데 너무 많은 시간을 빼앗기지 않도록 배려해야 한다. 잘못하다 가는 부모 자식 사이에 갈등으로 발전할 수 있다. 아니, 이제는 시대와 가치관이 바뀌면서 조부모들이 손주들을 보고 싶어 하는 의지가 감소하고 있다. 양육을 국가가 책임져야 하는 일로 의식전환이 생기고 있는 것이다.

요즘은 정년퇴직을 한 노인들이 여러 가지 교육사업에 참여하고 있다. 한자교실이나 영어교실을 열고 있는 교사 출신들도 있고, 심리상담을 하는 상담전문가 출신들도 있다. 그러나 미국 전 대통령인 카터와 같은 선하고 모범적인 노인이 세상을 교육하려 한다면 사람들이 받아들이겠지만, 『크리스마스 캐럴』에 등장하는 스크루지 영감과 같은 사람이 세상을 가르치려 든다면 흔쾌히 받아들일 사람들이 없을 것이다. 나쁜 사람이 하는 교육은 받지 않는 편이 낫다. 교육하는 동안 그들의 나쁜 기운이 피교육자들에게 전이되기 때문이다. 그들이 세상에 나오는 것 자체가 모든 사람들에게 고통이고 사회에는 독이 될 것이다.

　나이 예순이 넘은 후에 스크루지와 같은 성격의 구두쇠가 카터와 같은 헌신자로 변하기는 매우 어려운 일이다. 마흔 살이 넘은 사람을 설득하려는 것이 참으로 어리석은 일인 것처럼, 노인을 설득하는 것은 말에게 물을 먹이는 것보다 더 어렵다. 나이가 들면 여러 가지 이유로 남에게 설득당하지 않으려고 한다. 대부분의 성인들은 남에게 설득당하는 것을 일종의 모욕이라고 생각하기 때문이다. 그렇다면 성년기를 지난 사람에 대한 계몽은 전혀 불가능할까?

　그것은 사람의 힘을 초월하는 어떤 다른 힘을 빌림으로써 가능하다. 기본적으로는 종교적인 힘을 빌리는 것이다. 나이 들어 종교에 귀의하면서 생각과 행동이 바뀌는 사람들이 있다. 탐욕스러운 스크루지가 죽은 친구들을 만나서 회개한 것처럼 초월적 힘에 의해서 사람이 바뀔 수 있다. 종교는 사후세계에 대하여 강조함으로써 사람의 마음을 바꿀 수 있다. 종교는 신비성을 이용하여 사람의 감정에 변화를 줄 수 있다. 교회나 절과 같은 종교시설은 특별한 건물양식, 특이한 의식 및 의상 그리고 성경이나 불경, 코란 등을 이용하여 색다른 느낌을 불러일으킨다. 종교는 개인을 일종의 신비주의에 빠져들게 함으로써 그가 지닌 신념이나 가치관을 바꾸어 놓는다. 아마도 이 세상에 종교가 없다면, 더 많은 사람들이 탐욕에서 헤어나지 못할 것이다. 만약, 모든 사람들이 인간을 초월하는 존재가 없다고 믿는다면 탐욕으로 가득 찬 사람들은 죽음에 직면해서야 자연의 이치에 순응하게 될 뿐이다.

그렇다면 평소 종교를 갖고 있지 않던 노인들이 어떻게 종교를 가질 수 있을까? 그것 역시 가족의 따뜻한 안내를 통해 이루어진다. 나의 아버지께서도 평생 종교를 갖지 않으셨으나 말년에 몸이 아프시자 어머니의 권유로 천주교에 귀의하셨다. 일요일에 어머니와 성당에 다니면서 마음의 평화를 찾고 병약한 얼굴에도 웃음이 살아나는 것을 목격할 수 있었다. 아버지께서 불편한 몸을 이끌고 성당을 다니시니 나는 일요일이면 어머니와 아버지 두 분을 모시고 성당을 가기 위해 자녀들과 함께 고향집을 더 자주 방문하게 되었다. 아버지께서는 두 손녀를 보면 환하게 웃으셨다. 생을 마치기 전 아버지께서 손녀들을 보며 웃는 모습은 아버지로부터 받은 소중한 마지막 선물이다. 평균 수명에도 못 미쳐 너무 일찍 돌아가셨지만, 종교에 귀의하셨기에 더 편안한 모습으로 영면하신 것으로 기억된다.

노년기에 종교적·영성에 대한 감수성을 높이면 진정한 기쁨을 느낄 수 있다. 노년기야말로 종교에 기초한 사랑과 연민 혹은 엄격한 자기반성에서 우러나오는 덕성과 책임이 빛을 발할 시기다. 긴 노년기를 성공적으로 보내려면 신체적 건강뿐 아니라 이성이 감지하는 삶의 만족감, 성찰과 영성이 이끄는 타인의 고통에 대한 공감과 자비, 공동선에 대한 관심과 개입이 조화롭게 이루어져야 한다. 더하여, 삶의 방식을 선택했듯이 자신의 의지로 선택한 방식에 따라 죽음을 맞이하기 위해서는 건강한 인지 능력을 유지하는 것이 매우 중요하다. 인지 능력이 떨어지면 말기의 연명치료를 거부할 수 있는 환자의 권리도 행사할 수 없고, 자신의 죽음 방식에 대해 세웠던 구상도 온전히 실행할 수 없게 된다. 자기 결정의 위험한 측면들도 분명 존재하지만. 남의 삶이 아닌 자신의 삶을 사는 일은 무엇보다 가치 있다고 할 것이다.

노인에게 따뜻한 정을

김광환

　계절로 따지면 노인의 절기는 아무래도 늦가을이나 겨울일 것이다. 이를테면, 삭풍의 계절에 접어든 것이다. 가만히 있어도 추운데, 요즘 우리 사회에서 돈이 없는 노인들은 천덕꾸러기 취급을 받고 있어 사회 문제가 되고 있다. 70대 노인 경비원이 50대 아파트 동대표에게 구타를 당하는가 하면, 초등학교 야간경비로 취업한 70대 아버지가 노예취급을 받고 있다고 딸이 관계기관과 언론에 호소하는 사건도 발생했다. 이러한 현상은 사회가 초경쟁의 상황으로 내몰리고 성공하지 못한 계층을 비인간적으로 대접하는 풍토가 만연해 있기 때문이다.

　2030년이 되면 우리나라 노인 인구가 1,200만 명에 이를 것으로 추정된다. 전체 인구의 24.3%를 차지하는 비율이다. 이때도 막무가내로 노인들이 사회의 푸대접을 당하고 있지만은 않을 것 같다. 노인들이 사회로부터 존중받지 못하면 자신들의 권익과 존엄성을 지키기 위한 행동에 나서지 않을까, 하는 생각이 든다. 만약, 그렇게 된다면 계층 간의 갈등은 또 다른 사회문제로 비화될 수 있다. 자신들의 권익을 주장하는 노인들의 행동이 어떤 결과를 가져올지는 아무도 예측할 수 없다. 따라서 노인 인구가 증가할수록 그들이 사회로부터 따뜻한 대접을 받고 있다는 느낌을 갖도록 하는 일은 사회적 안녕이나 노인복지에 들어가는 비용을 절약하기 위해서라도 반드시 필요하다.

　노인들은 추운 계절에 접어든 세대이기 때문에 외롭다. 누군가가 곁에 있어 주기를 바라지만 노인들 주변에는 외로운 노인들밖에 없다. 외로운 사람들끼리 모여 있으니 그 자체가 고통 덩어리처럼 느껴질 수 있다. 아마도 삶의 날이 많지 않은 노인들끼리 동병상련의 마음은 있겠지만 내일의 에너지를 얻기 위한 즐거움을 나누기는 어려울 것이다.

따라서 누구든지 이들에게 다가갈 때는 기본적으로 따뜻한 느낌을 전할 수 있어야 한다. 노인을 만날 때는 외모나 차림부터 따뜻하게 보이는 편이 좋다. 말도 적당히 느리고 부드럽게 해야 한다. 귀가 잘 들리지 않으므로 또렷하고 크게 말하되 음색은 부드러워야 한다. 젊은이들이 노인을 응대할 때는 배우는 자세로 임할 것을 권하는데, 그것은 노인을 존중한다는 신호를 주기 때문이다. 노인 앞에서 허리를 쫙 펴고 있는 젊은 사람은 무례해 보인다. 약간 허리를 굽혀 다소곳한 모습을 보이는 것이 좋다. 어떤 노인이든지 자신의 경험담을 들려주는 것을 좋아한다. 따라서 귀를 기울이는 경청의 자세는 노인들에게 즐거움을 줄 수 있다. 65세 이상의 노인이 경영하는 회사에서 총애를 받는 사람들은 그의 비위를 거슬리지 않고 이야기를 잘 들어주는 사람들이다.

오늘날 한국사회에서 노인들이 즐거움을 찾도록 하는 데 있어서 극복해야 할 가장 중요한 문제는 사회가 노인들을 무능하다고 예단하고 비효율적이거나 무기력한 인물로 낙인찍는 것이다. 이 살벌한 분위기는 노인들 스스로가 자신을 무능력자로 인식하고 자신감을 상실하도록 하는 데 결정적 영향을 미친다. 노인들이 여생을 즐겁게 살아갈 수 있도록 하려면 무엇보다도 자신감을 회복하도록 도와야 한다. 이를 위해서는 노인을 바라보는 사회적 인식이 지금과는 180도 바뀌어야 한다.

우선, 사회가 앞장서서 노인들을 유능하고 중요한 집단으로 인정하는 것이다. 사회 전반에 노인도 얼마든지 현명하고, 유능하며, 자기통제의 능력이 있다는 인식을 확산시켜야 한다. 그것의 실행방안으로써 정부는 노인들이 자발성을 발휘하면서 살아갈 수 있는 지지기반을 마련해주고, 그 결과로써 노인들이 자신을 유능한 사람이며 사회 발전에 도움을 줄 수 있는 존재로 인식하도록 해야 한다. 그래야만 노인들도 진정으로 삶의 즐거움을 얻을 수 있다. 그 기본적인 방법으로는 그들이 평생 몸 바쳐 온 전문 분야에서 사회적 역할을 하게 하여 젊은이들로부터 귀감이 될 수 있는 기회를 제공하는 것이다. 이는 노인들 주위에 젊은이들을 모이게 만드는 효과적인 방법이다. 노인들의 주위에 젊은이들이 모이면 더불어 젊은 삶을 살 수 있다. 늘 20대들과 어울려야 하는 교수들은 다른 직종에 있는 노인들보다는 상대적으로 몸과 마음이 젊다. 따라서 노인들도 젊은이들이 배움을 구하러 올 수 있을 정도의 전문성을 갖도록 늘 공부해야 한다.

교원과 연구원에 대하여 취해진 강제적인 정년단축은 교육적으로도 실패했지만, 사회 통합이나 다가올 고령사회에 대비해서도 옳지 않았다. 인간사회에서 교육의 주체가 나이에 구애를 받는다는 것은 매우 비인간적이고 비이성적이다. 스무 살 대학생이 노인들에게 컴퓨터를 가르칠 수도 있지만, 지혜로운 노인들은 경험과 통찰로 수준 높은 삶의 철학을 가르칠 수 있다. 노인들의 정신적·신체적 쇠퇴는 의사결정을 하는 일에는 제약이 있을 수 있으나 교육이나 자문에는 거의 제약을 미치지 않는다는 연구가 많다. 오늘날을 융합의 시대라고 한다. 융합은 반드시 학문 간의 융합만이 아니라 세대 간 융합이 이루어질 때 진정한 융합이 될 수 있지 않을까.

따라서 일선 학교의 구조조정을 이제와는 거꾸로 40대의 젊은 교사들이 교장이 되어 역동적으로 일하고 노인 교사들은 전공 분야와 함께

인성을 가르치면 사회통합을 위해 효과적일 수 있다. 오늘날 40대 지방자치단체장이나 기관장이 많아지는 추세는 이들이 상대적으로 매우 상황적응적이면서 유연성을 갖추고 있고 판단력이 뛰어나고 빠르기 때문이다. 55세 이상의 관리자는 두뇌나 판단 능력의 쇠퇴 때문에 40, 50대 초반의 관리자와 경쟁하기 어렵다. 그러나 65세인 교사가 55세의 교사보다 더 훌륭한 교육자가 될 가능성은 얼마든지 있다. 젊은 교사들 중에서도 나이 먹은 교사보다 무능력한 사람은 얼마든지 있다. 학부모들은 자기 아이들이 노인들을 싫어하기 때문에 나이 든 교사들을 퇴출시켜야 한다고 주장한다. 한국사회가 가정에서부터 얼마나 인간애 교육이 잘못되었는지 알 수 있다.

1997년 IMF 구제금융 사태 이후 사회 곳곳에서 경쟁을 부르짖는 바람에 경제적으로는 부유해졌는지 모르겠지만, 인간다움이 크게 후퇴하였다. 교원 정년단축을 비롯하여 사회 전반에서 노인들을 무능력자로 낙인찍고 삭풍이 휘몰아치는 허허벌판으로 내모는 형벌이 시작되었다. 우리 사회의 많은 가난한 노인들은 추운 겨울에 몸과 마음을 따뜻하게 녹일 수 있는 보호 장치도 없이 방치되고 있는 형국이다. 우리 사회는 훌륭한 지혜를 가지고 있는 노인들의 장점을 존중하고 활용할 겨를도 없이 노인이라면 무조건 무능력자로 낙인을 찍는 데 익숙하다. 이것은 우리 사회가 깊이 병들었음을 말해준다. 눈이 오나 비가 오나 공원 벤치나 역 대합실에 하루 종일 멍하게 앉아 있어야 하는 노인들의 모습은 바로 현대판 고려장이나 마찬가지다. 노인들이 밝게 웃고 살 수 있도록 하기 위해서는 국가의 적극적 지원과 사회 전반에 '인간사랑' 교육이 확산되어야 한다. 젊은 사람들 역시 오늘날 삭풍에 내몰려 있는 노인들의 모습이 바로 미래 자신들의 모습이라는 사실을 객관적으로 받아들이고 이 불행한 현실을 개선하는 데 앞장서야 한다.

세계에서 행복지수 1위인 아이슬란드는 평균 수명이 82세에 가깝다. 그 이유는 사람들의 낙천적 성격, 규칙적이고 질서 있는 생활, 노인복지를 위한 정부의 파격적 지원 때문이라고 한다. 이 나라의 국민이 낙천적이 된 중요한 이유 중 하나는 가정에서 부모들이 매우 친밀한 성향을 보인다는 것이다. 부모들이 권력을 얻거나 큰 부를 쌓는 것보다는 평소 일찍 퇴근하여 가족을 돌보는 것을 가장 큰 행복으로 생각한다. 이들은 가족 구성원의 행복은 주어지는 것이 아니라 부모가 노력해서 만들어가야 한다는 것을 잘 알고 실천한다. 휴일이면 가족들이 함께 모여 즐기면서 시간을 보낸다. 이 나라에서는 노인을 위한 국가의 지원책 또한 획기적이다. 노인만을 위한 온천 수영장, 노인이 모여 카드놀이를 즐길 수 있는 깨끗하고 안전한 놀이시설, 지속적인 건강교육 등, 노인들이 삶을 즐기기에 충분한 시설이 갖추어져 있다. 노인들이 육체적으로 건강하고 평소 웃으면서 생활하니 나라가 건강하고 발전할 수밖에 없을 것이다.

우리 사회는 급격한 인구 감소로 인해 노인들이 다시 일터로 돌아가야 할 처지에 들어서고 있다. 일을 하고 싶어도 건강을 잃거나 심리적으로 위축되어 일을 할 수 없는 노인들의 박탈감이 커질 것이다. 신자유주의 시장개방 정책은 인간관계를 극도로 경쟁적으로 만들고 가정을 해체하는 데 기여했다. 신자유주의의 수명이 다해가고 있는 징후가 세계 곳곳에서 나타나고 있다. 인간이 멀쩡한 정신 상태로는 더 이상 초경쟁의 환경을 견디기 어려워진 것이다. 극단에 이르면 모든 것은 원래대로 돌아가기 마련이다. 많은 현대인들이 스트레스로 명상이나 요가에 관심을 가지고, 명상의 본고장인 인도로 달려가고 있다. 발전보다는 자연 그대로를 유지하고 싶어 하는 나라인 인도에서 치유책을 찾는 듯하다.

인도로 가는 것보다 더 효과적인 수양은 지금 가까이에 있는 훌륭한 노인에게서 그의 너그러움을 본받고 그의 통찰과 지혜를 빌리는 것이다. 고령사회가 다가오고 있는 시점에서 건강한 사회가 되려면 훌륭한 노인들이 사회에 나와 젊은이들을 위해 기여할 수 있도록 사회 분위기를 조성해야 한다. 인도의 옛 철학서인 『우파니샤드』에 다음과 같은 이웃에 대한 사랑이 전해진다.

"우리가 우리 자신을 사랑하는 것과 똑같이 우리 이웃을 사랑해야 한다. 우리의 피는 이웃의 피 중의 피요, 영혼 중의 영혼으로 사실상 모든 사람은 이웃과 일체인 것이다. 누구든지 다른 사람을 조롱하거나 해하면, 그것은 바로 나 자신을 조롱하고 해하는 것이며, 다른 사람을 사랑하고 도우면 바로 그것이 나를 사랑하고 돕는 것이다."

자기 주변에 있는 노인들을 따뜻하게 보살필 줄 아는 행동이 바로 나와 내가 살아가는 사회를 따뜻하게 만드는 일이다. 또한 노인은 자신들의 행복을 위해 그리고 삶의 아름다운 마무리를 위해 건강관리를 잘하면서 열심히 살고, 욕심을 버리고, 자기 자신에게 만족하고, 끊임없이 자기를 되돌아보고, 최선을 다하고, 자신을 낮추고, 나눔을 실천하고, 마음의 풍요를 위해 노력을 아끼지 않는 삶을 살아야 한다.

생명사랑, 생명존중 운동을 제창하며

이무식

세계보건기구(WHO)와 국제자살예방협회(IASP)는 2003년부터 매년 9월 10일을 '세계 자살예방의 날(World Suicide Prevention Day)'로 정하여 시행하고 있다. 우리나라도 보건복지부를 중심으로 다양한 중앙부처와 광역 및 기초자치단체에서 자살예방을 위한 많은 사업을 추진하고 있으나 여전히 역부족한 실정이다.

우리나라 자살률은 가히 경이적이라고 할 수 있다. 2007~2011년 사이에 우리나라 자살 사망 수는 7만 1,915명으로 이라크 전쟁 사망자 3만 8,625명, 아프가니스탄 전쟁 사망자 1만 4,719명을 합친 수보다 더 많은 전쟁보다 더 심각한 수준이다. 1990년부터 점차 증가하더니 IMF 이후인 1998~1999년에 한 번의 정점을 찍었고, 그 후 2000년 초반까지 지속적으로 급증하는 추세를 보였다. 통계청 자료에 의하면, 우리나라

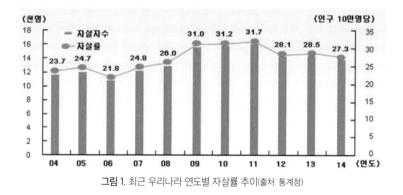

그림 1. 최근 우리나라 연도별 자살률 추이(출처: 통계청)

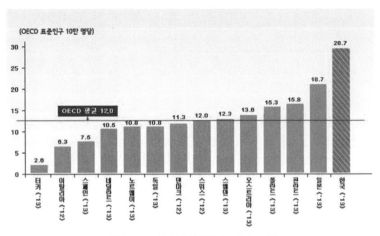

（OECD 표준인구 10만 명당）

그림 2. OECD 국가 간 자살률 비교(출처: 통계청)

는 지난 2014년 1만 3,836명이 자살하였는데, 이는 38분마다 1명이 스스로 목숨을 끊는 수치다.

이는 OECD 국가 중 가장 높은 수치이며, 이들 국가 평균의 3배에 달하는 것이다(그림 2). 연령대별로 보면 10~30대의 사망원인 1위가 자살이며, 40~50대가 2위를 차지하고 있다. 연령이 증가할수록 자살률이 증가하여 나이를 불문하고 자살이 전 사회적 문제임이 드러난다. 노인자살률은 세계에서 최고 수준으로 우리 사회가 사회적인 고려장을 하고 있는 셈이다. 즉, 노인자살의 문제를 은폐하고, 무관심하게 대응하며 개인의 문제로 축소하는 것이다.

자살의 원인을 살펴보면 10대의 경우에는 성적 및 진학 문제, 가정불화, 20대의 경우에는 경제적 어려움과 직장문제, 30~50대는 경제적 어려움과 가정불화, 60대 이상의 연령대에서는 경제적 어려움이나 질병에 의한 것이다(그림 3). 이를 분석해 보면, 핵가족화와 산업화로 인한 전통 가족문화의 붕괴와 경제적 상황 등에서 주요 원인을 찾을 수 있

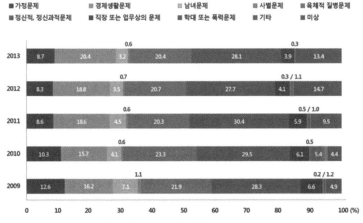

연도별 자살원인

■ 가정문제 ■ 경제생활문제 ▨ 남녀문제 ■ 사별문제 ■ 육체적 질병문제
■ 정신적, 정신과적문제 ■ 직장 또는 업무상의 문제 ■ 학대 또는 폭력문제 ■ 기타 ▨ 미상

그림 3. 연도별 자살 원인분석 분포(출처: 통계청)

다. 자살문제의 분석과 해결방안은 다소 다른 측면이 있겠지만 기본적으로 생명사랑 문화운동의 전개와 강화가 요구된다.

자살한 사망자의 수보다 더 심각한 건 자살시도자들이다. 즉, 자살시도(연간 15~30만 명), 자살계획(연간 200만 명), 자살의도 및 생각(연간 500만 명) 등의 문제가 있다. 이러한 근본적인 잠재된 원인을 제거하는 것이 예방과 관리의 주요전략이 된다.

2011년 국회입법조사처의 보고에 의하며, 자살로 인한 손실은 최대 4조 9,600억에서 최저 2조 4,100억 정도로 추계되고 있는데 심리적 부담과 2차 정신질환 발생까지 고려한다면 매우 큰 사회비용을 지불하는 것이다. 만약 자살률 10%가 감소하면 약 5,000억의 손실을 방지할 수 있다고 한다.

이러한 상황에서 대전시 유성구는 2013년부터 건강도시사업의 일환으로 생명사랑, 생명존중 활동의 전개를 위한 공모사업 등 다양한 사업들을 추진하고 있다. 필자는 유성구의 세계보건기구의 건강도시프로젝트 가입을 위한 기초 작업을 주도하였고, 사업의 운영위원으로 참여하고 있다. 유성구는 '생명사랑 서약서 서명' 행사, 콘서트, 연극 등을 전개하고 있으며, 이에 많은 주민들이 참여하고 있다. 유성구는 이러한 생명존중 분위기 확산을 위해 지속적인 노력을 기울일 계획이다. '건강도시 구축'을 구정 역점사업으로 추진 중인 유성구는 자살자 유가족 지원에도 힘을 기울이고 있다. 노란리본, 노란나비, 두 개의 심장이라는 생명존중의 뜻을 담고 있는 생명사랑배지를 자체 제작, 판매하여 그 수익금을 관내 자살자 유가족에 전달하고 있다. 배지는 개당 3,000원으로, 구청사 1층에서 운영하는 'The 쉼' 카페에서 직원과 민원인에게 판매하고 있다(그림 4).

사고가 일어난 후에 대책을 모색하는 것은 하수다. 사태가 벌어지기 전에 예방하는 것이 고수다. 소방관의 기본적인 임무는 불이 났을 때 진화하는 것이며, 나아가 사전에 방비하는 예방활동도 중요하다. 화재

그림 4. 유성구의 생명사랑 배지

를 진화하는 데 역점을 두고 이를 성과평가에 핵심적으로 반영한다면 소방관은 예방활동보다는 화재가 일어나길 기다리는 꼴이 될 것이다. 홍수가 나서 떠내려오는 사람을 건지는 데만 정신이 팔려 있다면 떠내려오는 사람 수는 줄지 않을 것이 자명하다. 즉, 홍수의 원인을 파악하고 하천을 정비하고 댐을 건설하는 등 예방활동을 해야 한다는 말이다. 근본적인 원인을 해결해야 하는데 이러한 전략을 세계보건기구에서 상위전략(up-stream strategy)이라고 한다.

아래 그림의 진한 선은 정규 분포하는 곡선으로 어떤 위험요소에 대한 정상적인 집단의 분포곡선이다. 반면 회색 선은 우측, 즉 위험요인을 가진 부분이 늘어진 형태로 고위험군 내지는 환자군이 된다. 즉, 자살시도자 내지는 자살자가 될 것이다. 자살예방에 대한 사회적인 문화운동이 전개되지 않으면 우측곡선이 계속 늘어진 형태로 고위험자가 양산될 것이다. 따라서 인구집단 또는 지역사회 차원의 전략으로 정규분포 곡선으로 가게끔 좌측으로 당겨주는 노력이 필요하다(그림 5).

국가 예산과 서비스 전달체계의 구축 등이 중요한 요인으로 지적되고 있으나 보다 중요한 것은 생명사랑과 생명존중의 가치관 확립과 문

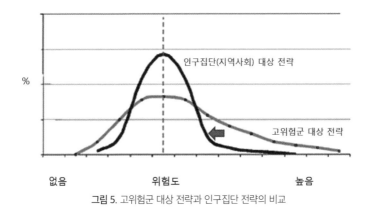

그림 5. 고위험군 대상 전략과 인구집단 전략의 비교

화운동에 국민을 참여토록 하는 것이 그 출발점이어야 한다. 고위험집단을 대상으로 한 위기관리센터 운영 등이 시급한 필수사업이긴 하지만 근본적인 치유 없이는 끊임없이 떠밀려오는 많은 자살(시도)자를 감당해 내기 어렵다. 자살에 대한 원인 규명, 자살 고위험군 관리체계의 정비, 자살예방 교육의 콘텐츠의 미흡, 자살을 부추기는 언론보도, 자살에 대한 그릇된 국민 의식, 범부처 차원의 통합적, 입체적인 자살예방 대응 노력, 한국형 자살예방사업 모형의 개발 적용 등이 여전한 주요 정책과제로 남아 있다. 예방, 홍보, 캠페인 수준을 넘어서 전사회적이고, 전 국민적인 삶에 대한, 생명에 대한 사랑과 존중의 문화운동 전개와 그러한 활동을 위한 지원적인 환경 조성과 기제 마련을 위한 담론과 대책이 시급해 보인다.

표 1. 우리나라의 자살 대응정책 현황

구분	대상	자살예방전략	대응 정책
보편적 예방	전 국민	• 법적, 제도적 기반 • 자살 예방 인프라 구축 • 홍보 및 공공 캠페인 • 자살 수단의 제한 • 언론보도의 책임 강화	• 자살예방법 제정(2011. 3) • 자살예방 및 생명존중문화조성에 관한 법률 시행(2012. 3) • 중앙·광역자살예방센터 설치 • 공익 광고 및 캠페인(자살예방 주간) • 맹독성, 고독성 농약 제한 • 자살보도 권고 기준 마련 • 언론 자살보도 모니터링
선택적 예방	자살 취약군	• 선별 프로그램 개발 • Gatekeeper교육 • 자살예방 프로그램: 상담 • 학교폭력, 독거노인 등 관리	• 보고, 듣고, 말하기 제작 및 보급 • 자살예방교육프로그램(ASIST) 보급
집중적 예방	자살 고위험군	• 위기대응체계 구축 • 응급실 내원 자살 시도자 관리 • 자살 시도자 사후 관리 • 유가족 관리	• 지자체 자살예방사업 실시 • 자살 시도자 관리 시범사업

웰빙과 웰다잉을 위해서

이종형

웰빙과 웰다잉은 모든 사람이 추구하는 삶의 방향일 것이다. 사람마다 자신의 가치관에 따라 웰빙과 웰다잉의 내용은 다르지만, 웰빙은 행복하게 삶을 살아가는 것이며, 웰다잉은 행복한 삶의 아름다운 마무리므로, 웰빙과 웰다잉은 연결되는 것이다.

그렇다면 우리나라 국민들의 일상적인 삶은 행복할까? 웰빙이 가능할까? 또 웰빙을 통해 웰다잉이 가능할까? 우리나라를 포함하여 많은 국가가 국민의 행복한 삶을 위해 복지국가를 추구하고 있다. 복지국가란 국가의 경제발전을 기반으로 좋은 일자리를 제공하여 국민들이 안정적인 소득을 얻어 의식주를 해결하고, 건강을 지키며 문화생활을 영위하고 자신의 의사를 표현할 수 있는 생활이 가능하도록 보장하는 국가다.

우리나라는 6·25 전쟁 후 폐허 속에서 일어나 눈부신 경제발전을 이루어 왔다. 새마을운동 등 온 국민의 노력을 통하여 최근에는 건설, 조선, 반도체, 스마트폰, IT 등 많은 분야에서 세계 1위 제품을 내놓고 있다. 1인당 국민총소득(명목)도 1955년 65달러에서 2015년 2만 7,339.7달러로 60년 만에 420배 높아져서 많은 개발도상국의 모범 모델로 손꼽히고 있다. 그렇지만 34개 회원국을 대상으로 하는 경제협력개발기구(OECD)의 '2015 삶의 질(How's life?)' 보고서 중 삶의 질과 관련된 지표들을 살펴보면, 임금근로자의 연평균 근로시간, 노인빈곤율에서 1위를 하였으며, 그 외 가족과의 교감시간은 최저, 삶의 만족도는 하위 20%

에 속하는 것으로 나타났다. 또한 우리나라 통계청의 자살률 발표와 OECD 자살률을 2012년도를 기준으로 비교해 볼 때 1위를 나타내고 있어 빠른 경제성장의 부작용이 있는 것으로 보인다.

언급된 항목들을 좀 더 들여다보면 첫 번째로 임금근로자의 연평균 근로시간에 있어 2014년도에 15세 이상 우리나라 노동자의 연간 근로시간은 2,124시간으로 집계되어 멕시코 노동자의 2,228시간에 이어 2위로 높게 나타났다. 3위로 그리스가 2,042시간 일하며, 이외의 모든 국가는 2,000시간 미만으로 일을 하고 있었다. OECD 회원국 평균 근로시간은 1,770시간이며, 미국의 경우 1,789시간, 이탈리아의 경우 1,734시간, 일본의 경우 1,729시간이며, 가장 근로시간이 적은 국가는 독일로 1,371시간이었다. 따라서 OECD 평균에 비해 1.2배, 같은 아시아 국가인 일본에 비해서도 1.23배이며, 독일에 비해서는 1.55배로 많이 일하고 있다고 나타났다.

두 번째로 관심을 끈 것은 우리나라 어린이들이 부모와 함께하는 시간이다. 우리나라는 하루 48분으로, OECD 가입국 가운데 가장 짧았다. OECD 평균은 151분이며, 호주 256분, 미국 211분, 일본 109분, 프랑스 102분으로 조사되었다. 특히 우리나라의 아빠와 아이 간의 신체적, 공부나 책 읽기 등에 관한 교감시간은 하루 6분으로 OECD 가입국 중 최단이었으며, 미국 76분, 호주 72분, 프랑스 33분, 일본 19분 등이었다.

세 번째로 노인빈곤율을 살펴보자. OECD 회원국의 노인빈곤율 평균은 12.4%로 나타났으며, 호주 35.5%, 일본 19.5%, 미국 14.6%, 독일 10.5% 등이었다. 우리나라는 49.6%로 가장 높게 나타났으며, OECD 평균 12.4%에 비하여 4배 높았다. 노인빈곤율은 모든 가구를 소득 순서대로 조사하고 그 소득값이 정확히 가운데에 위치하는 가구인 중위소득가구를 찾은 뒤, 중위소득 가구의 소득보다 소득이 작은 가구 중 노인가구의 비율로 계산한다. 따라서 노인빈곤율 49.6%는 우리나라의 거의 절반에 해당하는 노인가구의 소득이 중간 소득값보다 적음을 알 수 있다. 노인가구의 경우 일할 수 있는 기회가 적고 설령 소득이 있더라도 소득액이 많지 않기 때문에 생활이 어렵다고 볼 수 있다.

그다음으로 삶의 만족도를 살펴볼 때 우리나라 국민들이 평가한 삶의 만족도는 OECD 평균인 6.58점보다 낮은 5.80점으로 나타났으며, 이는 34개 회원국 가운데 27위에 해당한다. 노르웨이와 스웨덴이 7.6점으로 가장 높았으며, 덴마크와 아이슬란드가 7.5점으로 나타났다. 삶의 만족도는 10점을 만점으로 측정되었다. 만족도란 주관적이고 국가마다 국민의 인식에 따라 만족의 범위가 다르겠으나 우리의 만족도 5.8점은 향상하여야 할 부분이 분명히 있는 것으로 생각된다.

마지막으로 자살 사망률을 보자. 통계청에서 발표한 '2013년 사망원인통계'에 따르면, 우리나라에서 2012년 스스로 목숨을 끊은 사람은 1만 4,427명으로 1년 전보다 267명(1.9%)이 증가한 것으로 나타났다. 하루 평균 39.5명이 자살로 생을 마감한 것이다. 우리나라는 인구 10만 명당 평균자살률도 29.1명으로써 경제협력개발기구(OECD) 국가 자살률 12.1명의 두 배보다 높게 나타나 OECD 국가 중 가장 높은 수준을 나타내고 있다. 참고로 헝가리 22명, 일본 19.1명, 벨기에 17.4명, 에스토니아 16.6명, 핀란드 15.6명의 순이었다. 반면 자살률이 낮은 국가로는 멕시코 5.0명, 그리스 4.2명 및 터키 2.6명으로 나타났다. 또한 우리나라는 2003년 22.6명이었던 자살률은 2009년 31.0명, 2010년 31.2명, 2011년 31.7명으로 가파르게 상승했으나 이후 2012년 28.1명, 2013년 28.5명, 2014년 27.3명으로 소폭 감소하는 추세를 보인다. 그러나 성별요인을 반영해 볼 때 2014년 남성 38.4명(-3.6%), 여성 16.1명(-6.5%)으로 전년보다 감소하였으나 아직도 남성의 10만 명당 자살률은 여성의 10만 명당 자살률에 비해 2배 이상 높다. 안타까운 결과지만, 우리나라는 OECD 회원국 중 2002년부터 10년 연속 자살률 1위를 기록하고 있다.

자살을 시도한 사람들의 대부분은 정신적인 스트레스, 분노, 불안, 고독, 우울증을 지닌 것으로 나타났으며 이외에도 낮은 임금, 실업, 주류와 약물 남용, 미혼, 사별 등의 사회경제적 원인도 드러났다. 우리나라는 고령인구 및 단독가구의 증가, 경제사회적 원인 등으로 자살률이 높다. 따라서 사회 전반에 걸쳐 자살예방을 위한 생명존중 인식의 확산이 필요한 것으로 나타났다(보건복지부 등, 2014).

지금까지 OECD 통계와 관련 통계를 바탕으로 웰빙 및 웰다잉과 관련, 우리 사회에서 해결해야 할 문제점을 들어보았다. 우리나라는 국민들의 노력에 의하여 폐허에서 경제적 기적을 일구어 왔고, IMF 외환 위기에서도 단결하여 어려움을 극복해 왔다. 그러나 빠른 시간 안에 높은 성장을 이루려다 보니 그중에 희생된 부분도 분명 있었을 것이다. 따라서 그 희생되었던 부분들을 보완해야 하며, 보완과 동시에 우리나라 전체가 살고 싶은 국가, 행복한 국가, 복지국가가 될 수 있도록 정비를 해나가야 한다. 그러기 위해서 우리 사회를 약자를 배려하고 나눔이 있는 사회, 경쟁과 화합이 공존하는 사회, 원칙이 있으며 공정한 사회, 언제든지 노력하면 기회를 얻는 사회로 만들어가야 한다. 우리 모두가 이러한 방향으로 가도록 한마음으로 노력한다면 우리는 행복한 사회를 만들 수 있을 것이다. 이렇게 우리 사회에 부족한 점들을 올바르게 고쳐 나아간다면 우리는 그 안에서 웰빙을 하며, 웰빙 속에서 아름답게 웰다잉을 맞이할 수 있을 것이다.

감사로 이루는 웰빙과 웰다잉의 길

이종형

   문득 감사할 대상에는 어떤 것들이 있을까? 모든 사람들에게 공통적인 감사의 대상은 무엇일까? 그 대상은 사람마다 다양해서 다를 수 있겠지만 나는 아무래도 첫 번째 대상은 부모님이라고 생각한다. 부모님은 헌신적인 사랑으로 자녀들을 아낌없이 뒷바라지하는 분들이니 말이다. 얼마 전 '어느 부모가 자식에게 보내는 편지'란 내용을 SNS로 받았다. 거기엔 부모가 늙어서 음식을 흘리며 먹거나 옷을 더럽히고, 잘 입지 못하게 되더라도 네가 어렸을 적 먹이고 입혀 주었던 그 시간들을 떠올리면서 부모의 지저분해진 모습을 조금만 참고 받아달라. 기억을 못할 때 그래서 대화가 되지 않을 때, 그때 대화의 여부가 중요한 것이 아니라 말을 들어주는 네가 함께 있다는 것이 중요하다는 이야기가 담겨 있었다. 늙은 부모가 자식에게 바라는 몇 가지의 소망이 지켜진다면 아름답게 생을 마감할 수 있으니 도와달라는 내용으로 느껴졌다. 또 아름답게 생을 마감하기 위해서는 혼자만의 준비가 아니라, 주변과 함께 만들어가는 과정이라는 생각도 들었다.

   마지막에는 자식을 키우면서 많은 실수를 했어도 부모로서 줄 수 있는 가장 좋은 것과 좋은 삶을 너희에게 보여주려고 최선을 다했으며, 그렇게 키운 자식의 모든 것을 사랑한다로 끝마치고 있다. 일반적으로 부모와 자녀 간의 사랑이라고 하면 내리사랑이라는 단어가 가장 먼저 떠오른다. 부모님을 생각하면 그 사랑이 너무나 크고 감사한 사랑으로 생

4장 이별 준비: 행복한 죽음은 행복한 삶에서   169

각되나, 내가 자식에게 주는 사랑은 좋은 부모가 되기 위해 노력은 하지만 그 과정에서 실수가 있는 사랑, 그때그때 최선의 사랑이지 않을까?

두 번째 감사의 대상으로 '건강'을 들어본다. 예전에는 61세가 되면 60갑자(甲子)가 되므로 태어난 간지(干支)의 해가 다시 돌아왔음 뜻하는 환갑(還甲)이라고 하며 환갑잔치를 열었다. 또한 70번째 생일을 맞이하면 예로부터 드문 경우라 이를 고희(古稀)라 하여 자식들이 기뻐하며 주변의 사람들을 초대하여 성대히 칠순잔치를 해드렸다. 2014년 통계청이 발표한 생명표에 따르면 우리나라 사람들의 기대수명은 1970년에 61.9세로 환갑을 조금 넘긴 나이였으나 2014년에는 82.4세로 44년 만에 20.5세가 높아졌으며, 최근에는 평균 100세를 바라보고 있다. 따라서 칠순, 팔순까지의 삶이 당연한 것으로 여겨져 환갑이나 고희잔치는 이제 가족여행 등의 행사로 간략화되고 있다. 오히려 100세까지 '오래 사는 것이 축복이 아니다'라는 의견도 있는 시대다. 단지 오래 사는 것이 축복이 아니라 즐겁고 행복하게 오래 살기 위해서는 건강이 전제가 되어야 한다. 건강해야 자기가 하고자 하는 것들을 실행해 가며, 기쁨을 느낄 수 있기 때문이다. 이를 위해 현재 갖고 있는 건강이 잘 유지될 수 있도록 노력하며, 건강함에 감사한 마음을 갖는 것이 필요하다.

세 번째 감사의 대상으로 '일하는 기쁨'을 들어본다. 건강하게 장수할 수 있도록 하는 원동력 중 하나를 꼽으라면 건강에 맞는 일을 하는 기회를 갖는 것이다. 사람은 계속 일 없이 생활하면 의욕이 떨어지고 무기력해지며, 마음의 병이 생기게 되고 결국에는 건강이 나빠진다. 따라서 일하는 삶이 건강하게 장수하는 비결이다. 일을 하면서 보수를 받는 경우에는 그 보수를 바탕으로 다른 사람을 돕기 위한 금전적 나눔을 할 수 있으며 이로써 행복을 느낄 수 있다. 또한 보수 없이 타인을 위해 일하는 봉사의 경우도 마찬가지일 것이다. 그러므로 일할 수 있고 그러면서 남을 생각하는 마음도 함께 갖는다면, 봉사의 기쁨을 느끼며 행복한 삶을 영위할 수 있을 것이다.

감사의 대상으로 부모님과 가족 사랑에 느끼는 감사, 건강에 대한 감사, 일하는 기쁨, 나눔으로부터의 감사 등을 들어보았다. 그 외에도 맛있는 음식을 먹을 수 있음에 감사, 아름다운 음악, 미술 등의 예술을 느낄 수 있음에 감사, 자연을 보며 아름다움을 느낄 수 있음에 감사 등 찾는 사람에게 감사의 대상은 수없이 많다.

반면 사람들이 감사한 마음을 갖지 못한다면 그 이유는 무엇이며 어떤 의미일까? 그 이유는 아마 내게 일어나는 좋은 일들이 모두 당연하다고 느끼기 때문이다. 이렇게 감사함을 느끼지 못하고, 느끼지 못함으로 감사함을 표현하지 않고 당연한 것으로 느끼는 사람들로 이 세상이 채워진다면, 다음 기회에 좋은 일들은 더 이상 일어나지 않고, 좋은 일이 일어날 일이 없으므로 작은 손해도 보지 않으려는 사람, 이기적인 사람, 거짓을 말하고 남에게서 이익을 취하려 하는 사람으로만 가득 찬 세상이 되지 않을까?

우리가 사는 세상을 행복한 세상으로 만들고자 한다면, 그 첫 번째는 감사의 마음을 갖느냐, 갖지 않느냐에 달려 있다. 설사 감사를 느끼는 대상의 크기가 점점 작아지더라도, 깊은 감사의 마음이 더욱 커진다면, 그리고 감사의 마음을 통해 베풀고자 하는 마음이 자연스럽게 생긴다면 세상은 점점 더 행복한 사회가 될 것이다. 웰빙을 '세상을 살며 행복을 느끼는 것'이라고 한다면 그리고 웰다잉을 '지금까지 살아온 날들의 아름다운 마무리'로 본다면, 웰빙과 웰다잉은 하나로 연결된 것이며, 그 연결의 출발점은 작은 것에 그리고 범사에 감사임을 잊지 않는 것이다.

군자의 죽음과 소인의 죽음

김문준

모든 인간의 죽음은 한 가지다. 생명 활동을 멈추는 것이다. 사람은 모두 행복하고 평안한 죽음을 맞고 싶어 한다. 그러자면 어떻게 죽음을 맞이해야 할까?

죽음을 맞이하는 태도와 생을 살아가는 태도를 따로 떼어 말하기 어렵다. 죽음은 삶의 연장선에 있으며, 또한 삶의 마무리이기 때문이다. 살아가면서 자기 책임을 다하라고 가르친 유교사상은 단지 인생의 소중한 가치를 실현하는 삶에 뜻을 둘 뿐, 죽음 이후는 걱정하지 말라고 가르쳤다. 삶과 죽음의 끊임없는 윤회를 가르친 불교는 마음을 내려놓고, 욕심을 버리고 자비를 베풀라고 가르쳤다. 인위를 가하지 말고 자연으로 돌아가라고 가르친 도가사상은 삶과 죽음은 하나라고 가르쳤다. 성스러운 죽음을 예찬하는 기독교는 죽음이란 나를 사랑하는 신에게로 돌아가는 것이라고 가르친다. 이 가르침에 따라 조선시대에 한국의 수많은 천주교인들이 순교했다.

성인들이 가르치는 죽음은 결국 자신이 선택하는 주체적인 죽음이다. 자신이 결정하는 죽음이란 고통과 무의식의 상태에서가 아니라 담담하고 평온하게 죽음을 맞이하는 데 있다. 인간이 동물과 다른 이유는 자신을 안다는 것이고, 자신을 안다는 것은 '나'를 대상화해서 볼 줄 안다는 뜻이다. 그러니 부끄러워하고 반성할 줄 아는 것이다. 나 자신을 인식한다는 것은 나의 인생이 유한함을 안다는 것이고, 그것은 곧 나의 죽음을 인식한다는 뜻이다.

따라서 사람은 자신의 인생을 선택하듯이 자신의 죽음을 선택할 수 있다. 자신의 인생을 소중히 다루듯이 생명을 소중히 다루고 자신의 인생을 잘 마무리하듯이 죽음을 잘 마무리해야 한다. 예수도 소크라테스도 자신의 죽음을 선택했다. 그들은 자신의 생명을 소홀하게 대한 것이 아니라 생명보다 더 소중한 것을 위해 스스로 선택한 길을 간 것이다. 그들은 죽음을 당한 것이 아니라, 새로운 가치를 선택한 것이다. 신, 자유, 진리 등 생명을 더 아름답고 가치 있게 만드는 것들을 위해 헌신한 것이다. 그들은 삶을 소중히 했고, 또한 삶보다 더 소중한 가치가 있다는 것을 알고 있었다.

과거에는 장례식을 치를 때, 군자의 죽음과 소인의 죽음을 구분했다. 예서(禮書)에, "소인의 죽음은 육신이 죽는 것이기 때문에 사(死)라 하고, 군자의 죽음은 도(道)를 행함이 끝나는 것이기 때문에 종(終)이라 하며, 일반인은 사와 종의 중간을 택해 단순히 없어진다는 뜻인 상(喪)을 써서 상례라 한다."고 했다. 이처럼 죽음도 사람에 따라 부르는 명칭이 달랐다. 요즘도 신문 방송에서 일반인이 죽은 경우엔 사망(死亡)이라고 하고, 사회 저명인사가 죽은 경우는 별세(別世)·서거(逝去)라고 한다. 옛날 왕의 경우는 승하(昇遐)·붕어(崩御: 하늘이 무너지다)라고 했다. 종교마다 죽음을 칭하는 명칭도 다르다. 불교에서는 일반인의 경우엔 타계(他界), 스님의 경우엔 입적(入寂)이라고 하고, 기독교에서는 소천(召天), 천주교에서는 선종(善終)이라고 한다.

출생과 죽음은 자기 선택의 경계 밖에 있다. 스스로 결정할 수 있는 것은 어떻게 살다 죽을 것인가 하는 내용이다. 사람마다 죽음을 맞는 상황은 모두 다르지만, 죽음을 맞는 내용은 선비 또는 군자(君子: 수양이

된 사람)의 죽음과 소인(小人: 수양이 덜 된 사람)의 죽음으로 구분해 볼 수 있다. 군자의 죽음은 생존본능보다 더 중요한 가치를 추구하는 자신만의 목표를 찾고, 그것을 이룩하려고 노력하는 인생을 살다가 가는 죽음이다. 자신의 생애 동안에 생존본능보다 앞서는 간절한 인생 목표를 세우고, 그것을 향해 인생을 살아가는 것이다. 그것은 죽음의 두려움에서 벗어날 수 있는 최선의 방법이고, 가장 가치 있는 삶을 살아가는 방법이기도 하다. 그럴 때 죽음에 대한 두려움과 삶에 대한 후회와 상실감은 적어진다. 군자의 죽음이란 무엇보다 부끄럽지 않은 죽음이어야 한다. 반면에 소인의 죽음은 오로지 생존본능을 따라 자신의 욕구와 욕망에만 충실히 살다가 가는 죽음이다.

공자는 "아침에 도를 들으면 저녁에 죽어도 좋다."고 했다. 일제 강점기의 독립운동가들은 "국가와 민족을 위해서라면 죽어도 여한이 없다."고 포부를 밝혔다. 간절한 꿈과 희망이 있는 사람은 지금 내가 하고 있는 이 일을 이룬다면 죽어도 여한이 없다고 한다. 사랑에 빠진 사람은 사랑을 위해서라면 내일 죽더라도 미련이 없다고 한다. 도를 위해 목숨을 바치는 죽음은 순도(殉道), 종교를 위해 목숨을 바치는 죽음은 순교(殉教), 나라를 위해 목숨을 바치는 죽음은 순국(殉國)이라고 한다. 우리는 자신의 생존본능보다 더 중요한 가치를 위해 죽음을 당한 경우를 많이 만날 수 있다.

2001년 1월 26일, 일본 도쿄의 신오쿠보 역에서 술에 취해 전철 선로에 떨어진 취객을 구하고 숨진 한국 대학생 이수현의 죽음이 일본에서 크게 화제가 되었던 적이 있다. 늦은 저녁에 술에 취한 남자가 선로에 떨어지자 사람들은 소리를 질렀다. 역에 전차가 들어온다는 벨이 울렸으나, 건너편 플랫폼에서 한 젊은이가 철로로 뛰어들어 그를 부축하여 올리려고 애를 썼다. 그 순간 전차가 진입하여 전차에 치여 둘 다 사망했다. 그 젊은이는 전혀 모르는 일본인을 구하려다 자신의 목숨을 희생한 것이다.

이태석 신부는 의과 대학을 졸업하고 의사가 되었는데 곧 신학교에 진학하여 신부가 된 후, 아프리카 선교를 지원했다. 2001년부터 아프리카 수단의 작은 마을 톤즈에서 봉사활동을 하다가, 9년 뒤인 2010년 1월 대장암으로 48세의 나이로 선종(善終)했다. 그해 12월 TV에서는 성탄특집으로 '이태석 신부 세상을 울리다'가 방송되었으며, 2011년 1월 선종 1주기에 그를 추모하는 추모제가 열렸다.

온 국민이 고통으로 신음하던 일제 강점기에 안중근 의사는 옳은 일을 하려고 자신을 희생하여 죽음을 당했다. 민족과 조국, 동양의 평화를 위해 의로운 일을 거행하고 그 대가로 숭고하게 죽음을 맞이했다. 안중근 의사의 살아온 과정은 물론 의거 후 단지 형식에 불과했던 재판 과정에서나 사형을 당할 때까지의 삶은 더할 수 없이 의연했다. 사형선고를 받고도 의연하게 자신의 사상을 책으로 기술하다가 죽음을 당한 그의 모습은 '견위수명(見危授命)'하며 '살신성인(殺身成仁)'한 군자요, 대장부의 모습을 보여주었다. '견위수명'은 나라가 위험에 처하면 자신의 목숨을 바친다는 뜻이고, '살신성인'은 자기를 희생하여 옳은 도리를 행한다는 뜻이다. 그는 옥중에서 많은 유묵(遺墨)을 남겼는데, 그중에서 『논어』의 명구를 필묵으로 많이 전했다. 안중근 의사는 이러한 유묵을 통하여 공자가 가르친 인(仁)과 군자(君子)의 정신으로 살았던 자신의 삶을 당당히 표현했다.

『논어』는 세상을 살아가는 사람다운 인생을 가르친다. 공자가 제시한 이상적인 인간상은 군자(君子)다. 군자는 소인과 대비되는 사람으로,

"군자는 의로움에 깨닫고, 소인은 이로움에 깨닫는다(君子喩於義 小人喩於利)."고 했다. 군자는 '지천명(知天命)'하여, 자신과 천명 앞에 당당한 인격자다. 또한 진리와 도덕을 숭상하여 인의예지를 실천하는 사람이다. 배우기를 좋아하는 호학자이며 지혜를 추구한다. 언행일치하기 위해 말을 조심하고 행동을 먼저 하는 사람이다. 세상에 나아가서는 자신의 이익을 뒤로하고 세상의 이익을 우선하여 나라를 바르게 다스리는 경세가다.

군자는 생을 사랑하고 죽음을 두려워하지 않는다. 담담하게 살아가고 죽음을 맞는다. 그러나 죽음을 가볍게 여기지는 않는다. 반면, 소인은 죽음을 두려워하고 담담하게 죽음을 맞지 못하는 자다. 순자는 "죽음을 가볍게 여기고 난폭하게 행동하면 소인의 용기다. 죽음을 무겁게 여기고 의로움을 가지고 경솔하지 않은 것이 군자의 용기다."라고 했다.

군자는 자신을 사랑하고 남을 사랑한다. 그런 과정 속에서 자기 인생의 기쁨과 자존감을 느끼고 그런 사람들과의 소통을 즐긴다. 그런 가운데 군자는 어떠한 죽을 맞을 것인지 자신의 죽음을 선택한다. 군자는 단정한 죽음, 부끄러움이 없는 죽음을 맞고자 한다. 단지 살기 위해 구차한 삶을 살려고 하지 않으며, 남에게 신세 진 일이나 빚을 남기지 않는다.

군자는 일생 동안 자신이 선택하고 추구하는 길에 매진하였기 때문에 후회나 남에 대한 원망이 없는 마무리를 한다. 생명의 욕구를 넘어서 사랑, 존중, 몰두, 숭고함과 같은 내용으로 인생을 채우고 살면서 죽는 날까지 스스로 성장하고 배우려고 하며 자신의 일생은 물론, 자기가 사는 세상을 더 좋은 세상으로 만들어가려고 애쓴다.

내가 살아가는 동안, 갑자기 절체절명의 순간에 처하여 애써 인류와 국가를 위해 견위수명하는 상황이 오지 않을지라도, 매일매일의 삶 속에서 스스로 인생에 부끄럽지 않으며 본인은 물론 주변 사람들이 나로 인해 더욱 행복하게 살 수 있는 인생을 살다가 죽음을 맞는다면, 이것이 바로 군자의 생과 죽음이 아닐까?

행복과 불행의 심리학

행복이란 무엇일까? 많은 사람들은 행복을 즐겁고, 기쁘고, 생이 넘치는 삶에서 그리고 어렵지 않은 삶에서 나오는 결과라고 여긴다. 하지만 행복한 사람들을 관찰해 보면 결코 우리가 생각하는 행복의 모습과는 거리가 있다. 행복이 긍정적인 감정인 것은 분명하지만 분명히 쉽고 즐거운 것은 아니다. 행복한 사람들의 특징 중 두드러진 것은 자신이 선택한 길을 걸어가는 과정에서 행복을 느낀다는 것이다. 여기서 중요한 것은 과정이지 결과가 아니라는 것이다.

정말 훌륭한 화가가 되고 싶은 사람이 있다고 가정해 보자. 그는 어디에서 행복을 느끼는 것이 정상적일까? 흔히 많은 시련을 겪고 그 결과로 훌륭한 화가가 된 이후에 행복을 만끽할 것이라고 생각하지만, 그런 성공의 결과가 행복을 준다면 세상에 행복을 느낄 수 있는 사람은 몇이나 될까? 그리고 도대체 어디까지 가야 누구나 인정하는 훌륭한 화가라고 인정받고 또는 스스로 인정하는 성공을 이룰 수 있을까? 실제로 그림을 그리는 과정에서 행복을 느끼지 못한다면, 그는 정말로 화가가 되고 싶은 것이 아니다. 그는 화가로서가 아니라 유명세와 성공으로 행복을 얻고자 하는 사람이다. 그런 결과적인 행복은 쉽게 익숙해지고 무뎌지며 순간적일 수밖에 없다. 그는 또 다른 행복을 얻기 위해 더욱 유명해져야 하며 더 큰 성공을 이루어야 한다. 그 순간을 위해 또 얼마나 참고 견뎌야 하는가? 행복에 대한 잘못된 관념이 그의 인생을

178   내 인생 저만치에 죽음이

대부분 참고 견디는 인내의 시간으로 만들어버리는 것이다.

행복은 결코 과정을 넘어선 결과에서 오지 않는다. 그러므로 우리는 실패를 통해서도 행복할 수 있다. 우리는 어리석게도 행복을 목표로 하고 성공을 바란다. 그러나 실제로 행복한 사람들은 자신이 선택한 길의 여정에서 행복을 느낀다. 그리고 그런 행복한 여정이 일의 성공이 아닌 삶의 성공을 보장한다.

우리가 좋아하는 여행을 생각해 보라. 여행은 준비하는 과정부터 여정의 하나하나까지 모든 것에서 기쁨과 행복을 느끼지 않는가? 여행의 결과를 위해 여행을 하는 사람은 없을 것이다. 해프닝이 많았던 여행, 때론 힘들고 고달팠던 여행이 지나고 나면 더욱 기억에 남지 않는가?

죽음 또한 마찬가지다. 죽음을 하나의 결과로 혹은 죽음 이후의 내가 없는 현실을 하나의 결과로 인식한다면, 죽음은 공포와 불행으로 생각될 수밖에 없다. 하지만 반대로, 죽음이 오기까지의 시간을 삶의 영역에 넣고 삶의 과정으로 본다면 우리의 여정은 더욱 행복할 수 있다. 여행이 끝난다는 사실로 인하여 마지막 남은 시간을 공허하게 보낼 필요는 없다. 끝이 좋은 여행이 진짜 기억에 남는 여행이지 않은가.

죽음이라는 결과에 연연하지 않는다면, 죽음은 결코 행복에 영향을 미치지 않는다. 마지막 길이 힘들고 험난하지만 나 자신의 삶을 살아간다는 의지로 그 길을 가능한 즐겁게 가리라는 선택을 할 수 있다면 우리는 행복할 수 있다. 어떤 결과가 오든, 그것이 죽음이든, 삶의 실패이든 우리는 길을 걸어간다. 그 과정 속에서 들에 핀 작은 꽃들을 바라볼 수 있으며, 작은 미소로 화답할 수 있다. 결코 쉬운 길은 아니다. 행복은 즐거운 일이지만 쉬운 일이라고 말하는 사람은 없다. 그 이유는 쉽고 어려운 기준이 행복과 전혀 상관이 없기 때문이다.

자, 그럼 행복과 불행에 대한 과학적인 이야기를 잠시 해보자. 다음의 내용은 심리학에서 실험을 통해 얻은 결과들이다. 우선 가장 중요한 내용은 행복이 많은 부분, 관념 혹은 관점에 의해 자신과 상황에 대해 해석되는 현상과도 같다는 것이다. 즉, 대부분의 불행한 사람들은 세상을 불행하게 보기 때문이다. 이 관념이란 주로 경험에 의해 학습된 습관과도 같은 것으로 무의식의 영향을 받는다. 자신이 행복하지 않다고 생각하는 사람들은 대부분 자신의 삶에서 무기력을 반복적으로 학습한 사람들이다. 물론 기질적인 특성이나 성격에 의해 자신의 환경을 불행하게 해석하는 사람들도 있겠지만, 관념은 일반적으로 자신의 환경과의 상호작용에 의해 학습된 결과다. 한국의 많은 학생들은 자신의 행복에 인색하다. 많은 학생들이 자신이 행복하지 못하다고 토로한다. 중고등학교를 거쳐 수업의 딱딱함과 동기의 결여 그리고 자신이 스스로를 통제할 수 없다는 생각이 학습된 탓이다.

일단 형성된 불행에 대한 관념은 현실을 재구성하는 틀로서 작용한다. 즉, 현실을 자신이 불행하다는 사실을 증명하는 요인들로 해석하는 것이다. 셀리그만(Seligman)의 무기력 학습에 대한 실험을 한 예로 들어보자.

실험에 사용한 개를 두 종류의 방에 가둔다. 먼저 한 종류의 방에 들어간 개들은 바닥에 전기충격을 경험하게 되는데 방에 설치된 버튼을 우연히 눌러 전기충격을 멈출 수 있다. 개들은 전기충격이 올 때마다 버튼을 눌러 전기충격을 피한다. 다른 종류의 방에 들어간 개들 또한 전기충격을 받는다. 하지만 이 방에는 전기충격을 멈출 어떤 장치도 없다. 이 개들은 첫 번째 방에 들어간 개들이 전기충격을 멈추면 자신의 방에도 전기충격이 멈추게 되지만 왜 전기충격이 멈추었는지 알지 못한다. 그냥 충격이 오면 받고 멈추면 안도하는 것이다.

일차 학습이 끝나면 개들을 다른 방으로 이동하는데, 세 번째 방은 두 종류의 방에서 학습한 개들에게 똑같은 조건으로 실험을 한다. 세 번째 방은 바닥이 반은 전기충격이 오고 반은 전기충격이 오지 않는다. 중간에는 간단히 넘을 수 있는 칸막이가 설치되어 있다. 개들은 전기충격을 피하기 위해 이 칸막이를 뛰어넘으면 되는 것이다. 첫 번째 방에서 학습한 개들은 세 번째 방에서도 쉽게 전기충격을 피한다. 즉, 전기충격이 오면 다른 칸으로 넘어간다. 문제는 두 번째 방에서 학습을 받은 개들이다. 이 개들은 어쩔 수 없이 전기충격을 받아야만 했던 조건에서 전기충격을 학습하였고 이제는 새로운 방에서 전기충격을 피할 수 있는 조건에 있다. 이 개들은 피할 수 있는 조건임에도 불구하고 끙끙 앓으면서 전기충격을 피하지 않고 제자리에 남아 있었다. 바로 무기력이 학습된 것이다.

한번 학습된 무기력은 우울증과 비슷하게 자동적, 무의식으로 세상을 부정적으로 해석하고 자신의 무력함을 전 영역에 적용한다. 정도의 차이는 있겠지만 실제로 불행한 사람들은 자신이 불행하다는 전제하에 왜 자신이 행복하지 못한가에 대한 조건들을 찾아낸다. 그 대표적인 예가 바로 돈의 부족이다. 그 외 건강하지 못함, 성공하지 못함, 학력이 모자람 등 다양한 이유가 그들을 불행하게 만들고 행복하지 못하게 만든다. 이들에게 삶은 단지 참고 견디며 이런 부족한 것들을 채우는 과정이다. 문제는 그 과정이 재미있고 동기화되기 힘들다는 것이며, 설사 이들에게 돈의 부족이 해결된다고 하더라도 행복해지지 않는다는 것이다. 돈은 순간적인 만족과 즐거움은 주지만 쉽게 적응해 버리는 대상이다. 6개월만 지나면 돈의 크기에 익숙해지고 우리는 원래대로 돌아온다. 우리는 이런 현상을 쾌락적응이라고 한다. 이 구조 속에서 그들이 할 수 있는 최대는 불행을 벗어난 중립상태, 즉 그저 불행하지 않은 삶인 것이다.

행복한 사람들 또한 행복에 대한 긍정적인 관념에 지배를 받는데, 심리학의 많은 연구는 이런 행복한 사람들의 특징이 자신을 불행하다고 생각하는 사람들의 것과는 질적으로 다른 관념에 의해 지배를 받는다고 한다. 이들은 부족한 것을 채우는 것보다는 자신이 잘하는 강점을 찾고, 불행해지지 않으려는 노력보다는 행복을 직접적으로 탐구하며, 결과보다는 과정을 중시한다. 행복한 사람들의 심적 특성, 자신과 세상에 대한 긍정적인 평가와 함께 스스로 세상을 통제할 수 있다고 믿으며, 무엇보다 주어진 것에 감사함을 느낀다. 이들의 행복거리는 실제로 평균을 넘지 않는다. 이들이 가진 자산은 관념적으로 행복하게 세상을 해석하는 내적인 것이다.

행복한 사람과 불행하다고 생각하는 사람들의 특징은 너무나도 분명하다. 자신이 자라온 환경에서 학습된 습관과 무의식적 관념이 이처럼 다르게 지배하지만 중요한 것은 행복한 세계관과 스킬은 충분히 학습될 수 있다는 것이다. 긍정심리학은 행복을 위해 다음을 제안한다.

첫째, 자신의 강점을 찾는 것에서 출발하라. 자신의 부족한 부분을 채운다는 것은 자신이 못하고 능력이 부족한 행위를 계속해야 한다는 것이다. 당연히 그 과정이 행복할 수 없다. 부족한 부분을 채우기보다는 자신이 가장 잘하는 그리고 재미있는 일을 찾는 것이다. 특히, 죽음 앞에선 모든 사회적 지위와 요구를 내려놓고 자신의 강점을 찾는 것이 더욱 중요하다.

둘째, 몰입하라. 강점을 찾았다면 이제 몰입할 수 있다. 실제로 무아 경지라고 해석되는 플로우(flow)는 시간 가는 줄 모르고 즐길 수 있는, 결과보다는 행위 그 자체에 모든 목적이 있는 상태를 말한다. 물론 몰입은 어느 정도 자신의 강점에 스킬이 붙었을 때 더욱 강하게 일어나는 경향이 있다.

마지막으로, 감사하라. 자신이 가장 좋아하는 일을 몰입해서 할 수 있는 것은 인간에게 주어진 가장 축복받은 일이며 감사할 일이다. 감사는 인간에게 무한한 수용력과 학습력을 주고 행복을 직접적으로 끌어올리는 놀라운 힘을 가지고 있다. 큰일보다는 작은 일들에 감사할수록 우리는 더욱 행복해진다. 큰일이 인생에 몇 번이나 일어나겠는가? 작고 소소한 일에 감사함을 느낌으로서 행복에 대한 무의식적 관념처럼, 감사 또한 자동적이고 무의식적으로 일어날 수 있도록 반복하는 것이 중요하다. 지나는 길에 핀 작은 들꽃의 아름다움에 감사할 수 있다면, 자연에 그리고 우주에 그리고 나의 존재에 무한한 감사와 그로 인한 행복을 느낄 수 있다.

최근에 암 판정을 받은 한 미국의 할머니가 모든 것을 내려놓고 캠핑카를 몰고 미국 일주를 떠났다는 보도가 있었다. 물론 할머니는 여행 중 생을 마감했지만, 그 여행은 어떤 여행보다 뜻깊은 것이었으리라. 행복한 죽음이란 기존의 행복과 크게 다르지 않다. 우리가 불행한 이유를 죽음에서 찾는 것은 이미 나의 삶이 불행하다는 전제에서 오는 관념과 해석에 불과한 것이다. 죽음이라는 결과는 모든 인간이 갖는 자연적인 마침표다. 이를 어두운 결과로 우리의 삶을 평가한다면 그 누구도 행복한 삶과 죽음을 맞이할 수 없다. 행복한 이들이 삶의 과정에 집중하듯, 행복한 죽음 또한 자신에게 의미를 부여해 가는 과정에서 얻어진다. 완성된 인간이기보다는 그 완성을 찾아가는 여정에서 말이다. 생의 마지막 순간이라 해도 자신이 불행한 이유에 집중할 필요는 없다. 그것은 하나의 관념일 뿐이다. 죽음 앞에서 모든 거짓 관념을 내려놓고, 가장 나다운 것들, 자신의 가장 큰 즐거움을 찾아 그 속에 몰입하고 그로 인해 삶에 감사함을 느낄 수 있다면 결과가 죽음이라고 해도 그는 행복한 인간으로 산 것이다.

5

준비하는 죽음:
'웰다잉 융합연구회' 발자취

죽음준비와 안락사법:
캐나다 노인 장기치료시설과 보건복지부 견학

김문준

2016년 여름, 웰다잉 융합연구회(책임교수 김광환 외 2명)에서 복지 선진 국가인 미국 및 캐나다를 방문하여 노인 장기치료시설(Long Term Care Center)과 노인 전용 아파트(은퇴 후 주거지: Retirement Homes) 몇 군데, 그리고 올해 6월 의회에서 안락사법이 통과된 캐나다 보건복지부를 방문했다. 이곳에서 캐나다의 노인복지 상황과 죽음을 앞둔 노인들에게 어떤 서비스를 제공하는지, 안락사 시행에 대한 대비를 어떻게 하는지 살펴보았다.

미국과 캐나다의 노인 요양시설은 대체로 시설과 서비스가 좋아 보였다. 그러나 그곳에서 만난 노인들에게서도 행복한 얼굴은 보지 못했다. 무심한 표정, 생기 없는 응시, 움직임이 거의 없는 느릿느릿한 닫힌 공간 속에서 죽음을 기다리는 노인들만 눈에 들어왔다. 그들은 고독해 보였다. 우리나라 노인들처럼 고독하기는 마찬가지다. 전국에 많은 요양시설과 요양병원, 그리고 혼자 사는 집에서 많은 노인들이 고독하게 살아가고 있다. 고령화 사회 국가들은 노인복지에 대해 여러 차원에서 대비해 왔지만, 결국 노인의 고독은 개인적인 문제가 되고 있다. 누구든 언젠가는 봉착하게 될 노인의 고독한 삶과 죽음 문제에 대해 사회적 공감대와 개선 대책이 필요하다.

또한 존엄사와 안락사에 관한 관심이 높아지는 가운데, 연명치료 중단 허용 단계를 넘어, 편안한 죽음을 인위적으로 시행하는 안락사를 허용하는 국가가 많아지고 있다. 그러한 국가 가운데 캐나다는 비교적 사회복지가 잘 시행되고 있는 국가인데, 2016년 6월에 안락사법이 국회에서 통과되었다. 찾아가 만나 본 캐나다 복지부의 안락사법 담당자는 안락사법 제정 과정, 정부의 안락사위원회, 안락사법을 시행하는 과정의 위험성, 향후 해결해야 할 문제 등을 오랫동안 설명했다.

캐나다에서 안락사법이 통과한 배경에는 캐나다인들의 마음을 움직인 도널드 로우 의사가 있다고 한다. 도널드 의사는 2003년 사스(SARS) 위기 때 TV에 출연하여 대처방안을 차분하게 설명하여 대중에게 잘 알려진 의사인데, 뇌암에 걸려 투병생활을 하면서 스스로 동영상을 만들어 조력 자살을 허용해 달라고 호소했다. 그는 다음과 같이 말했다.

"나는 죽어가고 있다. 내가 걱정하는 것은 어떻게 죽어갈 것인가이다." 그는 그가 고통 받고 있는 증세를 자세히 설명하여, 현재 자신은 듣지도 못하고 보지도 못하며 움직일 힘이 거의 없는데, 더 나쁜 것은 아직 최악의 상태에 도달하지 않았다는 것을 알고 있는 것이라고 말했다. 그는 고통 없는 죽음, 편안한 죽음을 원한다고 말했다. 인간답게 죽을 권리를 허용해 달라는 것이었다.

단지 연명치료를 중지해 달라는 것이 아니라 안락사를 허용해 달라는 것이다. 그는 이렇게 말했다. "내 몸에서 24시간만 살아보라.", "나는 인간다운 존엄성을 지닌 채 살고 싶고 인간다운 모습으로 죽고 싶다." 그는 캐나다인들에게 안락사는 끔찍한 일만은 아니라는 인식을 심어주었다. 도널드 로우 의사의 요청을 기점으로 캐나다인들의 여론이 움직이고 캐나다 정부는 2015년에 안락사위원회를 구성하고 2016년 6월에 의회에서 안락사를 합법화했다.

안락사법 통과는 캐나다가 처음이 아니다. 이미 유럽의 네덜란드, 벨기에, 룩셈부르크, 스위스, 그리고 중남미 국가인 콜롬비아 등이 안락사를 허용하고 있다. 그리고 영국, 프랑스, 미국 등은 안락사법을 긍정적으로 검토하고 있다.

미국에서는 2014년에 말기암 환자인 29세 브리트니 메이너드가 유튜브에 자신의 안락사를 원한다는 동영상을 올렸다. 메이너드는 편안하게 죽을 권리를 주장했다. 미국은 일부 주에서만 안락사를 허용하고 있다. 메이너드는 캘리포니아 주에서 살았지만, 안락사를 허용하는 오리건 주로 이사했다. 그녀는 고통스러운 말기암 상태에서 스스로 죽을 날짜를 선택하였고 그녀의 부모와 남편, 친구들이 지켜보는 가운데 죽음을 맞이했다.

안락사와 존엄사에 관한 법안의 공통점은 개인의 행복 추구 권리를 인정한다는 점이다. 그러나 안락사 허용을 논하기 전에 여러 단계의 사회적 안전장치가 필요하다. 인간성과 생명이 경시되지 않는 환경을 먼저 조성하기 위해 존엄사든, 안락사든 그 당사자가 어떤 이유로 요청하는지를 알아야 한다. 체계적인 여러 단계의 상식적이고 합리적인 검토와 결정이 이루어져야 한다. 의료, 상담, 복지 등 관련 전문가들이 여러 단계에 걸쳐 존엄사나 안락사 요청을 검토하고 결정해야 한다.

그리고 무엇보다 존엄사나 안락사를 다루기 전에 신중하게 인간의 존엄성과 생명의 가치를 중시하는 사회안전망 구축이 필요하다. 고독하게 보내야 하는 노년기의 노인복지, 진료 체계, 복지 사각지대를 점검하고 소외되는 사람이 없도록 하는 노력이 우선되어야 한다. 그리고 인간의 존엄성을 보호하고 존중하는 사회적 공감대를 바탕으로 안락사를 논하는 건전한 사회를 만들어 가야 할 것이다. (중앙매일 2016.8.25.~26.)

죽은 자를 존중하는 사회

박아르마

미국 공화당의 대통령 후보인 도널드 트럼프가 대통령에 당선되기는 했지만, 선거 과정에서 참전군인 유족과의 논쟁이 원인이 되어 연일 지지율이 곤두박질친 적이 있었다. 이라크전에서 전사한 칸 대위의 부모가 민주당 전당대회의지지 연사로 나서 '국가를 위한 희생'의 의미를 묻자 트럼프가 아무 말도 하지 않은 칸 대위의 어머니를 두고 엉뚱하게도 '공공장소에서 발언이 허락되지 않는' 이슬람의 여성차별 문제를 지적한 것이었다. 트럼프의 이런 발언이 알려지자 그가 국가를 위해 희생한 영웅의 부모를 비하했다는 비난이 쏟아졌음은 물론 공화당 당원들의 지지 철회도 이어졌다.

나는 이 사건을 두고 두 가지 생각을 했다. 먼저 국가를 위해 죽은 자는 물론, 그의 부모에 대해서도 성역까지는 아니더라도 최대한 예우를 해야 한다는 공감대가 미국 국민들 사이에 형성되어 있다는 것이다. 다음으로는 죽은 자를 예우하고 존중하는 사회는 살아있는 사람의 인권과 권리에 대해서도 존중할 가능성이 높다는 것이다.

우리 대학에서는 한국연구재단의 지원을 받아 '죽음'에 대한 연구와 '죽음교육 프로그램 개발'을 위해 3+2년 사업을 진행 중이다. 최근 우리 사회에서도 국회에서 웰다잉법(존엄사법)이 통과된 것을 계기로 죽음에 대한 토론이 활성화되고 죽음 연구와 교육도 활발하게 이루어지고 있다. 다만 우리 사회의 죽음교육은 이제 논의가 시작된 단계로, 학문적 차원을 떠나 죽음에 대해 제대로 알 필요가 있는 죽어가는 사람이나 그 가족에게 교육하기 어렵다는 현실적 문제에 처해 있다.

그런 이유에서 우리 연구회는 죽음을 수용하는 데 있어서 선진국의 경험을 배울 필요성을 느꼈다. 미국에서는 이미 1970년대 말에 600개 이상의 죽음 관련 강좌가 열렸고 지금도 각 대학에서 '죽음학' 강의가 활발하게 진행되고 있으니 말이다.

연구회는 지난 7월 연구 협약과 자료 수집, 죽음 관련 기관 방문을 위해 미국의 수도 워싱턴 DC를 찾았다. 많은 사람들이 찾는 미국의 수도이고 뉴스의 중심에 있는 곳이다 보니 새로울 것이 없어 보이는 도시이기도 했지만, 우리가 방문한 곳들을 돌이켜보니 워싱턴은 죽은 자들을 기념하기 위한 도시라는 생각이 새삼 들기도 했다. 도시 한복판에 있는 워싱턴 기념탑부터 링컨, 제퍼슨 기념관, 홀로코스트 박물관, 한국전 참전 기념공원, 알링턴 국립묘지에 이르기까지 모든 기념물이 죽은 자를 기억하고 추모하는 시설이었으니 말이다.

워싱턴과 비교하기는 어렵지만 유사한 행정수도인 세종시 중심에 국립묘지와 죽은 사람들을 기념하기 위한 시설들이 자리 잡고 있는 풍경을 떠올리기는 쉽지 않았다. 특히 알링턴 국립묘지에는 남북전쟁, 세계대전, 베트남, 한국전, 걸프전 전사자들부터 무명용사의 묘에 이르기까지 '기억해야 될 수많은 죽음'이 묻혀 있다. 지난 5월 오바마 대통령은 메모리얼 데이를 맞아 알링턴 국립묘지를 찾아 헌화하고 "나라를 위해 순국한 사람들에게 진 빚은 완전히 갚을 수 없다."고 말한 바 있다. 최근 미국 하원의원들이 한국전쟁 때 전사한 미군의 유해 발굴을 위해 미국 정부가 북한과 협의를 재개할 것을 촉구하는 결의안을 발의했다는 뉴스 역시 죽은 자들을 존중하고 예우하는 사회적 분위기를 말해준다.

한편으로 생각해 보면, 죽은 사람을 위해 많은 비용을 들여 묘지를 운영하고 죽은 지 60년이 지난 사람의 유해를 기억하고 발굴하기 위해 노력하는 일들이 어쩌면 '비효율적'으로 보일지도 모르겠다. 트럼프의 전사자 유가족에 대한 비하 발언도 전사자에 대한 직접적인 모욕은 아닐 수 있다. 하지만 죽음을 기억하지 않고 죽음의 의미를 묻지 않으며 죽은 자를 존중하지 않는 사회가 살아있는 사람의 생명이라고 해서 특별히 보호하고 지키는 데 힘쓸 것 같지는 않다. 한 사회가 죽은 사람에 대해 예우하고 죽음을 기억하는 것은 오히려 살아있는 사람의 생명을 소중히 여기겠다는 의지를 표현하는 것에 불과하다.

우리 사회에도 기억해야 할 죽음이 많이 있다. 2001년 일본 지하철에서 일본인을 구하려다 죽은 고(故) 이수현 씨를 비롯해서 2014년 304명의 희생자를 낸 '세월호' 참사에 이르기까지 고인들의 죽음을 우리가 기억하고 추모하는 방식을 보면 우리 사회의 인권의식과 수준도 자연스럽게 드러날 것이다. (중앙매일 2016.8.29.)

죽음을 공론화하는 사회

박아르마

　건양대학교 '웰다잉 융합연구회'는 미국의 죽음교육 현황을 파악하고 관련 교육기관 방문과 자료 수집을 위해 뉴욕으로 출국했다. 연구와 출장 목적의 출국이었지만 뉴욕이 경제는 물론 현대 미술과 음악, 공연 등 예술의 중심지이고 유행을 선도하는 대도시이다 보니 여행자의 설렘이 일었다. 기대처럼 뉴욕은 다양한 볼거리가 있었고 거의 모든 것을 경험할 수 있는 곳이었다. 뉴욕 체류 일정 동안 우선적으로 방문하고자 했던 곳은 인근의 뉴저지 소재 (죽음으로 인한) 비탄치유 센터(Center for grief services)와 홀로코스트 박물관이었다. 또한 지난해 암으로 생을 마치면서 자신의 죽음을 담담하게 기록해 세계인에게 감동을 준 미국의 신경의학자 올리버 색스 박사와 관련된 장소와 기록을 찾아보려는 목적도 있었다.

　'비탄치유 센터'의 설립 목적은 자신과 가까운 사람이 죽은 뒤 찾아오는 상실감과 슬픔을 치유하고 위로하는 데 있고, 센터는 그와 관련된 교육 프로그램을 운영하고 있다. 우리 연구회의 주요 과제 역시 죽음교육 프로그램 개발이고, 프로그램에는 가족이나 지인의 죽음 이후에 남겨진 사람들의 상실감 치유와 일상생활 복귀를 위한 내용이 들어 있다. 특히 이 기관의 운영자인 노마 보위 박사는 킨 대학에서 10년 이상 죽음학 강의를 진행하여 수많은 학생들의 지지를 받았다. 그녀의 죽음학 강의는 에리카 하야사키의 저서 『죽음학 수업』을 통해서 국내에 소개되었다. 노마 박사의 죽음학 교실은 이론에 머물지 않고 사고로 죽은 시신을 검시관이 부검하는 장면을 학생들에게 직접 보게 한다든지 묘지와 장례식장을 방문하는 프로그램으로 이루어져 있다. 그야말로 죽음을 이해하는 데 그치지 않고 실제 죽음을 목격하고 죽음을 간접적으로 경험하게 하는 살아있는 수업이 진행되었다. 노마 박사는 오랜 죽음학 강의 경험을 바탕으로 현재 '비탄치유 센터'를 운영하며 죽음의 트라우마에서 헤어 나오지 못하는 상처받은 사람들에게 삶의 희망을 되찾게 해주는 사명을 다하고 있다.

우리가 안구 흑색종이라는 희귀암으로 타계한 올리버 색스 박사에 대해 관심을 가진 것은 그가 뉴욕 타임즈에 쓴 '나의 인생(My Own Life)'을 읽고 나서였다. 그는 이 글에서 죽음을 긍정적으로 수용하고 자신이 살아온 삶을 돌아보며 감사한 마음을 기록했다. 그는 죽음을 앞두고 "나는 살아있음을 강렬하게 느낀다. 그 시간에 우정을 깊게 하고 사랑하는 이들과 작별하고, 더 많이 쓰고, 힘이 닿는다면 여행도 하고…" 이렇게 남아 있는 삶을 희망을 잃지 않은 채 기록한다. 우리 연구회가 운영 중인 죽음교육 프로그램에도 '앞으로 주어진 시간이 1년밖에 남지 않았다면 어떻게 살아야 할까?'라는 질문을 던지고 '엔딩노트'와 '버킷리스트'를 작성하는 과정이 있다. 올리버 색스 박사가 죽음 앞에서 당당할 수 있었던 이유 중 하나도 그가 의사이기에 앞서 젊은 시절부터 오토바이로 미국 전역을 돌아다닐 정도로 여행을 즐겼고 평생 쓴 일기가 1,000여 권에 달할 정도로 '쓰기'를 중요하게 생각했기 때문이다.

짧은 뉴욕 일정 동안 미국인의 죽음에 대한 태도와 죽음교육 현황을 상세하게 파악하기는 어려웠지만 우리 연구회가 깨달은 것은 죽음은 피하거나 두려워하기보다는 죽음에 대해 이해하고 토론하며 공론화할 때 그 공포도 사라진다는 사실이었다. 그것은 우리 연구회가 학생과 성인 대상의 죽음교육 이후에 행한 죽음에 대한 태도를 분석한 논문에서도 이미 확인된 사실이었다. 노마 박사의 죽음학 강의의 핵심 내용도 죽음을 간접적으로나마 경험하고 죽음에 맞서게 한다는 것이었다. 또한 색스 박사의 사례에서 보았듯이, 삶에 대한 애정과 지난 시간을 기록하는 습관은 죽음이 현실의 문제가 되었을 때 죽음에 당당하게 맞설 수 있는 힘이 될 수 있다. 2016년 1월, '웰다잉법(존엄사법)'이 국회 본회의를 통과하면서 우리 사회에서도 죽음에 대한 논의가 본격화되었다. 죽음에 대한 논의의 목적은 음습하고 절망스러운 삶의 끝을 이야기하려는 것이 아니다. 살아있는 동안 죽음에 대해 이야기하는 것은 오히려 현재의 삶에 충실하고 살아있는 동안 삶의 희망을 잃지 말자는 결연한 의지의 표현이다. (중앙매일 2016.8.31.)

산 자와 죽은 자가 공존하는 사회

박아르마

  현재의 삶에 충실하고 남은 삶을 의미 있게 만들어나가기 위해서는 다가올 죽음을 미리 생각하고 준비하는 자세가 필요하다. '어떻게 살 것인가?'에 대한 질문은 '어떻게 죽을 것인가?'에 대한 질문과 다르지 않다. 건양대학교 웰다잉 융합연구회는 우리 사회에서 죽음에 대한 생산적인 토론이 활성화되고 그것이 생명에 대한 사랑과 존중으로 이어지기를 바라는 목적에서 지난 3년간 죽음에 대한 연구와 교육을 병행해 왔다. 특히 지난해와 올해는 프랑스와 미국, 캐나다를 방문하여 선진국의 죽음교육 현황을 파악하고 죽음과 관련된 문화와 태도를 이해하여 우리 사회에 적용할 수 있는 교육 모델을 만드는 데 중점을 두었다.

  먼저 연구회가 파악한 선진국의 죽음교육은 적어도 대중교육에 있어서는 죽음의 '인지적 측면'보다는 '실천 및 행동 측면'에 중점을 두고 있다는 사실이었다. 말하자면 죽음을 이론으로 설명하는 것보다는 장례와 관련된 체험, 묘지 방문, 호스피스 병동 방문, 엔딩 노트와 묘비명 쓰기 등의 실천적 교육 프로그램을 운영하고 있었다. 우리 사회에 죽음교육이 도입된 지 오래되지 않아 아직은 인지적 교육이 중심을 이루고 있지만, 점차 현장 중심 교육이 이루어질 것으로 기대한다. 또한 선진국의 죽음교육은 죽음 자체에 대한 교육을 넘어 가까운 사람의 죽음 이후에 나타나는 남은 사람들의 슬픔과 비탄, 트라우마 치유까지 교육의 범위에 포함하고 있었다. 프랑스와 미국의 경우 전쟁이 아니더라도 테러와 총기난사 사건이 빈발하고, 개인뿐 아니라 국민 전체가 집단적인 트라우마를 겪는 일이 빈번하다 보니 '남은 사람'에 대한 죽음교육을 중요시할 수밖에 없었을 것이다.

다음으로, 연구회가 선진국의 죽음과 관련된 태도와 문화를 이해하기 위해 주목한 것은 장례와 묘지였다. 산 사람이 죽은 사람을 어떻게 떠나보내고 어떤 관계를 유지하는지 알게 되면 그 사회의 죽음과 관련된 태도와 문화 전반을 파악할 수 있을 것이라는 기대감에서 비롯된 판단이었다.

프랑스의 경우엔 파리 시내 한복판에 몽마르트르, 페르라셰즈, 몽파르나스 등의 묘지가 공원처럼 조성되어 있다. 미국의 수도 워싱턴 DC는 도시 전체가 죽은 자들을 위한 기념물일 정도로 '죽음과 기억' 관련된 장소와 시설이 많았다. 뉴욕의 경우도 그린 우드 묘지를 비롯해 도시 중심에서 그리 멀지 않은 곳에 공동묘지들이 조성되어 있었다. 여기서 한 가지 공통점을 찾을 수 있다. 선진국의 묘지는 도심에 있거나 적어도 도심 가까운 곳에 있으면서 살아있는 사람의 생활공간과 크게 분리되어 있지 않다는 것이다. 또한 일반인이 주로 매장되는 공동묘지에 쇼팽, 에디트 피아프, 번스타인 등 세계적인 예술가들과 명사들이 함께 있다.

우리나라는 서울 시내 한복판에 현충원 외에는 큰 묘지가 있다거나 명사들이 공동묘지에 일반인들과 함께 묻히는 경우를 잘 듣지 못했다. 우리에게 아직까지 묘지는 기피시설이고 살아있을 때의 사회적 지위는 죽어서도 유지되어야 한다는 생각이 여전한 것 같아 씁쓸한 생각이 든다. 결국 우리는 도심 한복판에 묘지가 있는 프랑스와 미국의 사례에서, 산 자와 죽은 자가 공존하는 사회는 죽음을 공포와 터부의 대상이 아니라 삶의 일부로 여긴다는 가치관을 읽을 수 있었다. 따라서 산 자와 죽은 자가 공존하는 사회에서는 죽음에 대한 토론과 교육도 자연스럽게 이루어질 수 있으며 묘지까지도 생활의 공간으로 끌어들일 수 있다는 것을 이해하게 되었다.

대부분의 사람들에게 죽음의 문제가 현실의 사건이자 나의 문제가 되는 것은 가까운 사람, 그것도 가족의 죽음을 겪게 되면서부터일 것이다. 특히 가족 중 한 사람을 불의의 사고로 잃거나 회복 불가능한 질병으로 죽음을 기다리고 있는 가족을 두게 되면 그 상처와 충격은 이루 말할 수 없을 것이다. 죽음은 예고하고 찾아오지 않는다. 죽음교육은 삶의 희망을 꺾거나 두려움을 불러일으키려는 음습하고 두려운 경험이 아니다. 죽음교육을 받은 사람들 대부분이 자신이 살아있음에 감사하고 가족의 소중함을 깨달았다는 것이 우리 연구회가 선진국의 경험과 지난 3년 동안의 연구에서 얻은 결론이다. (중앙매일 2016.9.1.)

프랑스인의 삶과 죽음

박아르마

죽음은 피할 수 없는 중대한 사건이면서도 삶이 지속되는 동안에는 잊고 있거나 미래의 사건으로 유보시키고 싶은 두려운 경험이다. 건양대학교에 재직 중이면서 평소 가깝게 지내던 몇몇 교수들은 우연한 기회에 죽음의 문제에 대해 진지한 토론을 하게 되었다. 토론의 결과, 우리 사회에서 아직까지 죽음에 대한 깊은 성찰이 부족했고 죽음을 학문적으로 연구할 필요가 있다는 데 의견의 일치를 보았다. 이를 계기로 우리는 한국연구재단 학술사업공모에 응하게 되었고, 마침내 '웰다잉 융합연구'를 진행하게 되었다.

다음은, 우리보다 앞서 죽음 문제 관련 연구와 교육을 하고 있는 프랑스를 견학, 현장에서 보고 느낀 감상을 적은 글이다.

프랑스 방문의 주요 목적은 우리 대학의 '웰다잉 융합연구 교육센터'와 학술적 교류를 위해 협약을 진행 중인 '프랑스 죽음준비 국가연맹(JALMALV)'의 운영 실태를 파악하고 서로의 연구 경험을 공유하는 것이었다. 학술 교류를 통해 우리가 파악한 프랑스의 죽음교육은 죽음 자체에 대한 연구에 머물지 않고 죽음을 앞둔 사람과 남겨진 사람에 대한 정신적 치료에 중점을 두고 있다는 것이었다. 프랑스의 국립 투르 대학이나 '프랑스 죽음준비 국가연맹'을 비롯한 여러 기관에서는 '대체의학'이나 '보완의학'이라는 이름으로 정신적 문제를 겪고 있는 사람에 대해 인문학에 기반을 둔 예술치료를 병행하고 있었다. 예술치료에는 사이코

드라마와 같은 전통적인 연극치료, 글쓰기·독서치료, 음악·미술치료가 있다. 우리의 경우에도 이와 같은 예술치료를 환자치료에 적용하고 있지만 아직까지는 의료영역과 완전히 분리되어 있는 것이 현실이다.

연구회가 죽음에 대한 연구를 진행하면서 프랑스의 장묘 문화에 대해서도 관심을 가지게 되었다. 특히 대도시의 경우에 프랑스도 우리와 마찬가지로 묘지 부지 부족에 시달리고 있기 때문이다. 파리 시내에는 페르라세즈, 몽마르트르, 몽파르나스 등 3개의 공동묘지가 있다. 우리와 다른 점은 대형 공동묘지가 시내 한복판에 있고 공원처럼 조성되어 있어 연고가 없는 사람도 산책을 위해 찾는다는 것이다. 몽파르나스 묘지에는 철학자 샤르트르와 시몬 드 보부아르가 나란히 누워 있고 작가 에밀 졸라, 작곡가 오펜바흐도 묻혀 있다. 우리가 방문한 페르라세즈 묘지는 파리에서 가장 큰 규모로 200여 년 전에 조성되었다. 이곳에 묻혀 있는 유명인은 헤아리기 어려울 정도로 많은데 쇼팽, 발자크, 이브 몽탕, 이사도라 던컨, 짐 모리슨 등이 대표적인 인물이다. 이런 세계적인 인물들이 안장되어 있다 보니 페르라세즈 공동묘지는 혐오시설과는 거리가 멀고 많은 사람들이 방문하는 세계적인 명소이자 죽어서 가고 싶은 장소가 되었다.

프랑스는 화장률이 20% 안팎인데, 넘쳐나는 묘지 부지를 어떻게 해결했는지 궁금하였다. 프랑스 인들은 화장보다는 매장을 선호하지만 넓은 면적의 묘를 쓰는 경우는 드물고 대부분 공동묘지에 묻힌다. 또한 분양 묘지의 면적은 2제곱미터 정도이고 공동으로 사용하는 가족묘지가 많다. 분양 분묘도 영구 매장보다는 10년에서 50년 사이에 시한부 매장을 허용하는 경우가 많았다. 우리나라도 국가지도자급 인사들부터 작은 분묘 이용을 실천해야 한다는 생각이 들었다.

마지막 방문지는 팡테옹이었다. 팡테옹은 루이 15세 때 성당으로 지은 건축물이지만 지금은 프랑스의 위인들이 안치되어 있는, 우리로 치면 국립묘지에 해당한다. 돔으로 이루어진 건축물의 지하에는 철학자 루소와 볼테르부터 빅토르 위고, 앙드레 말로와 같은 작가, 과학자 퀴리 부인까지 프랑스를 대표하는 위인들의 묘가 있다. 연구회는 이곳을 방문하여 최근 안치된 남성 2명과 여성 2명이 2차 세계대전 중 독일에 점령당한 프랑스에서 레지스탕스 활동을 하다가 죽은 평범한 사람들이었다는 사실을 전시회를 통해 알고 나서 큰 감동을 받았다. 국가가 나라를 위해 죽은 사람을 어떻게 예우하는지 알면 그 나라의 인권과 복지 수준까지도 알게 된다. 연구회의 핵심과제인 웰다잉, 즉 죽음준비교육도 결국 삶을 사랑하고 살아가는 동안 어떤 삶을 살아갈지 준비하는 것이 목표가 되어야 한다는 생각을 다시 한 번 하게 되었다. (대전일보 2015.11.5.)

인간의 존엄성과 죽음준비 교육

김광환

2000년대 들어 웰빙이 유행하면서 온 국민이 잘 살기에 큰 관심을 기울이고 있다. 웰빙이란 몸과 마음이 건강하고 행복하고 보람 있는 삶을 누리는 것을 말한다. 그러나 웰빙은 잘 사는 문제만이 아니다. 평안한 죽음도 행복한 삶의 연장 선상에서 이해해야 한다. 행복한 나이 들기, 즉 웰에이징(Well-Aging)과 행복한 죽음(竹陰), 즉 웰다잉이 포함되어야 한다. 잘 늙고 잘 죽지 못한다면 잘 살았다고 하기에 부족하다.

웰다잉이란 갑자기 맞이하는 죽음이 아니라, 후회 없는 죽음을 맞도록 '준비된 죽음'으로, 편안하게 고통 없이 행복한 죽음을 맞이한다는 의미다. 경제 선진국들은 30여 년 전부터 웰에이징과 웰다잉에 대한 관심이 높다. 우리나라에서도 10여 년 전부터 죽음학, 생사학(生死學)이 시작되었고 죽음 관련 교육에 대한 관심이 높아지고 있다.

죽음에 이르는 과정과 죽음을 더 이상 개인의 일만으로 방치해서는 안 된다. 인간은 누구나 인간다운 삶을 살아갈 권리뿐만 아니라 인간다운 죽음을 맞이할 권리가 있다. 국가는 국민이 품위 있는 삶을 살고 죽음에 이르는 사회 조건을 만들어가야 할 의무가 있다.

국가는 질병이나 노년기에 처한 소외계층의 사회적 복지 수준을 지속적으로 끌어올려야 하며, 인간으로서의 존엄한 죽음이 가능한 사회 조건 마련을 위한 전 국민의 공감대가 필요하다. 이를 위해 국민을 대상으로 한 **죽음교육 프로그램의 표준**을 만들고 시행하는 노력이 필요하다.

죽음준비 교육은 인간의 존엄성과 행복한 삶을 위해 적극 추진해야한다. 2009년, 김수환 추기경이 돌아가시면서 선종(善終)이라는 말이 회자되었다. 선종이란 천수(天壽)를 다하고 인생의 유종(有終)의 미를 거두었다는 뜻인데, 천주교에서 임종 때 병자성사를 받아 착하고 거룩하게 삶을 마친다는 용어로 사용하며, '잘 살고 복된 죽음을 맞이함'이라는 '선생복종(善生福終)'의 준말이다. 이제 우리는 내 삶과 내 주변의 사랑하는 사람을 위해 준비된 죽음을 마련해야 하며 사회에도 다음과 같은 존엄한 죽음문화가 조성되어야 한다.

첫째, 인간다운 삶에 대한 추구와 성숙한 선택에 의한 자신과 타인의 '죽음맞이'가 이루어져야 한다. 개인이 죽음을 맞이하는 상황에서 슬픔·분노·절망·우울·공포·불안·고통·고독감을 넘어서, 가족과 친지에 대한 감사와 화해의 분위기 안에서 평온하고 품위 있는 죽음을 맞이하도록 주위의 모든 사람이 적극 협력해야 한다.

둘째, 인간의 품위 있는 존엄사를 위한 의료계의 질적 변화가 필요하다. 그동안 의학은 환자를 질병 치료의 대상으로만 여겨왔고 환자에 대한 인격적인 대접은 의료인 개인의 인격과 성숙에 맡기는 정도였다. 의료기관은 환자의 삶과 죽음의 질, 감정치유 등의 문제에 대해서 책임감을 가지고 임해야 한다. 또한 무의미한 연명의료에 대한 사회적 합의가 필요하다. 연명치료는 개인이나 가족의 선택 사항이지만, 인간의 존엄성과 연명치료 중단 시점에 대한 합리적 동의가 필요하다.

이러한 죽음문화 조성을 위해 국가적인 차원에서 죽음교육이 필요하다. 죽음교육은 개인적으로는 개개인이 자기 죽음을 대비하는 일을 넘어 자기 인생의 참다운 가치를 찾아가는 여정이며, 사회적으로는 개인 차원을 넘어 국가와 사회의 생명존중과 인간의 존엄성을 다지는 일이다. 따라서 의료종사자뿐만 아니라 일반인들도 각자 자기 인생에서 죽음 문제에 어떻게 대처할 것인가를 스스로 검토하게 하고, 임종에 임한 사람의 심리를 함께 공감하고 인식을 공유하게 하는 죽음 관련 교육이 확산되어야 한다. (중앙매일 2015.8.13.)

존엄사, 연명의료 중단 입법화

김문준

우리나라가 선진국이 되기 위해서는 경제발전뿐만 아니라 인간으로서 존엄하게 살아갈 수 있는 사회적 여건을 조성해야 한다. 그런 일 중 하나가 평안하고 고통이 적은 노년기를 보내고 존엄한 죽음을 맞이하도록 하는 것이다. 죽음의 질을 높이는 일은 삶의 질을 높이는 문제와 별개의 일이 아니기 때문이다.

최근 환자의 의향을 고려한 '사전의료의향서'와 무의미한 '연명의료 중단'에 대한 논의가 한창이다. 사전의료의향서란 뇌 기능의 심각한 장애, 질병의 말기, 노령과 관련된 죽음 등과 같이 회복 불가능한 건강과 정신 상태에 처할 경우 자기 스스로 생명유지장치·인위적인 영양공급 등의 연명치료를 거부하겠다는 의지를 밝힌 의향서다.

사회의 비인간화와 인간다운 삶에 대한 방치가 심화되면서 그에 따른 자살이나 비인간적 범죄의 증가도 문제이지만, 고령인구가 급격히 증가하면서 노년기 문제도 사회문제화되고 있다. 병원 내에서의 죽음이 급증하여 현재 90% 이상이 병원에서 사망하고, 의료기술 발달로 죽음 연장이 만연하고 있다. 또한 무리한 생명연장 치료에 의해 인간의 존엄성을 상실한 죽음이 늘어가고 있다.

이러한 가운데 2015년 3월, 리콴유 싱가포르 전 총리가 연명치료 없이 평온한 죽음을 맞이하였다. 그는 2013년 자서전에 "내가 움직이지 못하고 인공튜브로 연명하게 되면 의사들은 나를 떠나도록 허용해야 한다"라고 연명치료 거부 의사를 밝혔고, 의료진이 이를 받아들인 것이었다. 삶과 죽음의 질을 높이기 위해서 사회적으로 해야 할 일이 많지만, 이제 인간의 존엄성 차원에서 이러한 문제를 뒤로 미루어서는 안 된다.

품위 있는 죽음을 위해 연명치료를 의료진이 아니라 환자의 자율적 선택에 맡겨야 한다는 것이 사전의료의향서에 기초한 연명의료 중단의 의미다.

존엄한 죽음을 위한 '사전의료의향서'와 '연명의료 중단'은 환영할 일이다. 고령화 사회가 심화될수록 가족의 돌봄이 아니라 각종 의료장비에 둘러싸여 쓸쓸한 죽음을 맞이하는 노인이 늘고 있다. 이때, 사전의료의향서 작성 운동과 연명의료 중단 입법화는 인간의 존엄성 유지 면에서 반드시 필요하다. 그러나 그 이전에 인간의 존엄성에 대한 사회적 공감대 마련이 우선이다. 사전의료의향서 확산과 연명의료 중단은 인간의 존엄성이라는 근본적이고 본질적 의미의 연장 선상에서 이루어져야 한다.

사전의료의향서 작성에 의한 연명의료 중단 결정은 환자 자신의 자아존중감에 의한 자율적 선택에 의해야 한다. 환자 자신의 가치관과 신념에 의한 순수한 자기 결정이어야 하며, 가족이나 국가의 입장이 개입되어서는 안 된다.

그러나 현재 논의하는 연명의료 중단 결정은 환자의 고통과 존엄성 측면보다는 복지기금 운용을 위한 효율성과 경제성에 기초해 있지 않나 생각된다. 인간의 생명은 효율성과 경제성의 차원으로 환원될 수 있는 사안이 되어서는 안 된다. 죽음을 이렇게 다루면 점차 건강하게 살아가는 삶에 대한 관점도 인간적인 삶의 존엄성이 아니라 비인간적인 효율성과 경제성으로 대체되어 갈 가능성이 크다. 사전의료의향서 작성 운동과 연명의료 중단 결정 문제는 우선 국가가 모든 국민이 인간으로서의 존엄한 삶을 살 수 있도록 사회적 조건을 만들어가는 가운데 논의되어야 할 문제다. (중앙매일 2015.8.11.)

웰다잉은 삶의 과정에서 만들어가는 것

송현동

2013년 조선일보는 총 10회에 걸쳐 '한국인의 마지막 10년'이라는 기획기사를 통해 한국인들이 맞이하고 있는 죽음의 질과 의료체계의 현실, 임종에 이르기까지의 의료비용, 명백한 죽음이 예상되는 환자들을 진료해야 하는 의사들이 처한 상황에 대해 자세히 다루었다. EBS 방송국은 웰다잉에 대한 기획방송과 전문가와의 대담 프로그램을 통해 의학, 심리학, 철학, 종교학 등 다양한 학문 분야에서 입체적으로 죽음의 문제를 다루었다. 무엇보다 의사들이 환자들의 건강한 삶의 문제가 아닌 죽음에 대해 관심을 가지기 시작했다는 점이 주목할 만하다. 의료기술의 발전으로 의도하지 않은 존엄사와 무의미한 연명치료의 문제가 제기되면서 국가 차원에서 이에 대한 기준 마련을 고민해야만 하는 상황에 직면하고 있다. 이러한 한국사회의 흐름은 기존의 웰다잉에 대한 논의가 주로 인문학 분야에서 진행되었던 것과는 다른 양상을 보인다.

한국사회에서 웰다잉에 대한 논의는 여러 가지 측면에서 진행되고 있지만 다음과 같이 요약할 수 있다. 먼저 병원에서 임종을 맞지 말 것, 노후 재산관리를 잘할 것, 사전의료의향서 작성, 존엄한 죽음을 위한 선언, 엔딩 노트 작성, 죽음에 이르는 기간이 짧을 것, 사전 장례방식의 결정, 무의미한 연명치료 중단 등이다. 또한 호스피스 완화의료가 웰빙의 측면에서 웰다잉으로 간주되고 있다.

문제는 이러한 웰다잉에 대한 논의가 사람들에게 좋은 죽음을 맞기 위한 하나의 프로그램으로 인식될 수 있다는 데 있다. 현재 진행되고 있는 웰다잉 논의는 주로 죽음이 임박한 상황에서 어떻게 죽을 것인가를 성찰하기보다는 죽음을 어떻게 처리할 것인가에 대한 매뉴얼 개발에 치중되어 있다. 개개인 스스로가 의미 있는 삶을 살아가기 위한 차원에서 평소 일상적인 삶 속에서 웰다잉의 조건을 만들어가는 것이 아니라 제시된 프로그램의 수용과 요건 충족이 웰다잉으로 인식되고 있는 것이다.

이러한 인식의 확산은 웰다잉 논의를 의도하지 않은 방향으로 이끌고 있다. 한국죽음학회는 임종자가 존엄하게 생을 마치고, 가족이나 의료진은 임종자가 편안하게 마지막 순간을 보낼 수 있도록 안내해주자는 취지에서 『한국인의 웰다잉 가이드라인』을 발간했다. 책의 제목을 보는 순간 한 가지 의문이 제기된다. 책을 발간한 취지는 이해할 수 있지만, 웰다잉도 가이드라인이 있을 수 있을까? 웰다잉을 위해서 매뉴얼이 만들어지고 가이드라인을 제시하는 것은 과거 국가가 가정의례준칙을 정하고 지침을 내리는 것과 무엇이 다른가, 라는 의구심을 가지게 된다. 어떠한 상황에서도 개인의 죽음 선택권과 자율성은 보장되어야 한다.

한국사회에서 논의되고 있는 웰다잉은 용어에 대한 개념 정의가 합의되지 않은 상태에서 진행되고 있다. 죽음은 모든 사람에게 똑같은 사건이지만 그곳에는 죽음의 원인, 죽음을 맞는 연령, 죽음의 장소 등 다양한 스펙트럼이 존재한다. 또한 죽어가는 사람의 성별, 결혼 여부, 자손, 가족 관계, 경제적 상황 등 개인적인 요소들이 있다. 이러한 상황에서 죽음을 맞는 당사자가 생각하는 웰다잉과 주변 사람들이 생각하는 웰다잉은 서로 일치할 수도 있고 다를 수도 있다.

전통사회에서 한국인들이 생각하는 좋은 죽음의 조건은 첫째, 결혼을 해서 제사를 지내줄 후손이 있어야 하고 둘째, 비명횡사 요절하지 않으며 셋째, 객사가 아니라 집에서 가족들이 보는 앞에서 임종을 맞는 것이었다. 이러한 좋은 죽음의 조건은 죽음이 임박한 상황에서 단기간에 조성되는 것이 아니라 인생 전반에 걸쳐 진행되는 삶의 과정 속에서 만들어지는 것이었다.

웰다잉에 대한 논의의 목적은 보다 나은 삶을 살기 위해서다. 데켄 교수는 죽음에 대한 준비교육은 자신이 죽는 날까지 매일매일 보다 나은 삶을 위한 삶에 대한 준비교육이며 삶과 죽음의 근원을 찾아가는 여정이라고 설명하고 있다. 지금까지의 웰다잉 논의가 죽음을 처리하기 위한 좋은 조건 만들기와 웰다잉 가이드라인 및 매뉴얼 개발에 치중했다면, 앞으로는 삶의 차원에서의 죽음, 웰다잉에 대한 관심과 탐구가 이루어져야 한다. (중앙매일 2015.8.6.)

웰다잉법 제정과 소통

안상윤

1997년 보라매병원의 응급환자 뇌사판정 사건, 2005년 세브란스병원 김 할머니 사건을 계기로 이루어진 사회적 토론 과정을 거쳐 2016년 1월 '호스피스완화의료 및 연명의료결정에 관한 법률'(일명 '웰다잉법')이 제정되었다. 웰다잉법을 잉태시키는 중요한 기폭제가 된 이들 사건은 서로 상반된 방향성을 갖고 있다. 전자는 연명치료비를 감당할 수 없어 중단한 경우이고, 후자는 존엄한 인간으로서 환자의 품위 있는 죽음 결정에 대한 가족과 의료진 사이의 법률적 다툼이다.

서로 방향성은 다르지만 이 두 사건은 모두 웰빙을 위해 웰다잉법 제정이 필요하다는 사실을 강력하게 지지해주고 있다. 하나는 언제 깨어날지도 모를 환자를 위해 유가족들이 경제적 파탄을 감수하는 것이 옳은가의 문제다. 또 하나는 통념상 살 만큼 충분히 산 뇌사상태의 노인이 산소 호흡기를 부착하고 숨만 쉬는 것이 인간으로서 존엄한 삶인가의 문제다. 물론, 법률이 갖는 의미는 이보다 더 심층적이고 복잡하지만, 법 제정의 중요한 배경은 결국 이 두 가지 문제로 귀결될 수 있다.

웰다잉법은 2018년부터 본격적으로 시행된다. 하지만 시행 후 예상치 못한 부작용이 발생할 가능성은 얼마든지 있기 때문에 다각도의 심층적인 보완이 요구된다. 그 보완의 핵심은 단연 소통에 관한 것이다. 제정된 법률에 의하면, 연명치료를 중단할 수 있는 경우는 환자 본인의 의사를 확인할 수 있는 경우, 환자가 의식이 없는 경우, 그리고 환자의 의사를 확인할 수 없는 경우 등 세 가지다. 본인의 의사를 정확하게 확인할 수 있는 경우는 시행에 큰 문제가 없겠지만, 나머지 두 가지 경우에는 법에서 정하지 못한 틈새 문제들이 얼마든지 발생할 수 있다. 그만큼 웰다잉법은 생명의 존엄성, 유가족의 삶, 윤리적인 문제 등과 복잡하게 결부되어 있기 때문에 시행에 한계를 가질 수밖에 없다.

예를 들어, 연명치료 중단의 조건으로 제시된 연명치료 무의미성을 무슨 기준으로 어떻게 설명할 수 있는가의 문제가 제기될 수 있다. 의료진과 환자 및 유가족 사이에는 정보의 비대칭성이라는 높은 장벽이 존재한다. 따라서 의료진이 제시하는 연명치료 중단 이유를 환자 유가족이 완벽하게 이해하지 못할 수 있다. 세브란스 병원의 김 할머니 사건 사례처럼 반대의 경우도 성립한다. 또한 법에서는 환자 가족 2명이 일치하는 진술이 있으면 담당의사가 확인을 거쳐 연명치료를 중단할 수 있도록 했지만, 2명의 유가족에 대한 규정이 더 세밀하게 확정돼야 추가적인 문제 발생을 막을 수 있다.

이러한 문제점들을 극복하기 위해서는 범사회적인 '연명치료 중단 윤리위원회'를 설치·운영하고, 의료기관은 간호사나 사회복지사 같은 전문가들이 소수의 바쁜 의료진을 대신해 일정기간 환자나 가족과 지속적인 상담 커뮤니케이션을 수행하도록 해야 한다. 특히, 100세의 삶이 재앙으로 닥치고 있는 현실 속에서 치매, 뇌졸중 등 가망 없는 만성질환에 대한 연명치료 중단 로드맵 마련을 위하여 범사회적 소통의 장도 마련되어야 할 것이다. (충청일보 2016.4.12.)

6

웰다잉 토론회:
'자본주의 사회에서의 죽음'을 말하다

웰다잉 토론회

주제: '자본주의 사회에서의 죽음'을 말하다

장　소: 건양대학교 죽헌정보관 208호

일　시: 2017년 1월 31일

참석자: 김광환 교수,

　　　　김문준 교수,

　　　　박아르마 교수,

　　　　최문기 교수,

　　　　김섭리, 김민경, 이서희 연구원

건양대학교 '웰다잉 융합연구회'는 '웰다잉' 및 죽음을 주제로 한 인문학적 성찰, 죽음 현장에서의 통찰, 문화·미술·문학·영화 속에서의 죽음, 선진국의 죽음문화 견학문 등 연구자들 개인의 에세이를 모아 에세이집을 편찬하면서, 그 대미를 연구자와 학생들이 함께한 토론문으로 맺기로 기획하였다. 토론의 주제는 '자본주의 사회에서의 죽음'으로, 자본주의 사회를 살아가는 오늘날 한국인의 죽음을 살펴보고, 문제점 및 해결방안을 모색하는 시간이 될 것으로 보인다.

김문준: 오늘 우리가 이야기할 주제는 '자본주의 사회에서의 죽음'입니다. 죽음이라고 하는 현상은 인류 역사에서 늘 있어 온 주제이지만, 한 사람이 어떻게, 어떤 사회 조건 속에서 살다가 죽느냐, 하는 것도 굉장히 중요하기 때문에 현대를 살아가는 우리들의 죽음을 이야기하기 위해 이를 주제로 삼았습니다. 자본주의 사회를 이해하지 못하면 요즘에 우리가 경험하는 죽음의 다양한 현상들, 문제점들, 해결방안들이 제대로 나오지 않을 것이라고 생각합니다.

일단, 전반적인 죽음에 대한 이야기를 하면서, 좀 더 구체적으로 자본주의 사회에서 일어나는 죽음 현상을 다뤄 보자는 뜻이니, 이런 주제와 관련하여 이야기했으면 좋겠습니다. 그러면 먼저 오늘 다뤄야 할 주제들을 추려보고, 그에 대해서 하나씩 짚어나가는 방식으로 진행을 하도록 하겠습니다.

우선 주제에 대해 큰 윤곽을 잡는 것이 중요할 것 같아요. 일단 우리가 다뤄야 할 내용이 장수, 죽음에 이르는 과정이겠죠. 그다음에 그 가운데서 자살, 고독사, 안락사, 이런 죽음의 양상들에 대해 거론해야 할 것 같습니다. 또한 죽음에 대한 준비, 노년기에 어떤 것들을 준비해야 하고, 죽음에 이르러 맞이할 현상은 어떤 것인지를 거론해야 하겠지요. 그 다음에 죽음과 관련된 산업, 예를 들면 유품 정리, 장례 산업 그리고 죽음과 관련된 문화와 예술까지 가면 너무 광범위해질 것 같습니다. 그래서 이야기 범위를 줄여 자본주의 사회에서 우리들이 죽음에 이르는 과정, 죽음을 맞는 단계, 죽음 이후의 문제들 이렇게 크게 3가지로 나누어 보는 게 어떨까요?

김광환: 3가지 큰 주제 속에서 이를테면 자살이라고 했을 때 사회적인 관점에서 사회적인 환경이 왜 그렇게 될 수밖에 없는지, 가정적인 측면에서 어떤 가정환경 때문인지, 개인적인 측면에서 무슨 상황이었는지 등 관점을 달리해서 생각해 보기로 하지요. 자연사도 있지만 자살에는 여러 가지 복합적인 요인들이 있을 터이니 이들 관점들도 포함하여 논의가 되었으면 좋겠습니다.

최문기: 이 책 전반에서 웰다잉을 주제로 이야기하지 않습니까? 자본주의 사회에서의 죽음이라고 하는 주제는 굉장히 사회 비판적인 내용들이 많이 나올 것 같습니다. 그래서 행복과 관련된 것들을 이야기하면서 하나의 대안으로써 행복하게 죽는 방법들을 찾는 데 목적을 두었으면 좋겠습니다. 너무 비판적으로 가는 것보다 '왜 행복하게 죽지 못하는가'라는 비판을 통해서 행복하게 죽는 방안들을 계속 찾아 나갔으면 합니다. 이런 비판적인 시각을 가지고 우리가 행복하게 죽는 방법을 개인적인 차원, 사회적인 차원, 가족적인 차원에서 찾았으면 좋겠습니다.

그럼, 자본주의 사회에서의 죽음이라는 주제하에 우선 시대적으로 죽음이 어떻게 다르게 받아들여졌는가 하는 이야기를 해 보면 좋겠습니다. 그래야 현대 죽음에서의 다른 점도 찾을 수 있기 때문입니다. 그런 측면은 김문준 교수님이 발췌 발언으로 과거의 종교적인 이야기도 함께, 죽음에 대한 이야기를 먼저 시작하시면 좋을 것 같습니다.

김문준: 오늘날 죽음에 대해 많은 사람들의 각별한 관심을 갖게 된 이유를 살펴보도록 하죠. 과거보다 현재의 죽음은 더욱 비인간화되고 있기 때문이 아닌가 생각됩니다. 지금 말씀하신 대로 행복하게 죽는 죽음이 잘 안 되고 있다는 거죠. 왜 그런지는 여러 가지 이유가 있지만, 저는 일차적으로 죽음을 너무 경시하기 때문에 죽음에 이르는 과정이나 임종, 죽음 이후의 과정이 너무 비인간적으로 진행되고 있다고 생각됩니다. 특히 우리 토론 주제를 자본주의 사회에서의 죽음이라고 정한 이유도 많은 죽음이 비인간화가 되는 이유가 자본주의 사회의 속성이 아닐까 생각되고, 그런 점에서 토론 주제를 잡은 겁니다.

과거에 비해 현대 사회에서는 사람의 죽음을 대하는 방식이 더욱 간단해지고 더 인격적이지 않게 되었다고 봅니다. 제가 어렸을 때는 어른들 대부분이 집에서 돌아가셨고, 병원에 입원하셨어도 돌아가실 때가 되면 집으로 와서 안방 아랫목에 누워 계시다가 돌아가셨지요. 그럼 죽을 때까지 그 과정에서 자연스럽게 많은 사람들이 그분과 같이할 수 있습니다. 중환자실에서 격리된 상태에서 사망하는 것과는 양상이 다르죠. 평소처럼 대할 수 있고, 또 죽은 뒤에도 그 주검은 3일간 소중하게 다루어지지요. 지금은 돌아가시면 그대로 영안실(냉동실)에 보관하지요. 임종 자리에 못 온 유가족들은 시신을 볼 수가 없어요.

좋게 말하면 주검을 상하지 않게 보존하는 것이지만, 거의 쓰레기 취급당하는 느낌이 아닌가 싶어요. 삶과 죽음을 완전히 분리시켜 놓는 거죠. 이러한 과정이 죽음이란 싫은 것, 삶과 격리되는 것, 단절되는 것, 분리되는 것. 이런 인식을 너무나 극명하게 보여주는 거예요.

최문기: 너무도 일반적인 절차처럼…

박아르마: 특히 처음 겪는 죽음이라면, 그것도 가까운 사람의 죽음이라면 충격을 받을 수밖에 없을 것입니다.

김문준: 그러한 사후의 주검 처리가 병원에서 일하는 사람들은 늘 하는 일이니까 아무렇지도 않게 하지만, 그 일을 당하는 가족은 엄청나게 당황스러운 상태에서 망자와 이별을 하는 거예요. 그리고 요즘 주검 처리도 많이 바뀌었습니다. 옛날엔 매장을 했잖아요. 그래서 무덤은 망자들을 위한 안식처라는 의미가 있었는데, 지금은 그럴 땅도 별로 없고 또 매장하려면 돈이 많이 들어요. 그러니까 화장을 선택하는 경우가 매우 많아졌어요. 한 10년 전까지만 해도 화장이 이렇게 급증할 줄은 몰랐는데, 지금은 엄청 급증하고 있습니다. 그 이유 중 하나는 주검에 대해

경제적 부담을 많이 할 수 없는 상황이 늘어나고 있다는 것이죠.

나는 우선 무엇이 문제라고 보냐면 주검을 간편하게, 함부로 대하기 시작하면서부터 죽음 자체를 우리 삶과 분리시키고 경시하게 되었다는 것이고, 이렇게 될수록 더욱 큰 문제는 산 자에 대한, 살아가는 사람에 대한 가치나 대접이 너무 값싸게 되었다는 것입니다. 다른 사람과 생명을 그 자체로 소중한 것으로 여기기보다는 자신의 생존이나 욕구를 해결하는 수단으로 보게 되는 현상이 증가하고 있다는 거예요. 죽은 자는 이제 나한테 도움이 안 되기 때문에 함부로 대하고, 그러한 사고방식으로 살아있는 사람도 내 인생에 보탬이 안 되면 함부로 대하는 거예요. 사람에 대한 인격적인 모욕이나 강제력을 마치 자기의 권한이나 힘의 상징이라고 생각하는 것이죠. 그래서 다른 사람을 함부로 대하고, 또 나한테 필요 없는 사람은 무시하고, 이해관계가 없는 사람한테는 몰인정하고. 이러한 오늘날 세태가 죽음을 경시하는 것과 함께 진행되는 과정이 아닌가 생각됩니다.

특히 자본주의 사회에서의 죽음이라고 하는 것에 대해 좀 더 우리의 논의를 구체화해야 한다고 생각하는 이유는 죽음에 이르는 과정이나 죽음 자체도 올바로 인식하고 소중하게 대하자는 것이고, 나아가 사회가 너무 삭막해지는 사태를 조금이라도 완화해 보자는 뜻이 있습니다. 사람이 살 만한 세상을 살아가는 것, 만들어가는 것, 또 개인적으로는 정말 자기 인생을 잘 살기 위한 웰빙을 위해서라도 죽음이라고 하는 문제는 가벼운 문제가 아니고, 간과할 문제가 아닙니다. 그래서

이러한 주제에 대해 앞으로도 더욱 관심을 가져야 하고, 또 체계적으로 여러 각도에서 논의가 되어야 한다고 생각합니다.

최문기: 비인간화되고 인간이 경시되는 것이, 어떻게 보면 하나의 현상과 같은 것이잖아요. 사실 아직 우리 학생들은 죽음을 접해보지 못해서 잘 못 느낄 것 같은데, 어쨌든 이런 현상들을 보면 그 당시 죽음의 가치와 지금 죽음의 가치가 많이 변했다는 거죠. 이런 현상의 원인이 있을 것 같은데 혹시 박아르마 교수님께서 이야기해 주실 수 있으십니까?

박아르마: 김문준 교수님께서 방금 죽음의 문제에 대해서 진단을 하셨는데, 저도 충분히 공감을 합니다. 우리 사회가 죽음을 대하는 태도나 인식을 보면, 우리나라가 아시아권에 있지만 벌써 서구화되지 않았나 생각이 듭니다. 서양인과 동양인은 서로에 대해 환상을 품고 있고 오해하고 있는 부분이 있는데요. 서양문화는 죽음을 회피하고, 터부시하고, 늘 두려워하는 반면에 동양문화는 죽음과 가까이 있고, 어려서부터 죽음을 접할 수 있는 기회가 서구에 비해서는 잦기 때문에, 죽음을 삶의 일부로 자연스럽게 받아들인다는 것입니다. 서구 사람들은 이렇게 진단을 하더라고요.

그런데 제가 보기에 이 부분은 서구 사람들이 동양에 대해서 막연하게 품고 있는 과거의 이미지이지, 현재는 그런 가치를 우리 스스로가 벗어나 버린 것 같아요. 그래서 죽음이라는 사건이 과거에는 마을의 공동체의 일이고, 좀 축소되더라도 가족의 일이었지만 지금은 정말 개인적인 문제가 된 것 같습니다. 말하자면 우리가 죽음을 대하는 태도가 벌써 과거의 정체성과는 거리를 두고 있고, 서구화되어 있지 않나 하는 생각이 듭니다. 몇 년 전까지만 해도 누군가 죽었는데 며칠 만에 발견되었다는 뉴스를 듣게 되면 많은 사람들이 충격을 받았습니다. 그야말로 특별한 뉴스였습니다. 하지만 이제는 더 이상 특별한 뉴스가 아닐 정도로 정말 아무도 찾아오지 않고 돌보지 않는 죽음이 우리 사회에서도 일반화되어가고 있다는 생각이 듭니다. 보통 유럽이나 미국에서는 대학생이 되면, 부모에게서 경제적으로 독립해서 삽니다. 말하자면 안 주고 안 받는 문화잖아요. 그런 사회적 상황에서 홀로 죽음을 맞는 노인들은 우리 사회에서도 점점 늘어날 것입니다. 저도 죽음을 어떻게 맞고 노년을 맞이할지 두려운 마음이 듭니다.

결과적으로 보면 우리가 보기에 서구인들은 실증적이고 물질적이기 때문에 죽음에 대해서 더 자연스럽게 받아들일 것이라는 오해가 있는 것 같습니다. 논의가 더 이어져야 하겠지만, 고독사 문제도 우리 사회에서 굉장히 일반화되어가고 있고, 그런 죽음의 원조라고 할 수 있는 일본에는 유품을 정리해주는 업체가 있다고 하는데 대전에도 그런 업체가 생겼더라고요. 서울도 아니고 대전에 말입니다. 그래서 점점 죽음이 이제 개인의 문제로, 소외의 문제로 되어가고 있지 않나 생각이 듭니다.

최문기: 지금 이야기하고 있는 주제에 머물

런으면 좋겠고요. 현대사회에서의 죽음과 자본주의 사회에서의 죽음, 그것을 비교하기 위한 과거의 죽음, 이렇게 흘러가고 있잖아요. 김광환 교수님이 한 말씀 해주시죠.

김광환: 제가 말하면 의견이 편협될 수 있으니까 저보다는 학생들의 의견을 들으면 좋을 것 같아요. 섭리 학생부터 이야기해 보죠. 본인이 가지고 있던 감정, 느낌을 편하게.

김섭리: 저는 평소에 죽음에 대해서 생각을 해본 적이 거의 없습니다. 하지만 교수님께서 말씀하신 것처럼 현재 사회가 죽음을 경시하고 있다는 말에 대해서 많이 공감했습니다. 뉴스를 보면 요즘 보험금을 타기 위해 사람을 쉽게 죽이는 경우가 종종 있다고 하는데, 이 역시 죽음이 경시되는 모습 중 하나라고 생각합니다.

박아르마: 네, 정말 그런 것 같아요. 우리 사회가 사람의 가치보다 돈의 가치를 더 중요시하는 것 같아요.

김광환: 지금은 사랑하는 마음 자체가 없어지는 것 같고 감정이라는 것도 없어지는 것 같습니다. 김 교수님께서 아까 망자에 대해 말씀하시면서 사망하자마자 영안실로 직행한다고 하셨죠? 이 주제를 선정한 이유와도 상관이 있지요. 제가 의료기관에서 15년 정도 근무를 했었는데, 어느 순간, 병원에서 흰 천을 씌워서 데려가는 사체에 무감각해졌어요. 사망자가 있었구나, 하고 아무 감흥이 없었는데, 아버지가 돌아가시고 나서는 그런

모습을 보면 마음이 아픈 것이 보는 관점이 달라졌지요. 또 그때 차트를 보니 원사인, 선행사인 이러한 진단명이 들어가기보다는 대부분 심폐정지 아니면 호흡정지 같은 진단명이 적혀 있더라고요. 그래서 과연 이게 한 사람이 왔다가 마무리할 때 모든 사람의 호흡이 정지된다든지, 심장이 정지되는 것이 기본인데 단지 그렇게 기록되는 것이 맞을까, 생각해 보게 되었지요.

최문기: 서구화된다는 이야기도 했고, 인간 경시 이야기도 했는데, 저도 사실은 자본주의가 굉장히 무서운 것 같아요. 옛날 농경 사회의 경우에는 가족 구성원이 굉장히 중요하잖아요. 한 사람의 노동력이 굉장히 중요하고, 지식 전달 체계가 가족 내에서 세대로 흘러가죠. 부모님에게서 배우는 것이 굉장히 중요한 거예요. 그땐 거의 다 직접 재배하면서 다 몸으로 배우는 실용학습 같은 것이라고 생각이 듭니다. 때문에 경험을 많이 쌓은 노인들이 중요하고, 가족 내에서 한 사람의 위치가 굉장히 중요한데 현대 사회, 자본주의로 넘어오면서 전수받을 가치들이 사람을 통해서 얻는 것이 아니고 사회 시스템이라든지, 자본주의 시장을 통해서 상품으로 얻게 되는 것 같아요. 내가 필요한 것을 사면 그걸로 되는 거지요. 필요한 것을 서비스를 통해서 스스로 해결해 버리니까, 사람이라는 게 굉장히 그 가치가 낮아졌죠. 내가 누군가를 통해서 얻을 수 있는 것은 사실 크게 없죠. 그래서 사랑 같은, 로맨틱한 이런 것 외에는 사실 많이 얻을 것이 없어졌고, 대부분이 상품화되었어요.

오늘날 우리는 어떤 목표를 위해 살잖아요. 예를 들면, 우리 가족을 행복하게 해줘야지, 내 집사람을, 내 아이들을 행복하게 해줘야지 하면서요. 실제로 그런 행복을 추구하는 이 사회에서는 많은 부분들이 어떤 수단, 돈이라는 것에 매일 수밖에 없어요. 옛날에는 사람을 통해서 얻을 수 있는 것들을 이젠 돈을 통해서 서비스와 상품을 살 수 있다고 믿는 것 같아요. 어쩌면 행복까지도… 그러면서 행복이라는 목표가 수단에 묻혀버려요. 저도 느낀 것은 현대 사람들이 가장 큰 실수를 범하는 것이 수단에는 엄청난 투자를 하는데, 목표에는 투자를 하지 않는 사람이 된다는 것이지요. 돈을 버는 것에 엄청나게 투자를 하지, 이것을 통해서 내가 무엇을 얻을 건가, 그 또한 돈이 있으면 쉽게 얻을 수 있다고 생각하는 것 같아요. 그래서 목표를 중간에 잊어버리는 거지요.

사람만이 줄 수 있는 것을 찾아야 한다고 생각하는데, 모임이나 사회적 활동이 있어야 사람 사는 것 같지 않습니까? 우리가 사람을 경시하지 말라, 무조건 그렇게 말하기보다는 그런 분들에서 어떤 가치를 찾을 수 있어야 하지 않습니까? 마찬가지로 노인들을 이야기하면, 사회에서 걸리적거리는 그런 시대적인 분위기로 가잖아요. 실제로 노인들만이 줄 수 있는 사회 가치를 생성하게끔 해주어야 할 것 같아요.

우리가 자본주의에 너무 익숙해져서 쉽게 살고 있지만, 나 자신을 상품화시켜서 팔고 있는 굉장히 무서운 사회라는 것을 젊은 세대들이 알고 바꿔 나갔으면 좋겠습니다.

김문준: 굉장히 좋은 지적을 하셨어요. 자본주의 사회란 사유재산 제도를 합법화한다는 거예요. 그 이면에는 이익 추구를 정당화한다는 것이지요. 사유화와 함께 모든 대상의 소유화, 수단화가 일어나기 시작해요. 돈으로 재화화되고, 돈으로 교환 가치가 되는 것들이 우선시되는 사회가 되었지요. 지금 최 교수님이 말씀하신 대로 일이나 인간관계 같은 것들이 상품화되었다는 거예요. 그래서 돈으로 바꿀 수 있는 것은 귀한 것이고, 돈으로 바꿀 수 없는 것은 별로 중요하지 않다는 인식이 늘어가고 있어요. 그러다 보니까 삶의 목표가 돈에 집중이 된 거지요. 돈으로 바꿀 수 있는 것에 인생의 목표와 삶이 집중된 거지요. 삶이나 인생의 가치가 돈이나 출세나 재화를 얻을 수 있는 것에 집중되면서 그렇지 못한 것은 경시되는 현상이 가속화됩니다.

이러한 가운데 우리가 또 하나 놓칠 수 없는 문제는 생산수단이 바뀌었다는 거예요. 농업사회에서 자본주의 사회로 넘어오면서, 산업사회라고 하는 사회체제로 바뀌었습니다. 산업사회의 본질이 무엇이냐면, 모든 일을 분업화하는 거예요. 한 사람이 어떤 일의 전 과정을 맡아 하는 것이 아니라 생산과정을 잘게 나누어 분업화해요. 그러니까 사람이 무엇이 되냐면, 사회의 부속품, 생산과정의 부속품이 될 가능성이 있어요. 삶의 현장에 내가 전반적으로 참여하는 것이 아니고, 어떤 사회에서 필요한 재화로 바뀔 수 있는 모든 활동 영역의 한 부분으로만 참여를 한다는 거예요. 내가 얼마든지 다른 사람으로 대체될 수 있는 거지요. 마치 천장의 전등과 같아요. 언제든 다른 전구로 대체 가능한 상태지요. 그래서 교육 내용도 균일하게 평등화하고, 개인의 개성보다는 다른 사람으로 대체 가능한 지식이나 생각을 가질 수 있도록 훈련되는 거예요. 실제로 국민교육이 시작된 나라도 산업혁명이 시작된 국가에서부터 시작되는 것을 볼 수 있어요. 영국에서부터 국민교육이 시작되었고, 프랑스로 넘어가고, 독일로 넘어가고, 일본으로 넘어가고, 한국으로 넘어와 모든 국민을 교육시키는 국민교육 체계가 만들어집니다. 국민 모두를 산업현장에 투입할 수 있는 상태로 교육시키자는 것이지요. 사람이 쓸모 있게 가공되어야 하고, 그래서 교육 내용도 그렇게 효율적으로 바뀌고, 교육도 개인의 행복을 위한 교육이 아니라 사람을 사용될 수 있는 상태로 바꾸는 교육에 집중하는 거예요.

오늘날의 교육이 점점 이렇게 되어 가고 있기 때문에, 교육받는 사람의 인생관도 그렇게 형성되어 갑니다. 학생들이 사회를 대하는 방식도 그렇게 되어서, 나도 얼마든지 대체 가능하듯이 다른 사람들도 얼마든지 대체 가능한 사람으로 보일 수 있게 되는 거죠. 그래서 자본주의 사회는 모든 생산이나 모든 인간관계가 재화화되고, 수단화되고, 상대화되고, 슬프게도 상품화되고, 그래서 재화적 가치가 없으면 인간적 관계가 단절되거나 무시되는 상태에 빠지게 되고, 그러한 과정에서 우리 삶의 기본적인 토대가 되는 생산방식이 철저히 분업화되면서 모든 삶의 내용이 단절화된다는 거예요.

이러한 사회 속에서 살고 있기 때문에 필연적으로 삶에서 쓸모없어진 죽음이 점점 경시

되고, 나하고 상관없는 생명에 대해 무관심해지고, 비인간화되고 있는 것입니다. 문제는 우리가 이런 환경 속에서 계속 살 수 없으니까 고민을 하자는 것이고, 그에 대한 대안을 모색해 보자는 것이지요. 자본주의 사회에서의 죽음 현상에 대해 더 이야기를 짚어보고 구체적인 문제로 들어가면 좋겠습니다.

박아르마: 김문준 교수님이 자본주의 사회에서의 가치에 대해 포괄적으로 말씀하셨으니까, 저는 개별적으로 그런 사회에서 일어나는 현상에 대해 생활 주변에서 제가 느꼈던 것을 말씀드리겠습니다. 결국 자본주의 사회에서는 사람의 가치가 생산 가치에 따라서 등급이 매겨지는 것 같은데요. 보험회사도 누가 죽었을 때, 앞으로 일할 여력에 따라서 돈의 가치를 계산하고, 노인들이 소외되는 이유도 자본주의식으로 이야기하자면 생산 가치가 없기 때문이 아닐까요?

요즘은 '연금 받는 시부모는 며느리가 업고 뛰어다닌다'는 농담 아닌 농담도 있어요. 용돈을 드려야 되고, 병상에 누워 계시면 짐이 되지만, 도움을 주지 않더라도 부모가 자기 생활만 하실 수 있어도 부담이 적다고 합니다. 실제 이런 연구도 있다고 들었는데요. '부모가 물려줄 재산이 전혀 없을 때', '물려줄 재산이 있지만 아직 물려주지 않았을 때', '이미 물려줬을 때' 자녀들이 찾아오는 횟수를 비교해 보니까 '물려줄 재산이 있으면서 아직 물려주지 않았을 때' 제일 많이 찾아온다고 하더라고요. 돈의 가치가 부모와 자식 간에도 상당한 영향을 주고 있는 것 같습니다. 조금 다른 이야기입니다만 제가 어렸을 때

어려운 책들을 많이 읽었는데요. 초등학교 때였는데, 이런 수필이 있더라고요. 제목이 '병원에 가면 죽는다'였어요. 역설도 아니고 병원은 사람을 치료하는 곳인데, 왜 죽는지 모르겠더라고요. 자세히 읽어 보니까 예전에는 대학병원에서도 돈이 없고 보증을 안 서면 치료를 안 해주었다고 해요. 김광환 교수님, 요즘은 어떤가요?

김광환: 지금은 돈 때문이라기보다는, 수술을 하기 위해서는 보호자의 서명이 들어가야 합니다. 조치는 해주는데, 필요한 수술을 하기 위해서는 문제가 여러 가지 있습니다.

최문기: 그것은 책임 소재 때문에 그런 것 같아요.

박아르마: 물론 1970년대 이야기이지만, 그때는 정말 의료진이 환자를 치료하지 않고 내버려두었다고 하더라고요. 그래서 수필 제목이 '병원에 가면 죽는다'입니다. 병의 치료에 있어서도 그렇고, 우리가 임종을 맞이하는 단계에 있어서도 그렇고, 철저하게 자본주의 사회에서는 돈이 있느냐, 없느냐에 따라 죽을 때까지 VIP 환자가 될 수도 있고, 병원 바닥에 누워 있을 수도 있고. 그것이 냉혹한 현실인 것 같더라고요. 요즘에는 응급환자를 위한 최소한의 기본적인 법이 있어서 돈 없는 환자라 하더라도 응급 치료는 해주겠지만, 기본적으로 돈이 없으면 죽는 것은 요즘도 마찬가지더라고요. 응급처치를 받는 것이 문제가 아니라, 돈이 없으면 병원에 갈 수도 없고 소외되고. 이런 냉혹한 현실을 우리 주변에서 직간접적으로 경험하게 됩니다.

김민경: 저도 죽음에 대해서 자본주의의 성격이 강해졌다는 생각을 했습니다. 옛날에 우리 조상들은 사후세계가 존재한다고 생각해서 순장제도 등을 시행하였는데, 요즘은 죽음이 경시되고, 죽으면 끝이라는 생각을 하는 것 같아요. 매장을 하고 찾아갈 묘가 있어도 찾아가지 않고 방치하는 사례도 많고요. 죽는 것도 빈부격차가 크다고 생각하는데, 죽고 나서도 돈을 많이 내면 좋은 장례 서비스를 받고 그렇지 않으면 좋지 않은 장례 서비스를 받는 것을 보면서 죽어서도 돈이 많아야 좋은 곳에 묻힐 수 있고, 관리가 잘 이루어지겠다는 생각을 했습니다. 그리고 치매에 걸리면 과거에는 집에서 돌봤는데, 요즘은 모든 것이 돈으로 해결되다 보니까 요양병원에 돈을 주고 맡기고, 찾아뵙지도 않는 경우가 많아 돈으로 해결되는 사회라는 생각을 했습니다.

김광환: 맞아요. 결과적으로 모든 사람이 죽음을 똑같이 맞이하는데, 그렇다고 우리가 죽기 위해 사는 것은 아니라고 저는 생각해요. 돈이 있든지 없든지, 권력을 가지고 있든지 없든지. 죽기 위해서 사는 것이 아니라 어떻게 살아야 행복한 죽음을 맞이할 수 있을까, 라는 생각을 해봅니다. 돌아가신 분은 좋은 장례를 받는지 그 사실을 모르는데, 자식들의 돈이 있다는 과시형이 아닐까, 비싼 장례 서비스를 받고 간다고 해서 죽은 사람이 정말 행복할까, 라고 생각해 봅니다. 오히려 돈이 많은 사람이나 그렇지 않은 사람이나

현재 살아있는 과정이 행복하다고 느끼려면 어떻게 해야 할지 논의를 해보면 좋겠습니다.

최문기: 사실 저희가 자본주의에 대한 전문가는 아니기 때문에, 자본주의를 비판하는 것은 한계가 있다고 생각합니다. 어쨌든 돈 문제도 나왔고, 기능주의 이야기도 나왔어요. 기능 못하는 사람들은 별로 대접을 못 받는다는 내용 말입니다. 자본주의에서는 모든 것이 다 상품화되어 있고 죽음도 하나의 상품이라는 것인데, 일반적으로 물건을 사듯이 장례도 하나의 상품으로 여겨지는데, 그렇다면 죽음이 달라야 하는 이유가 있을까요?

김문준: 죽음을 대하는 방식은 사람들의 종교관과 관련이 있지요. 인류 역사에서 종교가 형성되고 유지되는 가장 큰 이유는 결국 죽음 때문이 아닌가 생각됩니다. 사람들은 사후에 자신이 어떻게 되는지 두려워하고 궁금해합니다. 세계적인 종교를 보면 결국 죽음을 어떻게 다루는 것인가에 따라서 다른 점이 극명하게 나타나잖아요?

예를 들어, 불교의 경우는 영혼이 소멸되지 않고 윤회한다고 해서 영원히 죽지 않는다고 보지요. 몸은 죽지만 영혼은 안 죽고 영원히 불멸이잖아요. 사람이 죽으면 육신을 깨끗하게 태워 버리고 영혼이 다음 생에 좋은 생으로 환생하도록 바라는 거죠. 유교에서는 영혼뿐만 아니라 시신도 자손들과 감응을 한다고 여겨요. 그래서 시신을 훼손시키는 것을 큰 죄로 여기지요. 살아있을 때 몸을 훼손시키는 것도 불효이고, 돌아가신 분의 주검을 함부로 대하는 것도 망자에 대한 불효이

고, 못된 짓이라고 여겼지요. 그래서 돌아가신 분을 깨끗한 천으로 싸고 좋은 옷을 입혀서 관을 만들고, 그리고 시신이 훼손되지 않도록 주변에 큰 나무도 베고, 물이 차는 진흙을 피하고, 약간 온기가 있는 땅을 골라서 만져보면 보송보송한 마사토를 찾는 거예요. 마사토에 시신을 묻어야 시신의 물기가 금방 빠져서 뼈만 남고 살이 빨리 썩어 시신이 깨끗하게 남게 되지요. 물구덩이 같은 곳에 시신을 묻으면 오랫동안 안 썩어요. 그것도 효자의 도리가 아니라고 보았지요. 그래서 시신을 좋은 땅에 매장하는데, 그렇게 모시면 첫 번째는, 돌아가신 분에 대한 자식들의 도리를 다하는 것이고, 둘째는 그렇게 시신이 상하지 않고 깨끗해야 자손들도 잘된다고 봤어요.

조상은 자손과 몸을 통해서 기가 연결되어 있다고 하죠. 이것을 동기감응이라고 하는데, 조상과 자손이 같은 기운을 갖고 있기 때문에 감응한다는 거지요. 옛날에는 사람들이 자꾸 시름시름 아프고 사업이 안 되면, 조상 무덤을 옮겼어요. 유교는 영혼뿐만 아니라 몸도 후손과 직접적인 연관성이 있기 때문에 잘 모셔야 된다는 거지요. 영혼에도 혼과 백이라는 두 종류가 있어요. 백은 영혼 중에서도 우리 정신과 같고 혼은 영과 같은 거지요. 그래서 백은 땅으로 가고. 혼은 날아가지요. 그러나 영과 혼도 영원히 남지 않는다고 보았습니다. 몸은 30년이면 다 썩듯이 혼백도 일정한 시간이 지나면 없어진다고 보았어요. 어떻게 없어지냐면, 평소에 마음이 깨끗하고 선하게 산 사람은 더 순수해서 오래 가고, 형편없이 나쁘게 살고, 게으르게 살고,

수양도 안 하고, 남에게 덕도 베풀지 않은 사람은 영혼의 기가 조잡해져서 엉겼던 기가 금방 풀려 버리고 없어진다고 보았지요. 그래서 보통 아버지, 할아버지, 증조, 고조까지 사대봉사만 하고 사대봉사가 끝나면 신주를 없애고 제사를 중지했지요. 훌륭한 분들은 국가에서 불천위제를 공인했는데, 불천위제는 사대봉사가 끝나면 위패를 없애 버리지 않고 영원토록 제사를 올리도록 정부가 허용하는 거지요. 이황 선생, 율곡 선생 같은 큰 선생님들은 정부에서 공식적으로 제사를 폐하지 않도록 허락합니다. 그리고 역대 왕들도 제사를 폐하지 않아요. 그것은 귀한 영혼을 대접하는 방법입니다.

기독교에서는 돌아가시면 몸은 썩지만 영혼은 들림을 받아서 천당으로 가든지, 죗값을 치르기 위해서 지옥으로 간다고 하잖아요? 이렇게 종교인들은 영혼이 없어지지 않는다고 생각한 겁니다. 영혼은 없어지지 않고 후세에 연결되거나 후손들을 통해서 연결되거나 하잖아요. 그런데 이러한 사고방식이 산업사회가 되면서 물화가 됩니다. 영혼도 물화가 되고, 결국에는 몸도 영혼도 물질로 다 환원되는 거라고 보고, 물질로 환원되니까 영속된 것이 없다고 여기고, 그저 죽음은 없어지는 것, 그뿐이라고 여기게 되는 거지요.

최문기: 교수님, 말씀하신 것 중에 우리가 물질화되는 것도 있지만 과학이 발달하는 것도 있지 않습니까? 과학이 발달해서 우리가 증명할 수 있는 것과 없는 것들을 따지면서 사회는 발달하지 않습니까? 물론 종교적인 문제는 종교적인 문제로 남겨두더라도, 일반

사람들은 과학적으로 영혼, 귀신 이런 것들을 점점 믿지 않는데, 과학화되는 것은 어떻게 생각하십니까?

김문준: 과학화도 물화의 일종이지요. 과학의 발달은 우리들의 인식 변화에 큰 영향을 주었지요. 과학이란 진화론이나, 물리학, 화학, 천문학 모두 이 세상의 모든 현상을 합리적으로 이해할 수 있는 방식으로 설명하자는 것 아니에요? 합리적인 방식이란 수화, 양화한다는 것이고, 결국엔 물화될 수밖에 없죠.

최문기: 그럼 사실 어떤 것이 맞는지는 모르는 거잖아요. 그럼 왜 우리가 영혼과 죽음을 더 가치 있게 생각해야 하는지 이유는 무엇이라고 생각하시나요?

김문준: 두 가지로 생각해 볼 수 있는데요. 하나는 과학 발달로 종교적인 성향이 약화되었고, 자본주의 사회에서 삶의 양식 변화로 죽음 자체가 물화되고, 과학의 영향도 있고, 그런 측면이 분명히 있는 거죠. 두 번째는, 존엄성과 어떻게 연결이 되냐면, 자본주의 삶 속에 우리가 매몰되어 재화로 대체 가능한 것에 집중되다 보니까 재화로 대체 가능하지 못한 것에 대한 귀함이 없는 거죠. 금은 귀하고 공기는 귀하지 않다고 여기듯이. 영혼의 유무는 별로 상관이 없는 거예요. 재화로 대체되지 않는 것에 대해서는 귀하게 생각하지 않는 거죠. 가장 문제는 물화되고, 상품화된다는 거예요. 우리의 삶의 가치나 기준들이 그런 속에서 점점 상실되지 않나, 영혼을 믿는 것의 여부는 두 번째 문제로 밀

려나게 된 거죠. 옛날에는 우선시되었던 문제였지만, 이제는 부차적인 문제로 밀려나고 말았지요.

김광환: 교수님이 종교적인 문제 등 여러 가지 문제에 대해 말씀해주셨는데요. 제 경우, 어려운 일에 닥쳤을 때, 백 년 후를 생각했습니다. 백 년 후라면 여기에 있는 사람들은 다 없어질 테고, 아무런 것도 의미가 없겠더라고요. 그럼 현재 내가 살면서 세상에서 가장 소중한 사람을 뽑아봤어요. 아무리 많이 써도 별표 다섯 개가 붙는 것은 결국 아내뿐이더라고요. 세상에서 가장 소중한 사람이 아내인데, 내가 아내에게 무엇을 해주어야 가장 행복할 수 있을까를 또 한 번 생각해 보았습니다. 다이아몬드 반지나 현금을 가져다줘도 별 의미가 없겠더라고요. 그런데 어느 주일 아침, 교회에 가는 아내에게 나도 당신 따라서 교회를 가겠다고 했어요. 교회 가서 손잡고 울더라고요. 아내가 이렇게 감동을 받은 것은 처음이었어요. 그다음 주도 감동을 받았어요. 그래서 교수님이 말씀하신 종교라는 것은 돈, 자본주의 같은 것을 이길 수 있는 또 다른 힘이 있지 않나 생각을 해봤습니다.

김섭리: 갑자기 궁금한 것이 생겼는데요. 김문준 교수님께서 과거에는 유교적 사상으로 인해 몸을 훼손시키는 것이 망자에 대한 불효라고 말씀을 해주셨는데, 저 역시 유교적 사상이 깊게 박혀 있어서 그런지 모르겠지만, 무덤에 묻히는 것이 바른 장례라고 생각합니다. 하지만 현재는 땅도 부족하고 돈도

많이 들어 무덤에 묻히기는 힘들다고 생각합니다. 그렇다면 어떠한 방법이 가장 좋은 장례인지 궁금합니다.

최문기: 종교 이야기를 하셨는데요. 저는 종교적인 것을 떠나서도 죽음에 대해서 혹은 우리가 말하는 웰다잉, 좋은 죽음 이런 것들을 충분히 고민할 수 있다는 생각이 듭니다. 제가 고등학교 때 실존주의 철학에 빠졌는데, 예를 들면, 책상은 책상이 목표가 되는데, 사람은 태어나서 살면서 내가 어떠한 도구, 어떠한 기능, 어떠한 사람이 될까 하는 그런 궁극적인 지향점은 늘 정해져 있지 않잖아요. 물론 늘 찾으려고 하지만 규정되어 있지 않아요. 책상은 본질이 정해져 있는데, 인간 혹은 존재가 본질보다 앞서 있다고… 인간은 항상 정해져 있지 않고 유동적이고, 가능성이 있는 존재잖아요. 사실은 이런 굉장히 유동적인 존재에서 자본주의라는 것이 나와, 하나의 기능을 하는 도구로 많이 사용해요. 대학을 가는 이유도 사회에서 기능하기 위해서이고, 기능을 하면 먹고 살 수 있는 수단이 생기게 되죠. 그렇기 때문에 하기 싫어도 대학에 와서 공부를 하게 되는 것이죠. 그런데 사람이 사는 재미는 자신을 찾아가는 과정이죠. 자신이 무엇을 흥미 있어 하나, 하는 고민처럼 이건 굉장히 어려워요. 그래서 어렸을 때부터 방황도 하고 배낭여행도 떠나고, 무전여행도 떠나며 자신을 찾기 위해서 고민을 하게 돼요. 나이가 들면서 자기를 찾아가고 누가 규정해주는 것이 아닌 자기가 스스로 자신을 만들어가는 과정 속에서 인간의 삶을 느낀다는 생각을 해요.

이런 자본주의 사회에서 자기가 원하지 않는 특정한 기능을 하면서 살다가 죽으면 그 죽음은 굉장히 불쌍한 죽음이겠죠. 삶이 자신을 찾아가는 과정이 아니라 사회가 요구했던 것을 열심히 하면서 살다가 진정한 내 본질이 무엇인지 못 느끼고 죽는 거죠. 저의 답은 사실 죽으면 모든 것은 끝나니까 다른 사람 시각에서 장례를 멋지게 하고, 좋게 하는 것은 제가 볼 때는 외부적인 시각이라는 생각이 듭니다. 웰다잉은 아니죠. 제일 좋은 죽음은 자기의 본질을 찾아가고, 어느 정도 나이가 들어서 나를 만든 느낌을 갖고 죽으면 눈을 감을 수 있을 것 같아요.

어쨌든 장례 형식 이런 것들을 다 떠나서 죽음이라는 것은 내가 나 자신을 규정하는 본질을 완성하는 형태이고, 그런 입장에 들어서기 때문에 죽음이 특수하지 않을까요? 하나의 어떤 제품이나 상품으로가 아니고 사람이 완성되는 형태인 거죠. 자본주의에서는 그런 기능이 별 필요가 없고, 더 방해가 되는 것이지요.

김문준: 장례 방식은 굉장히 문제죠. 우리나라가 미국 텍사스나 우즈베키스탄 같이 땅이 넓으면 다 매장을 할 수 있는데, 그렇지 않잖아요. 저도 사실 고민이 되더라고요. 이런 것들은 나의 문제가 아니라 한국 사람들이 공통적으로 갖고 있는 생각이 아닌가 생각돼요. 반드시 그런 것은 아니지만, 돈이 많고 적음에 따라서 주검에 대한 처리도 달라지고 있는 것이 아닌가 생각되기도 합니다. 종교나 가치관에 따라 다르겠지만, 부자들은 화장하는 사람이 거의 없어요. 좋은 묘역에 많은 돈을 들여서 가족묘를 만들어요. 가난한 사람들이 대부분 화장을 많이 하고 있는 실정이지요. 화장 자체가 문제라는 뜻이 아니라 경제적인 이유 때문에 장례를 뜻대로 치르지 못하는 가정도 있다는 것이 문제라는 것이지요.

박아르마: 제가 궁금한 것이 우리 사회가 지금 많이 변하고 있지만 여전히 유교적 전통에서 자유롭지 못한 측면이 있는데 어떻게 단기간에 화장률이 갑자기 높아졌느냐는 것입니다. 보건복지부 자료에 따르면 2015년도 전국 화장률이 80.8%라고 합니다.

최문기: 화장하는 것이 안 좋은 것은 아니잖아요.

김문준: 경제적인 문제 때문에 죽음 이후에도 불평등을 당하는 것에 문제가 있다는 거죠. 매장도 문제가 많지요. 지금 우리나라는 묘역이 많이 부족하지요. 우리나라는 땅이 작은 나라고, 또한 자기가 사는 마을 주변에 묘역이 들어오면 이를 반대하고 항의가 거세잖아요. 또 개인이 아무 산에나 묘소를 쓰는 것은 불법이지요. 옛날에는 상여를 매고 먼 곳을 갈 수가 없고, 그래서 대부분 동네 뒷산에 매장할 수밖에 없었지요. 그런데 이제는 교통도 발달되었고, 사람들이 모여 사는 곳에서 먼 곳에 매장해도 괜찮은 시대가 되었으니, 정부에서 좋은 묘역을 사회복지 차원에서 개발할 필요가 있다고 생각해요. 그래서 장례를 치르는 방식도 경제력에 관계없이 선택할 수 있게 해야 하지 않나 생각합니다.

자신의 가치관이나 종교적인 이유로 화장하는 것도 존중해야 하고, 또한 매장을 하고 싶다면 그렇게 할 수 있게 해줘야 하는 것이죠. 국가가 앞으로 해야 할 일 중에 하나라고 생각합니다. 산 사람의 복지도 힘든데 죽은 사람의 복지까지 어떻게 모두 보장하냐는 비판적 측면에서 이야기하면 실현되기 어려운 문제지만, 사후문제도 여러 가지 차원에서 국가의 할 일 중 하나라고 생각합니다.

최문기: 저희가 자본주의를 비판했지만, 그렇다고 과거 사회가 꼭 좋다고만 볼 수는 없지 않습니까. 과거 사회로 회귀할 수도 없는 것이고, 다음 시대가 오면 자본주의 사회가 더 좋았다는 그런 생각을 할 수도 있을 것 같아요. 그런 측면에서 장례식을 보면 장례와 죽은 사람에 대한 복지도 중요하고, 죽은 사람을 통해서 가족들이 모이고 남아 있는 사람들이 만날 수 있는 문화가 지켜져야 하겠지만, 땅을 많이 차지하여 더 이상 묻을 곳이 없는 것들은 사회적인 문제라고 봐요. 그러니까 기존의 종교라든지, 전통사회에서는 좋은 의미였지만 현대 사회에서는 사람들이 돈이 있어도 하지 못하는 그런 문화가 될 수도 있는 것이지 않습니까. 장례문화를 장례의 화려함보다는 죽음 자체를 어떻게 웰다잉으로 받아들이게 하는 과정으로서 변화시키고, 장례는 상업적인 것들을 줄이고, 죽음의 과정에서 남은 사람들이 해야 하는 문화로 바꾸는 것도 경제적·복지적 측면에서 굉장히 좋지 않을까 생각합니다. 죽은 사람을 어떻게 할까보다는 죽음의 과정에 대한 문화를 새롭게 만드는 게 중요할 것 같습니다.

김광환: 그래서 아까 제가 서두에도 말씀드렸는데요. 사실 웰다잉 하면, 죽기 위해서 사는 것이 아니라 살아있을 때 어떻게 살아야 웰다잉이 될 수 있는지가 더 중요합니다. 죽는 것은 하나의 과정일 뿐이죠. 반대로 생각하면 어떻게 하면 행복하게 살 수 있을까로 전환이 될 수 있을 것 같습니다. 그래서 이러한 의견도 나누면 좋을 것 같아요.

최문기: 교수님, 아주 근본적인 질문으로 윤리를 떠나서 죽은 분들을 왜 찾아가야 하는 건가요? 찾아가는 것이 왜 좋은 건가요?

김문준: 살아있는 사람이 사는 집을 양택이라고 하고, 돌아가신 분을 매장한 곳을 음택이라고 해요. 영혼이 그곳을 거처로 삼는다고 생각했죠. 산소를 찾아간다는 것은 그분을 생전에 모시듯이 찾아뵙는 거예요. 옛날에는 부모가 돌아가시고 나서 효자들은 삼년상을 치렀는데, 이 년 일 개월 동안 매일 따뜻한 밥을 해서 올리며 돌아가시기 이전처럼 모셔야 한다고 생각한 거지요. 그러니 산소에 가는 것은 돌아가신 분이 그곳에 계신다고 생각해서 가는 거예요.

최문기: 우리 주제가 사실 웰다잉이잖아요. 죽은 이후의 삶을 우리가 잘 돌보는 것이 무슨 의미가 있는가, 라는 생각이 들어요. 사실 저는 매장, 화장이 아닌 우주에 떠다니는 돌멩이가 되고 싶다는 생각도 해요. 화려한 장례란 산 사람이 자기가 죽은 후 대접받기 위한 그런 것이라는 생각이 들어요. 사실 어떻게 보면 종교적이고 전통적인 것에 대한 문

화로의 가치는 분명히 있겠지만, 과학적으로 웰다잉을 이야기하는 데서 보면, 그럴 필요가 있느냐는 생각이 듭니다.

김문준: 우리의 생각이 점점 서구화되면서 그렇게 생각이 바뀌어가고 있지요. 우리나라는 제사문화가 상당히 발달되어 있어요. 망자에 대한 추모이지요. 유교문화로 인해 제사가 발달되어 있다고 생각하는데, 사실 유교 때문에 발달된 것만은 아니에요. 유교가 이전부터의 경천애인하던 전통사고 방식과 맞았던 것이에요.

박아르마: 재미있는 말씀 같아요. 유교가 우리 삶을 강요한 것이 아니라 유교가 우리와 맞으니까 우리가 받아들인 것이라는 말씀이지요?

김문준: 조선시대 말, 가톨릭이 들어온 초기에 가톨릭이 엄청난 박해를 받았지요. 가톨릭으로 개종한 양반들이 자기네 집 신주를 다 폐하고 제사를 중단한 거에 그 이유도 있죠. 그 당시 로마 교황청이 제사를 철저히 금지시켰어요. 나중에 교황 요한 바오로 2세가 인류에게 두 가지 사과를 했지요. 첫 번째는 지동설을 주장했던 사람들을 죽인 것, 두 번째는 동아시아에 제사를 금지해서 엄청나게 많은 가톨릭 순교자를 만들어낸 것, 이 두 가지 사과를 했어요.
전통 한국인의 사고방식은 망자가 된 조상이나 아버지가 친일파이든, 도둑이든 그는 죄인이기 이전에 어쨌든 자기 아버지로 봅니다. 그분들은 돌아가시면 조상신 곁으로 간

다고 보았지요. 한국인의 전통적인 하느님은 서양신과는 다릅니다. 서양신은 창조자이고, 나는 피조물이지요. 그런데 우리 조상들의 신은 조상입니다. 조상신이 바로 하느님입니다. 그래서 고대부터 하늘에 대한 제천 행사가 엄청나게 발달되어 있었지요. 고대부터 중국의 역사 기록물을 보면 우리 민족에 관한 특기한 내용이 있는데 바로 제천 행사입니다. 한민족의 조상들은 하늘에 제사를 지내더라는 겁니다. 한국인의 아버지도 할아버지도 훌륭하든 아무리 못났든 돌아가시면 모두 조상신 곁으로 가고, 나도 결국에 죽으면 조상신 곁으로 간다고 생각했습니다. 그래서 후손들도 나를 섬길 것이라고 생각했습니다. 그러니 다른 사람은 나의 조상이나 부모를 좋은 사람, 나쁜 사람으로 심판하고 선악과 공과를 가려도 자기 자신은 그러지 않았습니다. 아버지나 조상에 대해서는 선악 공과를 가리지 않습니다. 그러니 우리 모두는 죽으면 다 신이 되는 거지요. 그래서 서양 종교나 철학이 들어오기 전에는 모든 조상은 섬김의 대상이고, 예를 갖추어 기념해야 하는 전통이 있어요. 그리고 돌아가신 분에 대한 대접이 굉장히 후했습니다. 굿을 보면 돌아가신 사람이 제일 힘들어하던 한을 풀어주려고 엄청난 노력을 들이는 것입니다. 그래서 망자에 대해서 함부로 하는 짓은 못된 놈이나 하는 짓이지요. 그것은 아주 비인간적인 짓이며, 산 사람에게 못된 짓을 하는 것과 똑같은 거라고 보았습니다.

최문기: 그럼 그런 전통을 가졌다고 해서, 우리나라 사람들이 외국 사람들보다 더 웰다

잉을 하나요?

김문준: 그래서 옛날에 효가 중요해진 것이고, 살아있을 때의 효 못지않게 돌아가신 분에 대한 효도 중요하다고 보았던 것이고, 그래서 조선시대 말에 제사를 지내지 않는 가톨릭을 박해한 것이지요. 지금은 많은 사람들이 서양 방식으로 인식이 전환되어서 가족 유대가 많이 적어지고, 가족도 많이 해체되고, 사람들은 점차 개별화되어가고 있어요. 파편화되고 있습니다. 가족끼리도 파편화되어 있고, 그러니 산자와 망자 관계는 말할 것도 없고, 산 사람끼리도 다 파편화되고 있어요. 아까 실존주의 이야기하셨잖아요. 실존주의는 본질이 실존에 앞선다는 것 아니에요. 지금 여기에 살고 있는 내가 인간다움이라는 인간의 본질보다 더 중요하다는 것이고, 그래서 자기 인생의 의미를 계속 찾아가는 삶이야말로 중요하다고 보는 것이지요. 현대인들은 이런 인생의 의미를 찾는 노력을 중지해버렸기 때문에 절망 상태라는 거지요. 그것은 몸이 죽는 것보다도 더 큰 잘못이라는 거지요.

우리가 산업사회에서 살아남기 위해 그러한 삶의 의미와 가치를 중지해버렸다는 겁니다. 삶이 변하게 된 이유는 삶의 방식이 바뀌어버렸기 때문이라고 봅니다. 서양 사고방식이 우리 삶을 바꾼 것이라기보다는 우리의 삶의 환경이나 방식이 서양적 사고방식을 받아들일 수밖에 없는 환경으로 바뀌지 않았나 생각됩니다. 그러다 보니까 의식이나 가치관의 서양화는 결국 개인의 어쩔 수 없는 선택이지요. 지금 방식으로 봤을 때 옛날 방식대로

산 사람들이 죽은 자들을 위해 여러 가지를 희생해야 한다는 주장은 멍청하고 비합리적인 생각이라고 볼 수 있지요. 결국에는 개인의 선택의 문제인데, 사람이 죽고 난 뒤에 대접하는 것보다 최 교수님이 말씀하셨듯이 나를 실현한다는 것은 내가 살아있다는 것을 뿌듯하게 생각하고, 자긍심을 느끼고, 자존감을 느낄 수 있게 사는 것이 중요하다고 생각합니다.

그러나 우리의 삶과 의식이 어떻게 변화하든 망자를 경시해서는 안 됩니다. 망자를 경시하면 산 사람에 대한 대접도 함부로 하게 됩니다. 점점 우리 삶의 양식이 재화로 바뀔 수 있는 것에 집중되고, 돈에 집중되어 가고 있는데, 결국은 서로서로 소외시키는 거예요. 이런 개인의 소외 현상이 저는 개인의 잘못만은 아니라고 생각해요. 우리가 살아가는 사회 현상이 이렇기 때문에 어쩔 수 없이 개인이 내몰려 가는 과정이지, 개인이 못됐다는 이야기는 아닙니다. 문제는 우리가 이러한 비인간적인 사회구조를 바꾸자는 것이고, 이러한 방법을 모색하자는 것이 우리 프로젝트의 일환이지요. 우리가 죽음을 이야기하는 것은 결국 산 사람을 좀 더 존중하자는 것이 가장 큰 포커스예요. 우리가 죽음을 이야기하는 것은 우리가 잘 살기 위해 하는 것이고, 주검에 대한 처리 방식도 물론 개인의 선택이지만 주검을 함부로 하다 보니까 산사람도 함부로 하게 되니 주검 처리도 신중히 하자는 것입니다. 우리의 사회생활 환경은 점점 더 삶과 죽음을 분리시키고 격리시켜서 죽음과 주검을 쓰레기 취급해버린다는 겁니다. 주검을 함부로 대하면 산 사람에 대한 존

엄성이나 생존권도 함부로 대하게 되는 겁니다. 자기 삶의 본질을 실현하도록 돕는 사회 체제가 아니라 인생이 점차 헐값이 되는 것이 문제입니다.

최문기: 저도 수업을 하고, 학생들을 만나 보면 세대 차이를 많이 느낍니다. 잘 사는 것, 잘 죽는 것을 우리가 좀 더 논의하고 연구해서 더 좋은 것을 찾아내기 위해서는 기존의 가치방식을 다 떠나서 따져봐야 한다는 생각이 들어요. 죽은 사람들을 경시하니까 산 사람들도 경시하더라, 이런 방식은 아닌 것 같습니다. 산 사람을 경시하지 않기 위해서는 다른 방식들도 있잖아요. 꼭 이것을 통해서 하는 것이 아니라 더 효과적인 것이 있다면 그것을 선택해야 하는 것이고, 그래서 왜 죽은 사람들을 그렇게 해야 하느냐에 대해서 우리가 너무 과거의 가치체계를 젊은 사람에게 강요하는 것 같습니다. 왜냐하면 애들은 이 환경에서 자랐기 때문에 우리가 우리 세대에서 받은 논리는 잘 통하지 않습니다. 학생들이 질문하지 않는다고 해서 받아들인 건 절대 아니라고 생각합니다. 저는 자꾸 그런 것들을 먼저 질문하고 부셔 봐야 한다고 생각합니다. 이런 옛날의 가치들을 제가 이해하지 못하면서 어떻게 물려주겠습니까? 물론, 쉽지 않을 것이라고 생각합니다. 왜냐하면 답이 없는 질문이니까요. 해야 한다는 논리와 안 해도 되는 논리가 충분히 논의되어야, 두 가지의 가치체계에서 아이들이 선택을 할 수 있기 때문에 저는 자꾸 근본적인 논의를 하기 위해 질문을 던집니다.

김문준: 물론 우리가 죽음 문제에 돈을 많이 쓰기보다는, 노인들이 살아있는 동안에 도와줄 여러 가지 복지문제나 개인의 취미활동을 돕거나 하는 데에 돈을 더 쓰고 인력을 더 들이는 것이 낫겠지요. 그러나 죽음 문제에 들이는 노력도 필요하다는 것입니다. 지금 우리의 토론 주제는 죽음이고, 죽음 문제는 여러 측면에서 의미가 있고, 논의하고 준비할 가치가 있다는 의미에서 말을 한 겁니다.

최문기: 저는 수업 방식으로 말하고 듣고 하는 것보다는 논쟁을 위해 질문을 계속 만들겠습니다.

김민경: 저는 화장 문화가 나쁘지 않다고 생각합니다. 왜냐하면 요즘 사회가 핵가족화되고 개인주의화되니까 화장을 하는 것은 당연하다는 생각이 들고, 당연한 문화라는 생각도 들어요. 매장을 하게 되면 꾸준하게 관리를 해주어야 하는데, 개인주의가 강한 사회에서 꾸준하게 관리가 될 것인가에 대한 의문이 들어요. 또한, 매장하지 않는 것은 망자에 대한 불효라고 생각할 수도 있는데, 이는 편협된 생각인 것 같습니다.

김문준: 아주 좋은 지적이에요. 당연히 그럴 수 있어요. 제 이야기는 화장이 나쁘다는 것이 아니에요. 법정 스님이나 김수환 추기경 같은 분도 화장을 원하고, 결국 자기 시신 처리는 자신이 선택하는 문제지요. 그런데 돈이 없어서 그럴 수밖에 없는 경우가 문제이죠. 가난해서 앞으로 무덤 관리도 못하기 때문에 무조건 화장하라는 것은 우리가 같이

살아가는 공동체 속에서 너무 비인간화되어 있다는 것입니다. 소득에 따라 죽음에 이르는 과정도, 사후의 주검 처리도 불평등하게 진행되고 있다고 보여집니다.

김섭리: 최문기 교수님의 말씀이 죽은 후의 일만큼이나, 그 과정도 중요하다는 것으로 받아들여지는데요. 현재 사회에서 죽어가는 사람들에 대해서는 무관심하다는 생각을 문득 하게 되었습니다. 티베트에서는 죽어가는 사람들을 위해서 계속 앞에서 기도를 한다고 하더라고요. 근데 우리나라에서는 장례식에는 많이 오는데 죽어가는 사람들을 위해서는 무엇을 하는지 잘 모르겠습니다. 죽어가는 사람들을 위해서 어떻게 해야 하는가에 대한 방안이 궁금합니다.

박아르마: 장례나 제사가 현재의 삶에 영향을 미치기 때문에, '죽은 사람을 존중하는 것이 결국은 산 사람을 존중하는 것이다'라는 말에 공감이 가요. 개인적으로 저는 장례 절차나 제사에서 샤머니즘적 요소에 대해서는 강한 거부감이 있어요. 그러면서도 한편으로 제 아이를 아버지 묘에 데려가는 이유를 생각해 보면, '나도 우리 아버지께 예를 갖추니까, 너도 나한테 잘해라'라는 생각이 있지 않나 싶어요. 다른 한편으로는 서구사회는 고인에 대해 동양보다 예를 갖추지 않고 장례 절차도 소홀하다는 인식이 있는데, 그렇지 않은 면도 상당히 많아요. 예를 들어 미군들은 50년이 지난 동료의 유해를 뼈 한 조각이라도 찾기 위해 애를 씁니다. 프랑스의 경우를 보면 최고 위인들만 묻히는 '팡테옹'이라는 곳이 있는데, 2년 전에 레지스탕스 운동을 하던 이름도 없는 사람들의 유해를 발굴해 대통령까지 나서서 예를 다해 장례를 치렀습니다. 결국 그런 행동도 죽은 사람에 대한 사회의 태도가 시민들의 현재의 삶에 영향을 미치기 때문입니다. 나라를 위해 죽으면 국가가 그 사람을 기억하고 가족에게도 보상을 해주니까 국가를 믿고 따르라는 메시지가 담긴 셈입니다.

김광환: 저는 섭리 학생의 말을 듣고, 연구를 진행하면서 실제 죽어가는 사람들을 위해 무슨 프로그램이 있는지 조사를 못해 봤구나, 하는 생각이 들었어요. 다음 연구 때 조사를 해보았으면 좋겠다고 생각했습니다.

이서희: 저도 화장 문화에 대해서 생각을 했는데요. 예전에는 부모님을 따라서 할머니, 할아버지의 산소에 올라가면, 장례문화는 그것밖에는 없다고 생각을 했어요. TV나 드라마에서 수목장이나 화장, 배에서 뿌리는 것까지 보면서 여러 가지 장례문화가 있다는 것을 알았어요. 젊은 사람들은 오히려 수목장 같은 문화를 선호하는 것 같아요. 웰다잉 교육을 통해 세대 차이를 좁혀가야 하지 않나, 라는 생각이 듭니다.

김광환: 저희가 지금 만드는 에세이는 5개의 주제가 있습니다. 워드 클라우드로 만들었을 때도 첫 번째는 죽음에 대한 이야기들이 많이 나왔는데 그 앞에 많이 나왔던 내용에는 가족이나 자아, 반 정도는 삶에 대한 이야기가 나왔습니다. 웰다잉은 죽기 위해서 연구

가 진행되는 것이 아니니, 어떻게 하면 웰다잉이 될 수 있는지에 대한 이야기를 많이 해주시면 좋을 것 같고, 또 박 교수님은 문학적인 관점에서 뒷 범위보다 앞 범위의 이야기를 해주시면 어떨까 싶습니다.

최문기: 김광환 교수님은 삶에 대한 이야기를 했으면 좋겠다고 하셨는데, 학생들이 조사한 주제를 바탕으로 자살, 임종, 장수에 대해서도 이야기하면서, 삶의 문제에 대한 이야기로 넘어가야 할 것 같아요. 예를 들어 장수의 문제는 노년기의 삶부터 시작해서 잘 죽기 위한 삶, 국가를 위한 명예로운 죽음을 위한 삶 등. 그런 의미에서 죽음을 기리는 것은 굉장히 의미가 있는 것 같아요. 죽음은 사람이 두려워하지 않고 무엇인가를 위해서 살게 하는 교육적인 의미도 있는 것 같아요.

김문준: 지금 말씀하신 대로 죽음의 종류를 보면 자살, 안락사, 또 고독사 등 이러한 죽음들이 문제가 되고 있는 것 같아요. 한국의 자살률이 세계 최고 수준이라는 것을 걱정하는 사람들이 많은데, 오죽하면 자살을 하는가, 이게 문제지요. 자살을 하는 이유는 두 가지가 있는 것 같아요. 하나는 정신적인 절망, 하나는 육체적인 절망, 즉 희망이 없으니까 죽는 것 아니겠어요? 정신적인 절망은 고독사와도 연결이 되겠지요. 자신이 사회에서 더 이상 필요한 존재가 아니고, 방치되는 거지요. 자살은 대표적인 불쌍한 죽음이지요. 자기 자신을 스스로 죽음에 이르게 하는 거니까. 자살이나 고독사 같은 것들을 줄여나가도록 계속 노력해야겠습니다. 그런 죽음이

없어져야 좋은 국가고 가정이잖아요. 죽음은 그런 점에서 삶과 직결되는 것 같아요. 자살, 고독사를 한마디로 하면 불쌍한 죽음 아니겠어요? 많은 사람들이 너무 불쌍하게 죽어가요. 반대로 안락사 허용은 불쌍한 죽음이 일어나지 않도록 하기 위해서이지요. 사회적으로 되도록 불쌍한 죽음을 줄이는 것이 우리 죽음 프로젝트의 근본적인 목표이지요.

최문기: 이것은 학생들이 준비를 해 온 주제들이니, 수치적인 것보다는 삶에서 자살 충동을 느끼기도 하고, 동년배의 죽음을 가끔 보기도 하는데 젊은이들이 생각하는 자살은 어떤 것인지 자기 삶에 비추어서 말을 하면 좋을 것 같습니다. 요즘 '헬조선'이라는 말을 많이 하잖아요. 한국에서 젊은이로 사는 것과 자살에 대해서 이해하기 위해, 예를 들면 누가 자살을 했다면 동질감을 느끼는지에 대해 들어봤으면 좋겠어요. 준비해온 것을 바탕으로.

김민경: 제 경험담을 이야기하자면, 고등학생 때 공부를 하면서 사회가 경쟁이 치열하고, 항상 좋은 대학교에 가지 못하면 성공하지 못한다는 불안감에 싸여 우울한 시기를 보낸 적이 있어요. 그런 시기를 보내면서 '나는 필요 없는 존재인가'라는 생각도 들고 '난 사회에서 어떤 일을 하며 살 수 있을까'라는 생각도 하면서 우울증 같은 것을 겪은 적이 있었는데, 직접 자살을 생각한 적은 없지만 자살을 할 수도 있겠다는 생각이 들었어요. 그런데 이것은 사회가 그렇게 변해가고 있기

때문에, 개인적으로 노력해서 바꿀 수 있는 것이 아니라 사회가 변화해야만 상황을 바꿀 수 있다고 생각을 했어요.

그리고 제 친구 중에 정신적으로 스트레스를 많이 받는 친구가 있는데, 주로 병원에 가서 상담을 받아요. 그런데 병원에 가서 진료를 받으면 병원에서만 개인적인 이야기를 하고, 주변 사람에게는 그런 이야기를 하지 않게 되니까 자신의 이야기를 할 수 있는 곳이 병원밖에 없다고 생각하게 되고, 사회적인 유대관계가 사라지고 있다는 생각을 했어요. 그래서 친밀감이 떨어지고, 사회가 삭막해졌다는 생각을 많이 했습니다.

최문기: 그럼 민경 학생은 자살하고 싶다는 시기도 겪어 봤고, 사회가 변해야 된다는 생각도 하게 됐는데 학생들이 자살 생각을 하지 않기 위해 어떤 것이 제일 갖추어졌으면 좋겠어요?

김민경: 자신을 소중히 여기도록 도와주는 교육들을 적극 시행해야 합니다. 힘든 시기를 겪고 있는 사람들은 우울감에 빠지면 자신이 세상에서 필요 없는 존재라는 생각을 하게 됩니다. 자신을 소중히 여길 수 있는, 자존감을 높일 수 있는 교육과 생활지원 체제가 개발되어야 한다고 생각합니다.

김섭리: 사실 저 역시도 고등학교 수험생활을 하면서 자살에 대해 고민을 해본 적이 있습니다. 공부를 열심히 하는데 성적은 안 올라 막연한 두려움에 그런 생각을 했던 것 같습니다. 그때 저는 '생명의 전화'를 이용했던

기억이 있습니다. 이 상황이 너무 힘들고, 자살을 하고 싶은데 어떻게 해야 하는지에 대한 고민을 적은 내용이었습니다. 하루 안에 그에 대한 장문의 편지가 오더라고요. 저에게 삶을 살아갈 수 있도록 용기를 주는 말이 많았어요. 이처럼 옆에서 누군가 한 명이라도 제 이야기를 잘 들어주는 사람이 있다면 해결될 수 있다고 생각합니다. 그래서 저는 자살에 대한 방안의 한 가지로 고독한 현대인들에게 따뜻한 관계가 형성되는 것이라고 생각합니다.

최문기: 통계를 보면, 우리나라 청소년 자살률 증가와 노인 자살률이 1위예요. 섭리 학생의 이야기가 남 이야기가 아니라 일상적인 이야기예요. 저런 상황을 겪고 심적으로 시행할 수 있는 심리적 구조를 가진 아이들은 자살을 하고, 그렇지 못한 아이들은 그냥 참는데 굉장히 심각한 문제예요. 특히 노인분들은 이를 해결하기 위한 어떤 공공서비스가 있는지 잘 모르잖아요. 그래서 더욱 자살이 쉽게 일어나고, 고독사에 대한 대책도 상당히 중요한 문제일 것 같아요. 그럼 근본적인 질문으로, 자살은 나쁜 것인가요? 나쁘다면 왜 나쁜 것인가요?

김광환: 제가 계속 연구를 하다 보니까, 자살한 사람은 자살을 했기 때문에 본인은 모르지만, 남아 있는 사람들에게 큰 죄를 짓는 것이 가장 큰 문제라는 생각이 들어요. 자식은 부모와 형제, 지인한테 큰 상처를 주기 때문에 과연 자살이 타당한지를 반대로 생각해 볼 필요가 있다는 생각이 듭니다. 내가 죽

겠다는 생각을 하면, 어차피 죽을 텐데, 무엇을 못 할까. 라는 생각이면 못할 것이 없는 것 같아요. 아까 말했듯이 백 년 후면 다 없어질 사람들이라는 말을 했잖아요. 백 년 후면 다 지나갈 세대인데, 그러면 살아있을 때 어떻게 해야 잘 살 수 있을까 하는 생각이 듭니다.

박아르마: 저는 프랑스 문학이 전공인 만큼 '서구문학에서 죽음이 어떻게 다루어졌을까' 라는 생각을 해봤는데, 의외로 그런 주제가 진지하게 다뤄지지 않은 것 같아요. 기본적으로 서구문화라는 것이 죽음에 대해서 터부시하고, 현실에서의 행복을 더 강조하며 죽음 이후에는 소멸이라는 인식이 자리 잡고 있는 것 같아요. 문학작품을 봐도 그래요. 한편으로 유럽사회는 기독교 사회거든요. 중세 때는 말할 것도 없고 종교가 모든 정치나 개인의 삶까지 영향을 미쳤고, 그것이 붕괴한 것이 계몽주의 시대 이후인데, 그 자리에 신 대신 이성이 들어선 거지요. 문제는 서양 사람들의 정신세계를 지탱해주고 있던 믿음과 가치가 종교였는데, 그것이 붕괴된 이후로는 기댈 데가 없었어요. 19세기 이후에 산업화가 일어나고 과학기술문명이 발전했는데 물질문명이 인간에게 무한대의 행복을 줄 수 있고, 정신적인 것도 충분히 충족시켜줄 수 있다는 믿음이 있었지요. 그런 믿음은 그리 오래 가지 못했어요. 전쟁을 겪고 산업화의 여러 후유증을 겪다 보니까 실존주의가 나온 것이지요. 그래서 유럽 사람들이 관심을 갖게 된 것이 고독과 소외의 문제인데요. 우리가 어려서 한 번씩은 읽은 『로빈슨 크루소』 가 그런 주제를 다루고 있습니다. 이 소설을

패러디해서 다시 쓴 아류작들이 500편이 넘고, 섬과 고독을 주제로 소설을 써서 노벨상을 받은 사람도 두 명이나 있어요. 『로빈슨 크루소』는 단순히 모험소설이 아니라, 사람은 사회적 동물이라고 했는데 '사람이 혼자 살면 어떻게 될까?'라는 근본적인 질문과 고독, 소외와 같은 문제를 다루고 있는 이야기입니다. 시대마다 다른 형식의 '로빈슨 크루소'가 만들어지는 것을 보면 고독과 소외의 문제는 우리에게 영원한 주제인 것 같습니다.

자살 문제와 관련을 시켜보면 자살은 결국 소외나 외로움, 고독의 문제인데, 사회적 약자만 자살을 하는 것 같지는 않더라고요. 장국영이라는 유명한 홍콩 배우가 자살을 했는데, 세계적인 스타지만 죽을 때는 외롭고 혼자라는 것을 느낄 수밖에 없다는 생각을 했어요. 자살을 줄이기 위해서는 '생명의 전화'라든지, 주변의 관심, 특히 가족의 역할이 중요한 것 같아요. 가족이 외로움과 고독을 이겨낼 수 있도록 힘을 주는 존재가 되어야 하는데, 요즘은 그런 역할을 잘 하지 못하는 것 같아요. 서구와 우리 사회 모두에게 자살과 고독의 문제에 대한 해결방안으로 '가족 회복'을 제시하고 싶습니다.

최문기: 작년에 『기발한 자살여행』이라는 소설책을 읽었는데, 아이러니한 책이었어요. 핀란드 소설인데, 몇 명이 자살클럽 같은 곳에서 만나 죽기 위해 차를 타고 가요. 죽으러 가는 것이기에 돈도 다 뽑고 여행을 떠나는 거지요. 살면서 해야 하는 공부 같은 것들을 벗어던지고 가야 하니까 정말 홀가분하죠. 고민이라는 무게를 집어던지니 짐이 가벼울

수밖에요. 자살여행을 떠나면서 맛있는 것도 사 먹고, 놀이터에서 놀고 며칠간을 그렇게 보내요. 죽기 위해서 며칠 동안 모든 것을 소비하는 거지요. 정말 즐겁게 친구들과 놀고 내일을 걱정하지 않고 일주일을 보내는데, 그러면서 '사는 것이 의외로 재미있다'라는 것을 느끼는 거예요. 그러면서 마지막에 클럽의 장이 죽는 것은 선택이고, 사는 것도 선택이라는 말을 하는데 일주일간 자살여행을 떠나서 삶의 의미를 가지고 돌아와요. 이 책에 나오는 대화를 보면, 생물학적인 죽음이 있고 사회적인 죽음이 있잖아요. 사회에서 나의 가치, 자신이 생각하는 나의 가치가 있지요. 하지만 실제로는 그렇지 못하죠. 내가 세워놓은 사회적 가치가 삶에 미치지 못하는 것에 생물학적인 죽음을 맞추는 거지요. 이 기능을 하지 못하니까.

박아르마: 우리 사회의 자살문화보다 낭만적인 것 같아요. 우리나라에서는 대개 자살 사이트에서 만나서 바로 죽는데, 소설에서는 절차가 있다는 거지요? 이혼 절차만 해도 그렇잖아요. 숙려기간 동안 상담도 받고, 삶의 가치에 대해서도 생각해 보는 것이지요.

최문기: 자살 충동을 느끼고 이런 것들이 사회적인 내가 해야 되는 압박, 걱정, '내가 성공하지 못하면 어떡하지?', '대학에 못 가면 어떡하지?' 이런 모든 것들을 사실 던져버리면 삶은 굉장히 재미있는 것이 됩니다. 죽음도 마찬가지인데, '내일 죽으면 어떡하지?', '내일 병 걸리면 어떡하지?'라는 생각을 하면, 죽음이 나를 지배하는 거지요. 내일 시험

을 못 칠 것이라는 생각을 하면 시험이 나를 지배하는 거잖아요. 죽음도 마찬가지로 나를 지배해 버리는 거지요. 그래서 죽음을 걱정하는 것이 오히려 죽음을 극복하는 것이 아니라, 죽음의 노예가 되어버리는 거지요. 그것을 던져버리고 '내일 죽으면 죽지 뭐' 이런 식으로 살아가면 극복할 수 있다는 거예요. 그만큼 우리 사회가 사회적인 압박과 관계 속에서 나의 위치를 너무 높게 잡는 문제도 있고, 걱정해서 오히려 일을 그르치는 것도 있고 그래서 굉장히 재미있게 읽었던 소설 중 하나입니다.

저는 삶과 죽음을 좋은 것과 안 좋은 것, 혹은 흑과 백 이런 식으로 이분법적으로 볼 것이 아니라고 생각합니다. 항상 죽음과 삶이 동시에 있다는 것을 우리가 알고 있어야 한다는 것이지요. 스티브 잡스도 "내일 죽으면 오늘 무엇을 할 것인지 생각해 보아라"고 했는데, 멀리 있는 죽음을 나쁘게 생각하지 말고 죽음을 받아들이면, 자살이라는 것을 받아들이면 훨씬 잘 살 수 있을 것 같아요. 그래서 죽음은 나쁜 것, 자살은 나쁜 것이라는 이분법적으로 생각하는 것은 오히려 안 좋다는 생각이 들어요.

김광환: 그럼 자살이 안 좋을 수도 있다고 했는데, 심리학자인 교수님께서 사회적인 측면에서 어떻게 해야 극복할 수 있는지에 대해서도 이야기해주시면 좋을 것 같습니다.

최문기: 심리학에서 상담할 때는 자기 자아와 사회적 자아의 갭이 큽니다. 사실 굉장히 욕심이 많은 것이지요. 욕심 때문에 갭을 극

복하지 못한다고 하는데, 이를 줄여주는 것이지요. 자신의 본연의 모습을 받아들이는 자세. 우리 교육 자체가 국영수 중에 국어를 못하고, 영어와 수학을 잘하면 국어를 집중적으로 공부하라고 하는데, 생각해 보면 타고난 성격이나 능력 때문에 못하는 것은 계속 점수를 높게 받기 어려울 것 아니에요. 우리는 늘 못하는 것만 잡고 살아야 되는데, 학교에서는 잘하는 것을 하라고 안 하거든요. 사실 교육은 반대로, 잘하는 것을 하면 못하는 것은 자동으로 따라온다고 해요. 잘하는 것을 하면 재밌거든. 신나게 하면 못하는 것은 가끔 해도 쉽게 해버리는 거죠. 원래 욕심이라는 것들을 너무 높게 두는 자신을 받아들이게 하는 것을 바탕으로 실제 상담을 합니다. 행복치료라는 것이 좋은 것을 해서 행복하면 안 좋은 것도 그냥 따라오는 거지요. 그런데 내가 못하는 것을 집중해서 하면 체질적으로 못하니까 계속 못하게 되어 기분이 나빠서 잘하는 것도 못하게 돼요. 그것이 긍정 심리학의 기본인데 우리 사회는 받아들이지 않으려고 해요. 비용도 많이 들고, 개인화되어서 교육시켜야 하기 때문에 교육적 측면에서는 힘들죠.

이서희: 교수님 말씀하실 때, 자살은 나쁜 것이 아니라고 생각을 했는데요. 자살이나 왕따를 당하거나 해서 자살을 결심한 사람들은 해결할 수 있는 방법이 없는 것 같아요. 이것을 누구에게 말하면, 사회적인 시선이나 낙인이 찍혀 버려 해결할 수 있는 방안이 없다는 생각이 들고, 일단 우리 사회에서부터 자살은 나쁜 것이 아니라는 인식으로 변화

시켜야 학생들도 쉽게 상담 등에 다가갈 수 있을 것이라는 생각이 듭니다. 그래서 저의 인식부터 바뀌어야 할 것 같아요.

최문기: 어쨌든 유능 콤플렉스 같은 것을 없애야 해요. 그래야 기능이 떨어지는 아이들을 왕따시키지 않지요.

김광환: 박 교수님께 여쭤볼 것이 있는데요. 자살이 개인적인 것보다 사회적인 것이라는 말씀들을 많이 하잖아요. 우리 연구 자체도 사회적인 질 향상을 위한 웰다잉 교육이니, 예를 들어 자살을 예방하기 위해서는 글쓰기에서 삶의 질을 향상시킨다는, 이런 이야기들을 해주셨으면 좋겠습니다. 아니면 왕따가 있을 때는 어떻게 할지….

박아르마: 저도 그 분야의 전문가는 아니어서 분명한 해결책이 바로 떠오르지는 않습니다. 다만 자살 문제에 있어서는 사회의 역할이 필요하고 가정의 역할도 필요한데, 기본적으로 가족관계 회복이 가장 중요한 것 같습니다. 평소 부모와 자식 간에 대화가 많은 집의 아이는 왕따를 당하거나 자살까지 선택하지는 않는다고 보거든요. 가족 내에서 평소에 대화가 필요하고, 무엇보다도 가족관계 회복이 제일 중요하다고 생각합니다.

최문기: 가끔 이혼상담을 하러 오면, 이혼을 하라고 해요. 이혼을 전제로 하고 살면 훨씬 좋아져요. 연애하던 시절로 돌아갈 수도 있고 내 아내가 아니라는 생각을 하면 조심해야 할 것도 많고요. 저는 이혼해도 된다고 생

각해요. 다시 살아야겠다고 생각이 들면 합치면 되지요. 우리가 전통적으로 생각할 때 나쁜 것들을 아무 생각 없이 나쁘다고 하는 것이 문제라고 생각해요. 자살이 좋다, 나쁘다 하지만 사실 정말 좋다고도 나쁘다고도 할 수 없는 거지요.

김문준: 제 생각에는 자살이 나쁜 이유 가운데 가장 큰 문제는 생명을 함부로 대한다는 것이 아닐까 싶어요. 자살은 예전에도 있었고, 지금도 있었기 때문에 자본주의 사회 병폐라고 할 수는 없지만, 분명히 늘어나고 있다는 것이 문제지요. 많은 젊은이들이 청소년기에 자살을 생각했다는 것이 충격적인 거예요. 정말 우리 사회의 문제이지요. 그동안은 자살을 개인적인 잘못, 개인적인 약점으로 봤는데 사회적으로 분명히 인식할 필요가 있습니다. 개인적으로 삶의 의욕을 강화시키고 보다 자기 삶을 소중히 여기는 것도 중요하지만, 사회적으로 많은 문제가 있고 그것을 해결해야 한다고 생각해요. 사람들이 고독하고 개개인이 너무 파편화되고 있는데, 이러한 문제의 해결방안이 사람과의 관계회복이라고 했잖아요. 그런 것들이 앞으로 중요할 것 같고, 그런 사람들의 관계망을 만들어가는 것이 이번 프로젝트의 중요한 과제가 아닐까 합니다.

박아르마: 자살에 관해서 사회는 정신적인 문제를 가볍게 여기는 것 같아요. 빚을 져서 자살을 한 것에 대해서는 할 수 없다는 식으로 말하고, 심리적이고 정신적인 원인으로 자살한 것에 대해서는 개인의 문제로만 바라보는 시선이 있어요.

김문준: 말씀하신 대로 자살을 개인의 정신 박약이라고 개인적인 문제로 보는 것이 문제라고 생각하는데, 개인이 그렇게까지 처참한 상황에 도달하게 되는 원인에 대해서는 너무 중요하게 생각하지 않는 것 같습니다. 그래서 우리가 자살을 '자본주의 사회에서의 죽음'이라고 생각하는 거죠. 자본주의 사회에서 인간을 계속 그렇게 몰아가고 있는 것, 삶의 가치를 계속 떨어뜨리는 것, 그것이 우리 프로젝트의 근본적인 주제라는 점에서 제가 이 주제를 제안했던 것이고, 자살이란 사회가 나서서 도와주어야 할 문제라는 겁니다. 자살하는 사람이건, 왕따를 당하는 아이건 주변 사람이 도와주어야 할 개인의 약점이지요. 그 애가 가진 개인의 단점이자 죄라고 하기보다는, 도와주어야 할 병이라고 생각해야 합니다. 병이라는 것이 당사자 혼자의 잘못이 아니잖아요. 사회에서 왕따 문제를 다루듯이 자살문제도 도와주어야 할 약점이라고 봐야 하는 거예요. 자살이라고 하는 것은 자신의 생명을 함부로 대하는 행위인데, 동양 전통사상에서는 진리를 구하기 위해서 자기 몸을 희생한다든지, 종교적으로 순교할 수도 있고, 나라를 위해 순국할 수도 있지요. 안중근 의사 같은 의거도 넓게 보면 자살이지요. 죽음에 이르게 하는 길을 스스로 선택했잖아요. 또 이념이나 사랑 때문에도 스스로 사지에 들어가 죽잖아요. 안중근 의사는 조국이 식민지가 되었다는 절망을 극복하려는 노력으로 죽음을 선택한 것이지요. 또 자기 종교가 천시당하고 신앙이 훼손당했다

는 절망에 많은 이들이 순교자가 되었고, 이념을 위해 자신을 희생하는 것을 자랑으로 여기기도 했지요. 삶보다 중요한 무엇인가가 있다는 것인데, 오늘날의 자살은 대부분 삶보다 중요한 가치 때문이 아니라 단순히 생명을 하찮게 여긴다는 점에서 문제가 있다고 봅니다. 생명을 넘어서는 그 무엇인가가 있다는 귀한 정신이 결여된 상태에서 생명을 함부로 천시하는 것이 문제입니다. 생명 천시가 남에게 가해지는 것이 살인이고, 자신에게 가하는 것이 자살이지요. 생명을 소홀히 하고 간단하게 여기는 것도 일부분 자본주의 사회에서의 병폐라고 봅니다. 생명 경시는 단순히 개인적인 문제가 아니라 사회적인 문제로 접근해야 하고, 약자를 도와주는 시스템을 만들어야 하는 점에서 인간관계를 회복하기 위한 여러 가지 프로그램을 위해 국가에서 예산을 써야 할 의무가 있다고 봅니다.

이서희: 교수님, 질문이 하나 있는데요. 예전 사람들은 가치 같은 것이 있었잖아요. 그런데 요즘 젊은 사람들은 그런 것을 볼 수가 없는데, 왜 그런 현상이 일어나는 것인지 궁금합니다.

김문준: 네, 굉장히 좋은 질문이에요. 제가 처음에 말씀드렸다시피 삶의 가치가 모두 획일화되는 거예요. 재화로 바꿀 수 있는 것에 대한 가치만이 중요하고, 나머지는 가치가 약화되는 거지요. 그런 사회 속에서만 살았기 때문에 그것만 남는 거지요. 모든 일과 공부 같은 것들이 재화 교환을 중심으로 순서

가 매겨지고 등차가 매겨지는 거잖아요. 그래서 모든 일이나 공부가 개인이 자아실현을 하는 공부, 하고 싶은 공부를 해야 하고, 일도 하고 싶은 것을 해야 하는데 중고등학교에서 돈으로 바꿀 수 없는 독서를 좋아했다는 선생님이나 부모님의 칭찬을 받는 것이 아니라 대개 혼나지요. 우리 삶 자체가 그런 식으로 변화되고 있습니다. 자본주의 사회에서 가장 큰 문제는 모든 사람들의 가치가 숫자로 바뀌고 있다는 거예요. 그 숫자는 어디에 직결되냐면, 재화적 가치로 바뀐다는 겁니다. 신체 사이즈도 재화적 가치로 환원됩니다. 모든 것이 재화적 가치로 바뀌어 있습니다. 생명도 중요하고, 생명보다 더 중요한 가치도 있지만, 사람들은 그런 것에 별 관심이 없는데 그것은 재화적 가치가 아니기 때문이에요.

저는 '굿 윌 헌팅'이라는 영화에서 가장 감동적인 장면이, 맷 데이먼이 양자로 들여졌고, 어릴 때부터 양부에게 엄청나게 강압적인 폭력에 시달리면서 그가 아무도 믿지 않게 되고, 그런 속에서 자아가 잘못되어 자신을 불행에 빠뜨리는 것을 보면서 많은 사람들이 맷 데이먼에게 자신을 고쳐야 한다고 말하지만, 로빈 윌리엄스는 "너의 잘못이 아니야!"라고 말하지요. 맷 데이먼은 그런 소리를 처음 들었지요. 저는 그 장면이 감동적이었습니다. 이처럼 사람들의 삶이 잘못되는 것은 그의 개인적인 잘못이 아니고 재화로 바꿀 수 있는 것들을 못했을 때 자기 비하를 하게 되는 것이지요. 그러니까 삶이 잘못되는 것은 그 사람의 잘못만이 아니라는 거죠.

최문기: 저는 우리 교육체계가 문제가 있다고 생각하는데요. 자살 충동을 느낄 때, 원래 청소년들은 그런 삶의 문제를 풀어나가는 과정 속에서 재능을 만들어요. 어떤 문제에 봉착했을 때 그것을 해결하면 재능이 되고, 그렇지 못하면 트라우마가 되는 거지요. 교육이라는 게 문제를 느끼고 뜻을 가지면, 그 문제를 해결하기 위한 방안으로 학습이나 교육의 방법을 찾게 됩니다. 그 문제를 풀기 위해서요. '서편제'의 경우에도 아버지가 한을 갖고 끊임없이 노래를 할 수 있도록 딸의 눈을 멀게 합니다. 딸에게 노래를 할 목적을 심어 준 것이지요. 물론 그렇게 눈을 멀게 하면 안 되지만 말입니다. 딸은 결국 그 한을 풀기 위해 득음을 합니다. 우리 학생들은 초등학교를 들어가면 공부만 하고 무엇을 풀어야 할지 모릅니다. 질문도 안 하고 공부만 하는 거지요. 교육이 사회적 기능만 하도록 가르치는 것이 문제입니다. 자신의 문제를 푸는 것은 당연히 서툴고 무엇을 풀어야 할지 모르는 거지요. 기능을 할 수 있으면 좋지만 그렇지 못하면 우리는 그 감정을 다루지 못합니다. 그래서 자살, 왕따 등 주변인이 되는 것이지요.

박아르마: 기성세대들이 젊은 사람에게 너무 좋지 않은 삶을 물려준 것 같아요. 여행도 그렇고, 사랑도 그렇고 그런 것들을 경험하기에는 해야 할 일들이 많고 미래가 불투명하니까 다양한 삶의 경험을 해보라고 요구하기도 어려워요.

최문기: 예전보다 연봉도 올랐는데, 행복한 비율은 왜 오르지 않는가. 옛날에는 취업에 대해서는 투자를 별로 하지 않았어요. 부모님이 이천만 원만 벌어도 대학교를 보내는 데 어렵지 않았어요. 하지만 지금은 옛날보다 취업하기 위해 6~7배 더 많이 드는 거예요. 경쟁과 실업률이 더욱 올랐으니까요. 아이들은 취업을 위해, 자신이 원하는 삶을 살기 위해 전보다 5배는 더 많은 노력을 해야 하는 거예요. 예전보다 더 많이 벌지만, 더 많이 쓰고 노력해야 이룰 수 있는 사회인 거예요. 계산해 보면 사실은 행복이 점점 내려가는 거지요. 자기가 하고 싶은 일을 해서 상위 5% 안에 들면, 그 길을 가면 되지만, 그렇지 않다면 과감히 던져 버릴 줄도 알아야 해요. 행복할 방법이 없어서 돈을 많이 버는 거지 행복할 수 있는 방법만 터득하면, 돈은 안 벌어도 행복하게 살 수 있지요.

김문준: 자본주의 사회에서 물신주의가 팽배하면서 인생도 사회도 천박해지고 있습니다. 사회가 천박해진다는 말은 최 교수님 말씀대로 행복하게 살고 행복하게 죽음을 맞이하려면 인생을 살아가면서 나를 창조하고, 자각하고 자신을 규정해 가는 과정이 되어야 하는데, 사회가 개인들이 이렇게 살 수 있도록 여건을 만들어주어야 하지만, 이 사회는 반대로 가고 있다는 뜻이지요. 사람들이 자기 인생을 창조해 가는 과정이 아니라 소비하게 만들고 사람을 인격으로 대하는 관계가 아니라 수단으로 대하는 소외관계가 일반화되어 가고 있습니다. 이처럼 사회가 천박해지니까 사람도 천박해지면서 삶의 가치가 하락하고 여기저기에서 불쌍한 죽음들

이 많이 벌어지고 있는 것이에요. 단지 삶의 조건을 맞추며 살다가 죽음에 이르는 과정도 소외되고, 방치되니까 고독사가 많이 나오고 자살이 많아지는 거예요. 우리 죽음 프로젝트는 그런 것들에 조금이라도 도움을 줄까, 하는 것이지요.

최문기: 저도 우리의 프로젝트를 처음 받아들일 때, 사람이 앞으로 1년 있다가 죽는다고 한다면, 자기가 정말 하고 싶은 것을 할 수 있지 않을까, 해서 그런 것을 도와드리려 생각했어요. 남은 기간이라도 자신을 위한 삶을 살면 그것이 웰다잉이지 않을까, 하는 생각입니다.

김문준: 죽음을 앞둔 사람이 후회하는 것을 집약해 보면, 첫 번째는 '좀 더 인생을 즐겁게 살걸'이고, 두 번째는 '가족에게 좀 더 잘할걸'이라고 해요. 그러니 인생을 살아가면서 또한 죽기 직전에 사람들이 즐겁게 살고 가족에게 잘할 수 있도록 도와주어야 해요.

최문기: 아까 우리 학생이 자존감에 대해서 말했는데, 자존감 같은 것이 젊은 학생들도 중요하지만, 노인들에게도 중요한 것 같습니다. 자존감을 높이기 위해서는 봉사가 정말 중요합니다. 남을 도와주고 있는 자신의 모습을 보면 정신건강에 좋습니다. 남의 문제를 내 머리에 넣는 거지요. 자신의 문제를 비우기 때문에 어느 순간 자신의 문제가 풀리는 거지요. 나이가 들면 가족밖에 없는데 가치를 가족과 나누는 것이 쉽지 않아요. 나이가 들수록 나눌 수 있는 것이 점점 줄어들어

요. 그럴수록 나가서 나누어야 됩니다.

박아르마: 젊었을 때 서로 공유할 수 있는 부분을 많이 만들어야 합니다. 부모와 자식 간에도 사춘기 때까지 대화가 없다가, 나중에 대화를 시도해 보면 쉽지 않기 때문에 필요한 시기에 이루어져야 한다고 생각해요. 부부관계도 그렇고요.

최문기: 그런 것들을 도와주는 기법으로 심리연극, 사이코드라마가 있는데, 대사를 주고 비슷한 감정을 실어 연극을 하는 겁니다. 계속 하면 애드리브 같은 것들이 나오는데, 자기 상황을 반영하여, 감정을 싣고, 점점 자신의 문제로 빠져드는 겁니다.

김민경: 장수에 대해서 제 생각을 말씀드리자면, 장수를 하는 것은 사람들의 오랜 소망 중의 하나였고, 요즘 평균 수명이 80세가 넘으면서 많은 사람들이 장수를 하게 되었어요. 하지만 저는 장수가 행복을 가져다줄 것이라고 생각하지 않습니다. 고독사와 질병으로 시달릴 노후에 대한 대책이 필요하고, 두려움을 갖고 미래를 대비해야 한다고 생각합니다. 조사를 해보았을 때, 노년 부양비가 높아지면서 고령화에 따른 사회적 비용이 상승되는데, 노후 준비는 취약하다고 합니다. 빈곤에 대한 우려가 늘어나면서 장수가 단순히 수명 연장이 아닌 것으로 생각해야 한다고 생각합니다.

박아르마: 저희 외할아버지가 95세까지 건강하셨고, 버스 타고 혼자 여행도 다니셨어

요. 97세에 갑자기 쓰러지셔서 그 이후에는 요양원에서만 지내시다가 102세에 돌아가셨어요. 대부분의 삶은 건강했는데 결국은 자신의 뜻대로 되지 않은 거예요.

노년기의 불행이라는 것이 소득 없이 살아있는 기간이 길기 때문에 부양문제, 의료문제들이 발생하는 것인데, 저희 할아버지는 다행히 연금을 받으셨어요. 건강하실 때는 그것이 도움이 되었지만 연명치료 중에는 도움이 되지 않더라고요. 노년의 행복에 돈이 전부는 아니라는 말입니다.

김문준: 결국 장수는 준비되지 않으면 불행하고, 준비되면 살 만한 거겠죠. 그럼 무엇을 준비해야 되나. 일단, 돈이 없으면 불행해진다고 했으니까 경제적으로 부족하지 않아야 되겠죠. 두 번째는 매일 죽음을 앞두고 있는 것처럼 살아야 한다고 생각해요. 내가 삶을 마무리할 때도 그렇고, 주변인에게도 해야 할 것들이 많겠죠. 이처럼 죽음을 앞두고 해야 할 것을 목록으로 작성해 두면 좋겠어요. 양로원에 가서도 죽을 준비를 하도록 권유해야 하는데, 장례 방식, 유품정리, 재산 등을 어떻게 처리할 것인지 목록을 작성해야 한다고 생각해요. 60세가 넘으면 죽음을 맞을 준비를 해야 하지 않을까요. 물론 젊은 사람들도 한다면 나쁘지 않을 것 같아요. 내가 앞으로 40년 뒤에 죽을 것이라면, 무엇을 해야 하며 어떻게 살아야 할지에 대해 생각하면 삶이 절실해지지 않을까요. 그래서 장수가 행복하기 위해서는 첫 번째, 죽을 준비를 해야 한다는 것, 생의 목록을 작성해야 하고 공유해야 한다는 것이지요.

최문기: 삶이 행복하면, 오래 사는 것이 참 좋을 텐데, 그렇지 않으니까 오래 사는 것이 당연하기보다는 굉장히 찝찝하네요. 섭리 학생은 오래 살고 싶어요?

김섭리: 네, 저는 오래 살고 싶어요. 그 나이마다 하고 싶은 것이 다를 것 같아요. 하지만 저는 지금은 죽음이 너무 멀게 느껴지는 것 같아요.

김문준: 삶에서 죽음이 격리되고 있어요. 삶의 공간, 죽음의 공간이 분리되고 있어요. 난 어렸을 때부터 죽음이 늘 주변에 있었어요. 비가 오면 지렁이가 땅에서 나오고 그것을 닭이 쪼아 먹는 것을 보았고, 동네에서 잔치를 하면 돼지를 잡고, 집에 손님이 오면 닭을 잡았기 때문에 죽음을 항상 보면서 자랐지요. 노인이 돌아가실 때가 되면 병원에 있다가도 대부분 집으로 돌아오셔서 돌아가시곤 하였지요. 그렇기 때문에 죽음을 항상 보면서 살았지요. 하지만 요즘 젊은 사람들은 죽음을 자주 보지 못했기 때문에 도리어 죽음을 잘 이해하기 어렵고, 일생을 살아가면서 벌어지는 단지 하나의 사건인 것으로 받아들이는 것 같습니다. 더구나 요즘은 장례식장에 가도 꽃과 함께하는 사진만 보지 주검을 못 보지요.

이제는 자신의 죽음 준비에 반드시 연명치료를 하지 말라는 것을 써 넣어야 할 것 같아요. 내가 쓰러지면 내게 일주일의 시간만 줘라. 나를 찾아올 사람들에게 일주일의 시간을 주면 충분하다고 생각한다. 튜브를 꽂아야 밥을 먹을 수 있고, 산소 호흡기를 꽂아야만 내가 살 수 있다면 일체의 수명 연장시술을 7일 이후에는 종료하라는 내용을 적어야 할 것 같아요. 지금은 법적으로 되니까, 확실히 공증을 받아서 자식들에게 알려야 할 것 같습니다.

최문기: 장수라는 것이 좋은 것이잖아요. 옛날에는 평균 40살 정도가 죽는 나이인데, 이게 60살이 되고 80살이 되니까 40살에 맞춰서 기관이 발달되었는데 수명이 늘어나니까 생겨나는 병이 치매 같은 거지요. 장수로 인해 이런 여러 가지 병이 나오는데, 의학이 이를 못 따라가는 것이에요. 퇴행성 질환이 많이 나오고 있어요. 장수는 의학적인 의미에서 오래 삶을 유지하는 것일 수도 있는 것이지요. 자연적인 것은 아니지요.

김문준: 장수시대에 길어진 노년 기간을 스스로 어떻게 만들어가느냐가 중요한 것 같아요. 자아실현, 자아발전의 시간이 되도록 노력해야 하고, 서로서로 도와주어야 할 것 같아요. 또한 이를 도와주는 국가와 사회의 시스템이 마련되어야 한다고 생각해요.

최문기: 제가 프랑스에 가서 놀랐던 것이 있는데, 우리나라는 더 일하고 싶어 하잖아요. 프랑스에는 철도노조가 센데, 60살 정년인데 55살에 정년퇴직을 하겠다고 하는 거예요. 프랑스는 빨리 정년퇴직을 하고 싶어 하는 거예요. 그만큼 사회보장제도가 잘 갖추어져 있고, 자기가 하고 싶은 일을 정년 이후에 할 수 있기 때문이에요. 그래서 프랑스에서는 장수가 굉장히 좋죠. 정년퇴임하고 연금 받으면서 자기가 하고 싶은 일을 하는 거예요. 한국사회는 돈을 더 벌기 위한 생존으로 생각하는 거예요. 삶 자체가 불행하다는 거지요.

김문준: 그래서 웰다잉은 국가가 복지국가를 지향하는 데에 있어서 중요한 문제라고 생각합니다. 국가가 국가이기 위해서는 첫 번째는 계속 공부하고 싶은 사람을 공부할 수 있게 해주는 것, 두 번째는 병에 걸린 사람에게 인간적인 치료를 받게 해주는 것, 세 번째는, 노인이 되어 경제력이 없어서 생계를 이어가기 어려운 사람에게 인간다운 삶을 살 수 있도록 최소한의 경제적 버팀을 해주어야 한다고 생각합니다. 이러한 문제를 오로지 개인의 책임으로 여긴다면, 사회가 천박하다는 겁니다. 인간관계와 가치가 평가절하되고 있다는 거예요. 죽음은 인생에 있어서 중요한 사건인데, 이것이 자본주의 사회에서 왜곡되고 참담하게 변해가고 있다는 것을 인식해야 합니다. 그런 점에서 장수도 삶의 가치와 질이 떨어지는 과정이 되어가고 있다는 것이지요. 이제 장수도 국가 차원에서 이야기해야 할 때가 왔다는 거예요.

최문기: 그럼 이제 자연스럽게 안락사의 문제에 대해 이야기 해볼까요? 안락사는 인간의 생명을 의학적인 관점에서 살리는 게 맞는지, 아니면 살 가능성이 없으면 접는 게 맞는 것인지…. 인간의 존엄성을 따지면 살리는 것이 맞는데 안락사를 왜 하지요?

김문준: 양면성이 있는 것 같아요. 화장 이

야기와도 같아요. 얼마 전까지만 해도 자신은 화장해도 좋은데 부모는 매장해야 한다는 것이 우리들의 생각이었어요. 안락사 문제도 같아요. 저는 안락사 해도 좋은데, 부모는 안락사를 못하겠어요. 그래서 그런 양면성이 있다고 생각합니다. 나의 문제와 사랑하는 사람에 대해서는 다르게 적용할 수 있습니다.

박아르마: 용어정리를 미리 해야 할 것 같아요. 안락사는 적극적으로 죽음에 관여하는 것인데, 그것은 아직 사회적으로 논의되지 않는 것 같아요. 실제로 허용하는 나라도 드물고요. 존엄사는 적극적인 연명치료를 안 하겠다는 것으로, 대개 죽음이 가족들의 선택에 맡겨지는데, 사전의료의향서를 스스로 작성해서 죽음을 준비하는 것이 좋을 것 같아요. 그래야 가족들에게 정신적인 부담이나 심리적 부담을 덜어줄 수 있다고 생각합니다.

최문기: 존엄사를 예로 들면 못하게 하는 이유는 무엇이죠?

김문준: 안락사는 소극적 안락사와 적극적 안락사로 구분하고, 소극적 안락사를 존엄사라고 하잖아요. 소극적 안락사는 연명치료를 중단한다는 것이고, 적극적 안락사는 살아있는 생명을 죽이는 거지요. 지금 여러 나라가 적극적 안락사 허용에 동참하고 있는 것 같아요. 우리나라는 2018년부터 합법적으로 소극적 안락사가 시행되지요. 네덜란드, 벨기에 등은 벌써 적극적 안락사가 시행

중이에요. 캐나다도 작년에 안락사법이 통과되었어요. 미국은 50개 주 가운데 3분의 2 정도가 통과되었어요. 서부 쪽은 거의 통과되었어요. 우리나라도 조만간 논의가 될 가능성이 있다고 봐요. 우리나라가 2016년에 존엄사법을 통과시켰잖아요? 그것은 생명연장 시술로 인해 많은 의료비가 병원에서 무의미한 연명치료로 쓰이고 있기 때문이라는 거예요. 이제는 존엄사법이 통과되어서 의사와 가족이 합의하에 연장시술 중단이 가능하게 되었잖아요.

최문기: 그럼 전에는 못하게 한 이유가 무엇인가요?

김문준: 생명 존중이지요. 한국은 전 세계에서 생명에 대해 굉장히 보수적인 국가니까요. 우리나라 사람들은 생명을 보호해야 하고 천시해서는 안 된다는 생각이 강했습니다. 또한 효 의식이 강해서 부모를 최대한 오래 살게 해야 한다고 생각했기 때문입니다. 존엄사와 안락사는 다르지요. 이에 일단 용어 정리가 되어야 합니다. 존엄사는 존엄사대로 안락사는 안락사대로 이야기가 별개로 이루어져야 해요. 두 가지의 공통점은 환자가 현재 의학으로 회생 불가능하다고 판단되어야 하지요.

저는 존엄사법이 시행되면 경제 때문에 부모의 생명을 중지하자고 주장하는 못된 자식이 나올 수 있고, 또 가족이 현명하게 대처하지 않으면 두고두고 가족들 간에 불행한 사태가 발생할 수 있다는 점이 우려됩니다. 의사도 예전처럼 사망진단서만 쓰는 것이 아니

라 아직 사망하지 않은 사람에게 죽음을 결정하는 일을 해야 한다는 점에서 어려움이 있을 거라고 생각해요. 그러니 존엄사 문제는 남에게 미루지 말고 자기가 결정해야 합니다. 존엄사 문제는 사회운동으로 확산해야 하지 않을까. 자신이 미리미리 결정해 두어야 하는 거예요. 적극적인 안락사는 아직 안 되고, 존엄사는 가능합니다. 존엄사의 조건은 정신이 온전할 때 자기가 미리 결정하는 거예요.

최문기: 그런데 그것은 의사가 판단해야 하는 것 아니에요? 이 사람은 4주 정도를 보는 것이 좋겠다는 식으로..

박아르마: 병원윤리위원회가 있어서 최종적인 판단을 내린다고 들었습니다.

이서희: 저는 사전의료의향서 같은 것을 미리미리 준비하는 것이 참 좋다고 생각하는데, 제가 사십 대일 때 80세에 병원에서 죽는다고 하면, 항암제 투여 등을 체크하잖아요. 근데 항암제를 맞아보지 않아 체감하지 못해 이게 과연 신뢰성이 있는가, 하는 의문이 들어요. 항암제를 투여하지 않는다고 했는데, 그때는 항암제를 투여하고 싶을 수도 있잖아요.

김문준: 자발적인 연명치료 중단에 관한 사회운동이 필요한 것 같고, 암, 성인병, 당뇨 같은 것들이 크게 발전하고 있고, 앞으로 또 다른 양상이 일어날 가능성이 높기 때문에 계속 관심을 가지고 주시해야 할 것 같습니다.

최문기: 저희 아버님은 몸은 안 좋으셨는데 비교적 정신은 괜찮으셨어요. 2년 정도 치료하셨는데 더 치료받지 않겠다고 이야기하셨어요. 의사는 새로운 치료법과 가능성에 대해서 말하는데 치료를 안 할 수도 없고, 어떻게 할 수가 없었어요. 논리적이고 합리적인 이야기가 많이 나오는데, 실제 접하면 못할 것 같아요. 그래서 본인의 의사가 가장 중요한 것 같습니다.

김문준: 그래서 건강할 때 미리 서식을 작성하여 두자는 겁니다.

박아르마: 우리가 그동안 연구 성과를 모아 논문을 몇 편 썼는데, 노인들에게 죽음교육을 하면 죽음에 대한 공포나 불안감이 줄어든다는 결과가 나왔습니다. 저 역시 죽음 연구에 참여하면서 죽음에 관심을 갖게 되었고, 그 과정에서 죽음에 대한 이해와 수용도가 많이 높아진 것 같습니다. 그래서 우리 사회가 적극적으로 노인은 물론 젊은 사람에게도 죽음에 대해 말하고 관련 교육도 해야 한다고 생각합니다. 가까운 사람이 죽은 뒤 남은 가족들이 겪을 상처나 트라우마에 대한 치료로 필요합니다. 존엄사 문제도 사람들이 스스로 온전한 정신으로 판단을 내릴 수 있을 때 치료와 관련된 자신의 의사를 적극적으로 밝혀야 합니다. 그것이 남은 사람들에게 정신적인 부담을 덜어주는 방법이라고 생각합니다.

이서희: 많은 이야기를 나누면서 생각을 해보았는데요. 죽음에 대해 여러 관점으로 볼

수 있을 것 같습니다. 감사합니다.

김문준: 크게 보았을 때 죽음이라는 문제는 고통에서 벗어나 행복하게 살자는 것이고, 좋은 인생, 행복한 인생, 의미 있는 노년생활, 그리고 편안한 죽음이지요. 이것이 목표이고, 이러한 것들에 대해 앞으로 할 일이 많다는 것이지요. 앞으로 죽음을 맞이하는 안락사 문제 등 죽음에 대비하는 문제를 개인으로 돌리지 말고 여러 가지 각종 사회 프로그램들을 통해서 지속적으로 도와줘야 하는 일이 필요하다고 생각합니다. 두 번째는 개인적인 차원을 넘어서 국가 차원에서 이슈화하고 문제 제기를 해서 정책적으로 일을 추진해 나가야 할 때가 왔다고 봅니다. 그러자면 지속적인 예산 책정을 해야 하고 이 방면의 고용 창출도 이루어져야 합니다. 그래야 개개인이 인간다운 삶을 살 수 있고, 더 좋은 국가를 만들기 위한 또 하나의 좋은 계기가 되지 않을까 생각합니다.

김섭리: 저는 평소에 생각하지 못했던 죽음에 대해서 많이 알게 되었고, 이런 이야기를 20대 청년들에게 알릴 수 있는 기회가 많았으면 하는 생각이 들었습니다. 죽음을 통해서 삶을 어떻게 살아가야 할까, 라는 생각을 계속했던 것 같아요. 오늘 토론 내용과 관련된 죽음에 대한 강의가 많이 있었으면 좋겠다는 생각이 듭니다.

김민경: 저도 오늘 토론을 통해서, 평소 생각하지 않았던 죽음에 대해 깊게 생각해 볼 수 있었습니다. 죽는 것과 사는 것에 있어서 개인적인 것도 중요하지만 사회적인 것이 뒷받침되어야 해결할 수 있다고 생각했고, 죽은 이후도 중요하지만, 살아가는 과정 속에서 어떻게 해야 행복한 삶을 살아갈 수 있을까, 라는 생각을 했습니다.

최문기: 저도 오늘 재미있었습니다. 결과가 어떻게 되든 살아가는 과정 자체를 즐기는 것이 행복이구나, 라는 생각이 듭니다. 우리에게 결과만 중요하다면 죽음이라는 인생의 결과는 너무도 비참해집니다. 인간이 무슨 일을 하든 어두운 죽음의 결과를 피해갈 수 없으니까 말입니다. 하지만 죽음에 이르는 과정은 결국 삶의 일부이고, 그 삶을 의미 있게 만들면 죽음은 삶의 과정의 끝에 오는 자연스러운 결과입니다. 그렇기 때문에 지금 그리고 여기서 삶을 행복하게 만들어야 한다고 생각합니다. 죽어가는 사람을 행복하게 하는 것은 그 사람의 인생 전체를 행복한 과정으로 만드는 중요한 일입니다. 이것이 웰다잉의 목적이라고 생각합니다. 그들에게 지금의 행복만큼 삶의 강력한 무기는 없다는 것을 알게 하는 것이 중요하다고 생각합니다. 모두 행복했으면 좋겠습니다. 감사합니다.

김광환(연구책임자)

계명대학교 공중보건학과에서 환자이탈군 특성요인과 이탈환자 예측모형에 관한 연구로 보건학 박사학위를 받았다. 건양대학교 병원경영학과에 재직하면서 의무기록을 강의하고 있다. 대한보건정보관리학회 학회장을 맡았고, 현재 한국산학기술학회, 한국융합학회 의과학분과 논문지 편집위원장을 맡고 있다. 저서로는 『의학용어』(수문사)가 있고, 논문으로 「A Study on the Characteristics of Patients Deceased at Convalescent Hospitals」 (Indian Journal of Science and Technology) 등 100여 편의 논문이 있다. 현재 학제간융합연구회의 책임연구원으로 죽음교육에 관한 연구를 진행하고 있다.

김문준

성균관대학교 동양철학과에서 우암 송시열의 철학사상에 관한 연구로 철학박사 학위를 받았다. 건양대학교 교양대학 교수로 재직하면서, 건양대학교 부설 예학교육연구원 원장을 맡고 있다. 동양철학과 한국철학 등을 강의하고 있다. 지은 책으로는 『동양철학의 이해』(건양대출판부), 『우암 송시열의 생애와 사상』(남간사), 『우암 송시열이 추앙한 선현들』(남간사) 등이 있으며, 유학에서의 늙어감에 관한 지혜 등 유학사상, 동양사상 문화 관련 논문이 다수 있다. 현재 학제간융합연구회의 공동연구원으로 죽음교육에 관한 연구를 진행하고 있다.

김용하

서강대학교 경영학과에서 의료기관의 명성과 서비스품질간의 관계에 관한 연구로 박사학위를 받았다. 건양대학교 병원경영학과 교수이며, 건양대학교 부총장 및 건양대병원 행정원장을 역임하고 있다. 충남녹색성장 포럼위원회 위원장을 맡았고, 前 한국 서비스경영학회 회장을 거쳐 현재 대한결핵협회 대전, 세종, 충남지부 지부회장을 맡고 있다. 최근의 논문으로 「A Study on Perception on Death, Action on Death Preparation, and Death Education among Medical Personnel」(Indian Journal of Science and Technology)을 게재하고 있으며 현재 학제간융합연구회의 공동연구원으로 죽음교육에 관한 연구를 진행하고 있다.

박아르마

서울대학교 대학원 불문학과에서 미셸 투르니에 연구로 불문학 박사학위를 받았다. 건양대학교에 재직하면서 글쓰기와 문학 강의를 하고 있다. 지은 책으로 『글쓰기란 무엇인가』(여름언덕)가 있고, 논문으로 「An Analysis of Death Education-related work duty on medical care providers using the dacum method」(International Journal of Applied Engineering Research)와 번역한 책으로 『로빈슨』(이룸), 『유다』(이룸), 『살로메』(이룸), 루소 『고백』(책세상) 등이 있다. 현재 웰다잉 융합연구회의 공동연구원으로 죽음교육에 관한 연구를 진행하고 있다.

송현동

한국학중앙연구원에서 한국의 죽음의례연구로 철학 박사학위를 받았다. 건양대학교 호텔관광학부에 재직하면서 관광인류학, 웰니스 관광, 교양과목으로 삶과 죽음의 인문학, 죽음학 등을 강의하고 있다. 지은 책으로 『서울 사람들의 죽음, 그리고 삶』(서울특별시시사편찬위원회)이 있고, 논문으로는 「그랜드 투어의 관광사적 의미 고찰」(관광레저연구), 「한국 종교 관광의 특성과 과제」(종교연구), 「A Study on the Development of the Prioritization Items for Student-Intended Well-Dying Education Program using DACUM Technique」(Indian Journal of Science and Technology) 등이 있다. 현재 학제간융합연구회의 공동연구원으로 죽음교육에 관한 연구를 진행하고 있다.

심문숙

이화여자대학교 간호대학을 졸업하였으며, 이화여자대학병원 중환자실 임상경력이 있다. 건양대학교 간호대학에 재직하면서 지역사회간호를 강의하고 있으며, 지역사회간호학, 노인간호, 보건교육, 보건의료법규 등 저서를 집필하였다. 노인요양시설경영자과정과 한국간호교육학회 주관 호스피스간호 임상연수를 받았으며, 한국보건간호학회장으로 봉사하고 있다. 논문은 「Differences in Knowledge and Attitudes Toward Hepatitis B Infection and Vaccination Between Adolescents in Juvenile Detention Centers and in Schools」(Journal of Transcultural Nursing) 등 여러 편이 있다. 현재 학제간융합연구회의 공동연구원으로 죽음교육에 관한 연구를 진행하고 있다.

안상윤

충남대학교 대학원에서 경영상 해고 후 잔류 종업원의 행동변화에 대한 연구로 경영학

박사학위를 받았다. 충남대학교 기획연구실에서 국제교류 및 홍보팀장으로 근무하였으며, 지금은 건양대학교 병원경영학과 교수로 병원조직인사관리, 의료마케팅과 소비자행동, 의료관광학, 의료커뮤니케이션, 자본주의정신과 직업 등을 강의하고 있다. 대외적으로는 대한경영학회 부회장, 보훈복지의료공단 경영자문교수 등으로 활동하고 있다. 저서로는 『의료소비자행동의 이해』를 비롯한 13종의 책이 있고, 연구논문으로는 '종합병원의 전략 지향성이 성과에 미치는 영향'을 비롯한 25편이 있다. 현재 학제간융합연구회의 공동연구원으로 죽음교육에 관한 연구를 진행하고 있다.

이무식

계명대학교 의과대학을 졸업, 계명대학교 동산의료원 인턴 및 레지던트를 수료, 예방의학과 전문의, 직업환경의학과 전문의를 취득하였으며, 동 대학원에서 의학(예방의학 전공) 석·박사 학위를 취득하였고, 미국 메이요클리닉에서 연수하였다. 현재 건양대학교 의과대학 예방의학교실 및 보건복지대학원에서 강의하고 있으며, 건양대학교 보건복지대학원장, 건양대학교병원 직업환경의학과장 등으로 봉사하고 있다. '보건학(계축문화사)' 등 45여 편의 저·역서와 230여 편의 국내·외 학술논문을 발표하였다. 현재 학제간융합연구회의 공동연구원으로 죽음교육에 관한 연구를 진행하고 있다.

이종형

한림대학교 통계학과에서 신뢰성분야 연구로 박사학위 받았으며 서울대학교 복잡계통계연구센터에서 박사 후 연구원으로 연구를 수행하였다. 연세대학교 보건대학원에서 보건학 석사학위를 받았다. 최근의 논문으로 「Analysis into the Universal Emotion of Human Beings to Develop a Humanities based Therapeutic Program」(Indian Journal of Science and Technology)을 게재하고 있으며 현재 학제간융합연구회의 공동연구원으로 죽음교육에 관한 연구를 진행하고 있다.

최문기

부산대학교 심리학과 졸업 후 프랑스 리용II대학에서 인지심리학 석사 및 박사학위를 받았다. 박사논문은 불안증을 중심으로 한 인간의 감성과 인지가 상호작용하는 방식을 다양한 심리학실험으로 논의하였다. 건양대학교 심리상담치료학과에 재직하면서 주로 심리학 기초 및 감성 심리학을 강의하고 있다. 논문으로는 「Different mechanism of visual attention in anxious and nonanxious population」(인지과학) 등 20여 편이 있다. 현재 학제간융합연구회의 공동연구원으로 죽음교육에 관한 연구를 진행하고 있다.

황혜정

건양대학교 대학원에서 방문건강관리 대상자의 노인증후군, 허약 및 삶의 질 관계에 관한 연구로 의학박사 학위(예방의학 전공)를 받았다. 건양사이버대학교 보건의료복지학과에 재직하면서 주로 보건학 및 보건교육학, 치매와 가족 등을 강의하고 있다. 펴낸 책으로 『보건학』(계축문화사), 『알기 쉬운 고혈압 교육자료』(봄) 등이 있고, 최근의 논문으로 「A Study on Perception on Death, Action on Death Preparation, and Death Education among Medical Personnel」(Indian Journal of Science and Technology)을 게재하고 있으며 현재 학제간융합연구회의 공동연구원으로 죽음교육에 관한 연구를 진행하고 있다.

김명숙

한양대학교 신문방송학과 졸업, 충남대학교 철학과에서 율곡과 Schwartz 및 Russek의 비교연구로 박사학위를 받았다. 한림대학교 생사학연구소 연구원, 충남대학교 인문과학연구소 연구교수 및 철학과 초빙교수 등으로 재직하면서 '삶과 죽음의 철학', '성과 사랑의 철학' 등을 강의하고 있다. 논문으로 「한국인의 죽음에 대한 인식과 태도에 관한 철학적 고찰」, 「한국인의 행복과 좋은 죽음에 대한 표상과 인식의 특징」, 「'행복관리' 실천 프로그램의 적용 및 효과에 관한 고찰」, 「'행복'과 '성공적 노화' 그리고 '잘 죽기'」, 「생사학적 관점에서 본 '좋은 죽음'」 등이 있다. 학제간융합연구회의 공동연구원으로 죽음교육에 관한 연구를 진행하였다.

송유림

건양대학교 보건복지대학원 보건학과에서 석사학위과정을 졸업하였으며, 학제간융합연구회의 연구보조원으로서 보건학적 관점에서 본 죽음교육의 자료 수집 등 연구보조업무를 수행하였다.

안유희

중앙대학교 대학원 영상학과에서 스톱모션 연구로 석사학위과정을 수료하였으며, 현재 학제간융합연구회의 연구보조원으로서 만화의 역사적 관점에서 본 죽음교육에 관한 자료의 수집 등 연구보조업무를 수행하고 있다.

이서희

건양대학교 보건복지대학원 보건학과 석사과정에 재학 중이며, 현재 학제간융합연구회의 연구보조원으로서 보건학적 관점에서 본 죽음교육의 자료 수집 및 개발 등 연구보조업무를 수행하고 있다.